Gregor Wolf

Bayerischer Wald

Wandern für die Seele

20 Wohlfühlwege

Droste Verlag

ALLE WANDERUNGEN AUF EINEN BLICK

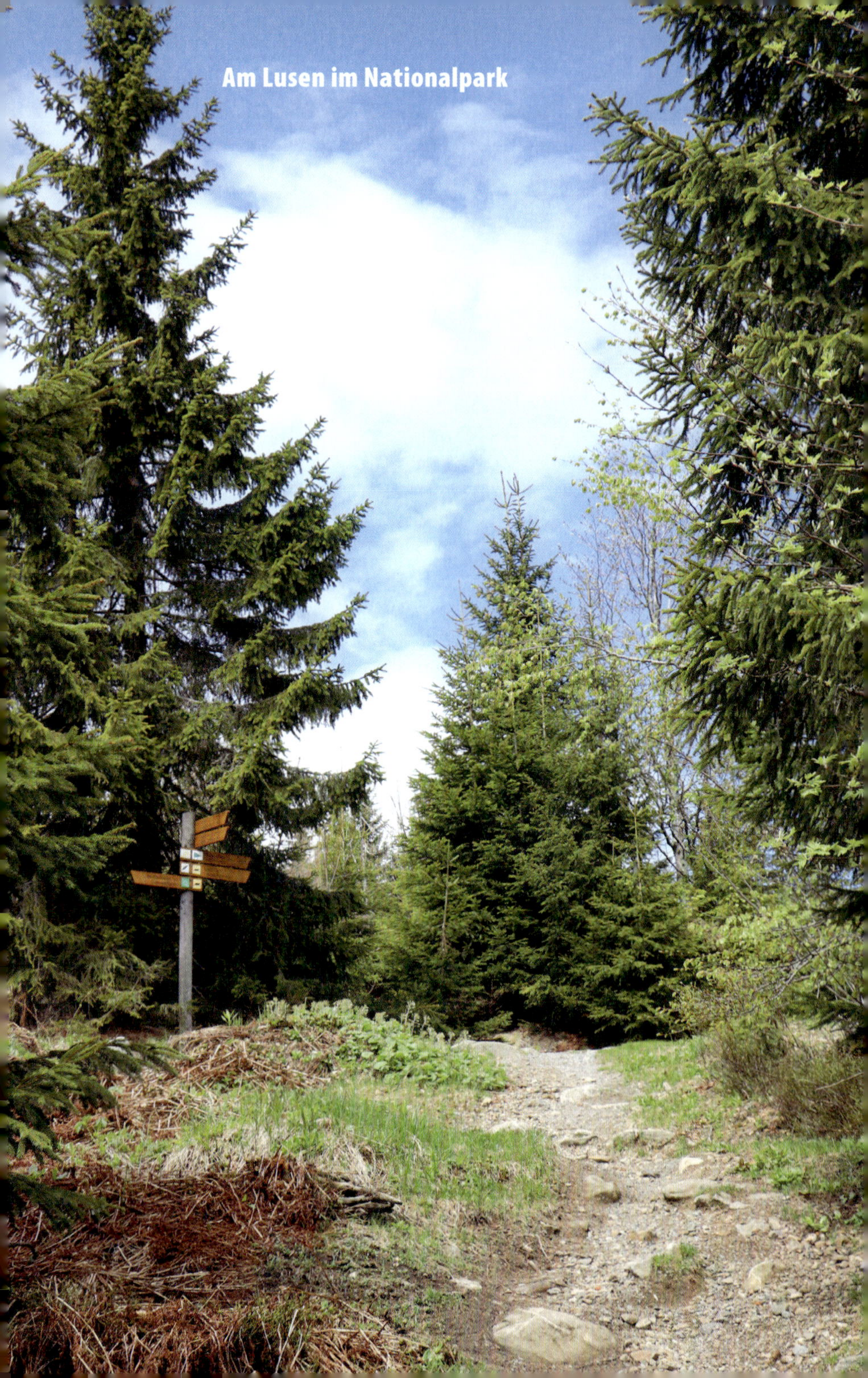

Am Lusen im Nationalpark

Liebe Wanderfreunde, liebe Naturliebhaber,

kommen Sie mit in einen der ursprünglichsten Wälder Mitteleuropas! Dorthin, wo sich schier unendliche Ketten grüner Hügel aneinanderreihen. Dorthin, wo uns mystische Moore in ihren Bann ziehen. Dorthin, wo Fischotter quirlig in wilden Bergbächen herumtoben. Und dorthin, wo uns steinreiche Gipfel Ausblicke über die Donau bis in die Alpen ermöglichen. Der Bayerische Wald ist eine wahre Schatzkiste, für alle, die gern ihre Wanderstiefel schnüren und eine Auszeit vom Alltag nehmen wollen.

In dieses Buch habe ich 20 der schönsten Touren des Mittelgebirges gepackt. Es ist eine ausgewogene Mischung aus klassischen Wanderzielen, die man einfach gesehen haben muss, und persönlichen Geheimtipps, die selbst viele Einheimische nicht kennen dürften. In allen Fällen wandeln wir dafür auf eher unbekannten Pfaden. Zum Glück führen die uns zu manch wohltuender Einkehr. Auch vor Bus und Bahn haben wir keine Scheu. Vielerorts ist das ÖPNV-System auf dem Land besser als sein Ruf – und ermöglicht uns faszinierende Streckenwanderungen.

Die Hauptdarstellerin auf den Touren ist übrigens immer die gleiche: Es ist die märchenhafte Natur. Von der gibt es dank dem ältesten deutschen Nationalpark und zwei Naturparks mehr als genug. So steht dem Seelebaumelnlassen nichts im Weg.

Viel Spaß beim Genusswandern wünscht

Ihr Gregor Wolf

NATUR-INFO

KULTUR-INFO

TOUREN-/EVENT-INFO

GENUSS-INFO

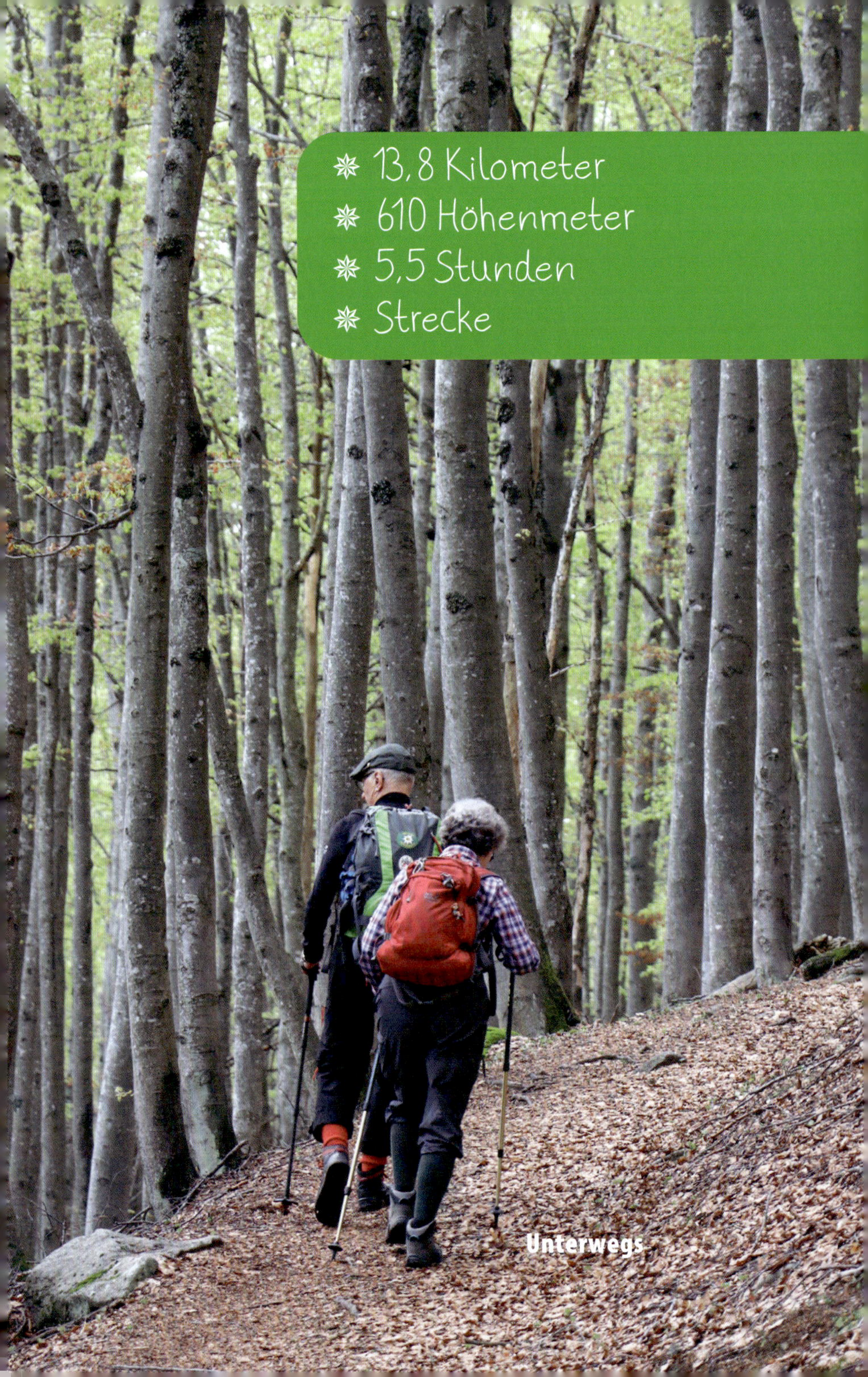

Unterwegs

In die Wildnis

Über den Tummelplatz zum Lusen

Eine der wildesten Ecken des Bayerischen Waldes steht auf dem Programm! Dazu geht's am Parkplatz beziehungsweise bei der Bushaltestelle **P+R in Mauth** los, direkt am **Badeweiher** ① gelegen. Erst mal gehen wir ein paar Meter an der Kreisstraße **FRG 16** entlang bergab und überqueren auf dieser den Reschbach. Gleich danach biegen wir rechts in die **Reschbachstraße** ein. Dort begrüßt uns ein hölzernes Schild mit der Aufschrift „Nationalpark Bayerischer Wald". Kurz dahinter liegt

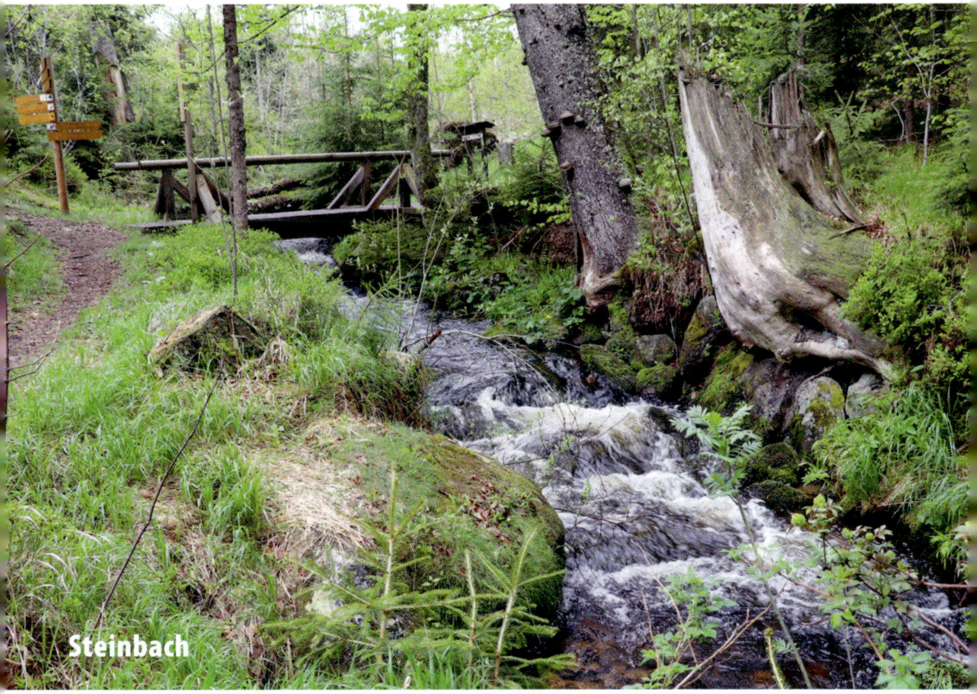

Steinbach

der kleine **Parkplatz Jägerstraßl,** auf den wir linker Hand einschwenken. Am Ende des Parkplatzes stehen eine Übersichtstafel und ein paar Wegweiser. Nun folgen wir bis fast zum Ende der Tour dem Fernwanderweg **Goldsteig,** der mit einem gelben, geschlängelten Weg auf weißem Grund markiert ist.

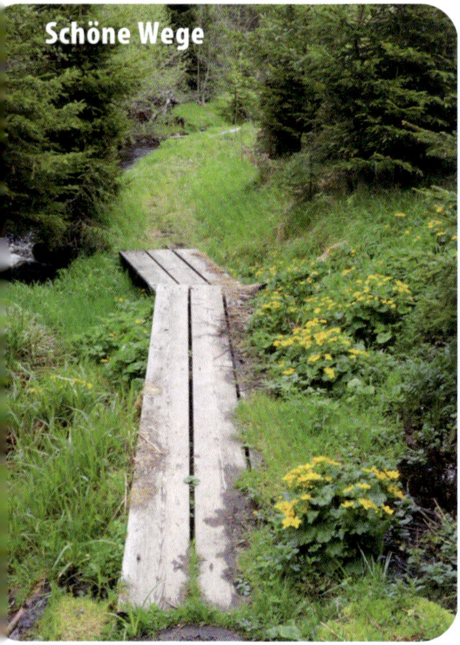

Wir betreten die entstehende Wildnis des 1970 gegründeten Großschutzgebiets. Zunächst verläuft die Route relativ flach durch einen dichten Mischwald. Nach circa 1,5 Kilometern erreichen wir den rauschenden **Steinbach,** über den sich eine schmucke Holzbrücke wie aus einem Märchenfilm spannt. Wir überqueren den kleinen Flusslauf zunächst jedoch nicht, sondern halten uns am linken Ufer und machen langsam die ersten Höhenmeter des Tages. Die Landschaft wird immer wilder. Offene und dichte Waldbestände wechseln sich mit sattgrünen Wiesen ab. Am Wegesrand sprießen immer wieder filigrane bunte Pflänzchen, vor allem die gelben Sumpfdotterblumen sind im Frühling oft in Massen zu beobachten. Der Weg selbst verläuft zum Teil über Bohlenbretter, die über feuchte Stellen gespannt sind, später durch ein eng eingeschnittenes Tal. Dazwischen wandern wir dann doch auf die andere Seite des Steinbaches, bis wir an einen künstlich angelegten See kommen, die **Steinbachklause ②.** Dort lädt eine Schutzhütte zur ersten längeren Pause ein. Beim Blick auf die Wasseroberfläche beruhigt sich der Puls schnell wie von selbst.

*Die **Steinbachklause** wurde wie andere künstliche Gewässer im Bayerwald einst angelegt, um Wasser für den Holztransport anzustauen. Die gefällten Bäume lagerten an der Klause, durch das Öffnen der Schleuse konnten sie gen Tal getriftet werden.*

Nach der Rast folgen wir weiter dem Goldsteig und verlassen den Steinbach. Nun verläuft der schmale Wanderweg meist durch Buchenwälder, die im Frühling geradezu strahlen aufgrund ihres hellgrünen Austriebs. Zudem wird's jetzt immer steiler, weshalb wir das Tempo etwas reduzieren. Einmal wird eine al-

Für die Seele

Wir saugen den Zauber der Natur in uns auf. Er macht unsere Seele glücklich. Und die Almstimmung ist ein bisschen wie bei Heidi in den Bergen.

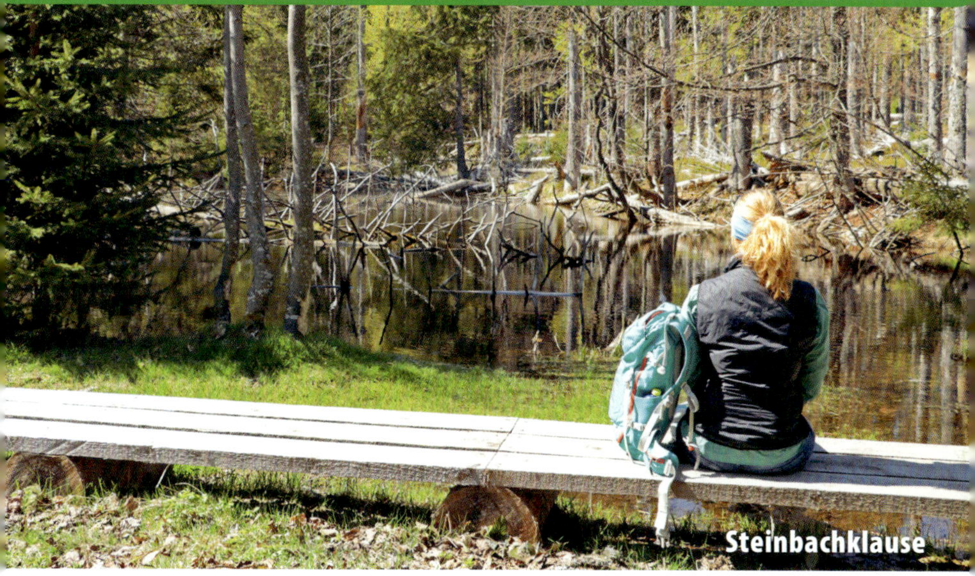

Steinbachklause

te Forststraße überquert, später mündet der Goldsteig dann auf eine weitere breite Waldstraße, der wir rechter Hand einen knappen Kilometer folgen, bis die nächste Zwischenetappe erreicht ist: der **Tummelplatz ③**. Die ehemalige Hochweide liegt wie eine Insel inmitten des Waldmeers. Im Zentrum der Freifläche steht nicht nur eine mit Holzschindeln verkleidete große Hütte, sondern auch eine einladende Sitzgarnitur. Auf der kann wunderbar die mitgebrachte Stärkung genossen werden. Dieser Glücksort ist aber auch ohne Speis und Trank die perfekte Kraftoase. Almstimmung aufsaugen ist hier angesagt. Und keine Hast: Gut die Hälfte des Weges ist schon geschafft.

Das ***alte Forsthaus*** *auf dem Tummelplatz entstand bereits 1860. Es war nicht nur Wohnhaus für Förster und ihre Familien, sondern auch Versorgungsstation für Rinder, die einst im Sommerhalbjahr hierhergetrieben wurden.*

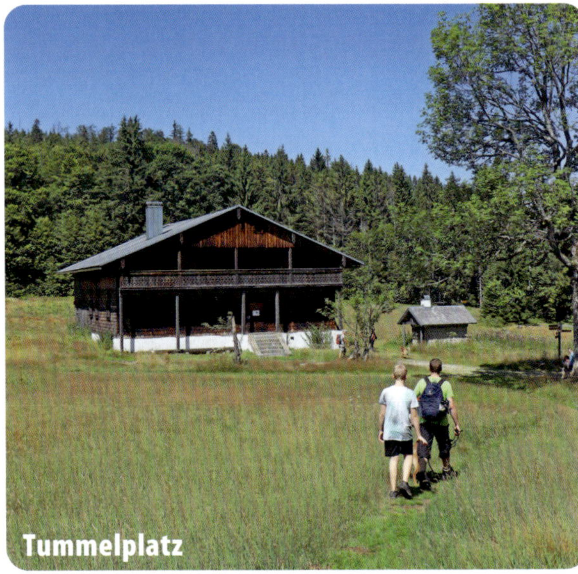

Tummelplatz

Wieder in Gang gesetzt, machen wir einen kleinen Abstecher zum **Großalmeyerschloß 4**. Das ist kein Bauwerk, sondern ein 1196 Meter hoher Berg, auf dessen Gipfel eine eindrucksvolle Felsformation thront. Hinter der Sitzgarnitur am Tummelplatz biegen wir dafür in einen ausgeschilderten Stichweg mit der Markierung Arnika ein, an dessen Anfang eine Infotafel die Entstehung der Felsenburg erklärt. Nur wenige Minuten später stehen wir am nicht mal mannshohen Gipfelkreuz und genießen die Aussicht. Sowohl den Startpunkt in Mauth als auch das Tagesziel, den Lusen, können wir hier bei klarer Sicht bestaunen. Nach dem ausgiebigen Aufsaugen des Panoramablicks geht's auf demselben Weg wieder zurück zum Tummelplatz. Nun biegen wir vor dem alten Forsthaus jedoch links ab, wieder auf den Goldsteig. Am Ende der Wiese steht noch mal eine Schutzhütte. An der folgenden Kreuzung halten wir uns rechts.

Es folgt eine Genießer-Etappe. Etwas über zwei Kilometer schenkt uns der schmale Pfad eine Flachpassage durch wilde Wälder. Vorbei geht's auch an einer

Stelle, an der sich die Bäume plötzlich lichten und einen Blick in die weiten Waldwogen des Bayerischen Waldes freigeben. Hier liegen auf einmal auch viele Granitblöcke am Wegesrand, als wären sie von Menschenhand aufgereiht worden.

Doch auch die beste Entspannungsstrecke findet ihr Ende. In diesem Fall markiert der sanft plätschernde Bach **Sagwasser** den Wendepunkt. Nachdem wir das Rinnsal überquert haben, folgt der finale, fordernde Anstieg auf den 1373 Meter hohen Lusen. Kurz nach dem Wasser kommt eine Weggabelung, an der wir uns rechts halten. Der romantische Waldweg wird nun richtig steil. Bei der nächsten Kreuzung, an der wir uns wieder rechts halten, ist der härteste Teil bereits geschafft. Jetzt muss nur noch ein kurzes Stück auf einem breiten, geschotterten Weg gemeistert werden. Nach einer serpentinenartigen Kurve haben wir sogleich das **Lusenschutzhaus** 5 erreicht.

*Im **Lusenschutzhaus** wird man bestens versorgt. Vor allem das Lusengröstl, eine Bratkartoffel-Pfanne mit Speck, Spiegelei und Krautsalat, schmeckt vorzüglich. Fans süßer Speisen sei der Käsekuchen empfohlen. Auch Übernachtungen sind möglich.*

Blick vom Großalmeyerschloß zum Lusen

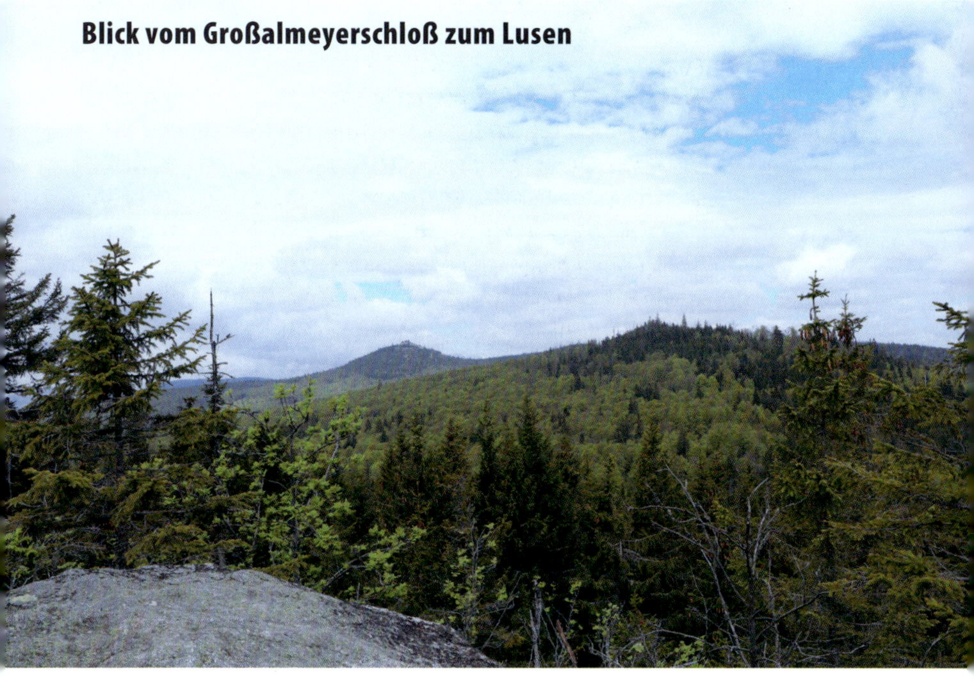

Vor der Einkehr geht's aber erst mal noch die letzten 30 Höhenmeter hinauf bis zum Gipfel vom **Lusen 6**. Kurz vor dem hölzernen Kreuz, an dem eine Jesus-Figur hängt, betreten wir eine Blockhalde. Das komplette Gipfelmassiv ist mit Granitblöcken überzogen. Die Steine glänzen in Gelb- und Grüntönen. Dafür ist die Landkartenflechte verantwortlich, die nahezu auf jedem Brocken wächst. Nur ganz oben haben sich daneben auch noch eine Handvoll Bäume festgeklammert. Mehrere Sagen bringen den Teufel mit der Entstehung dieser besonderen Naturschönheit in Verbindung. Tatsächlich ist aber die stetige Verwitterung über die vergangenen Jahrmillionen für die skurrile Landschaft verantwortlich.

Nach dem obligatorischen Gipfelfoto lassen wir unseren Blick in alle Himmelsrichtungen schweifen.

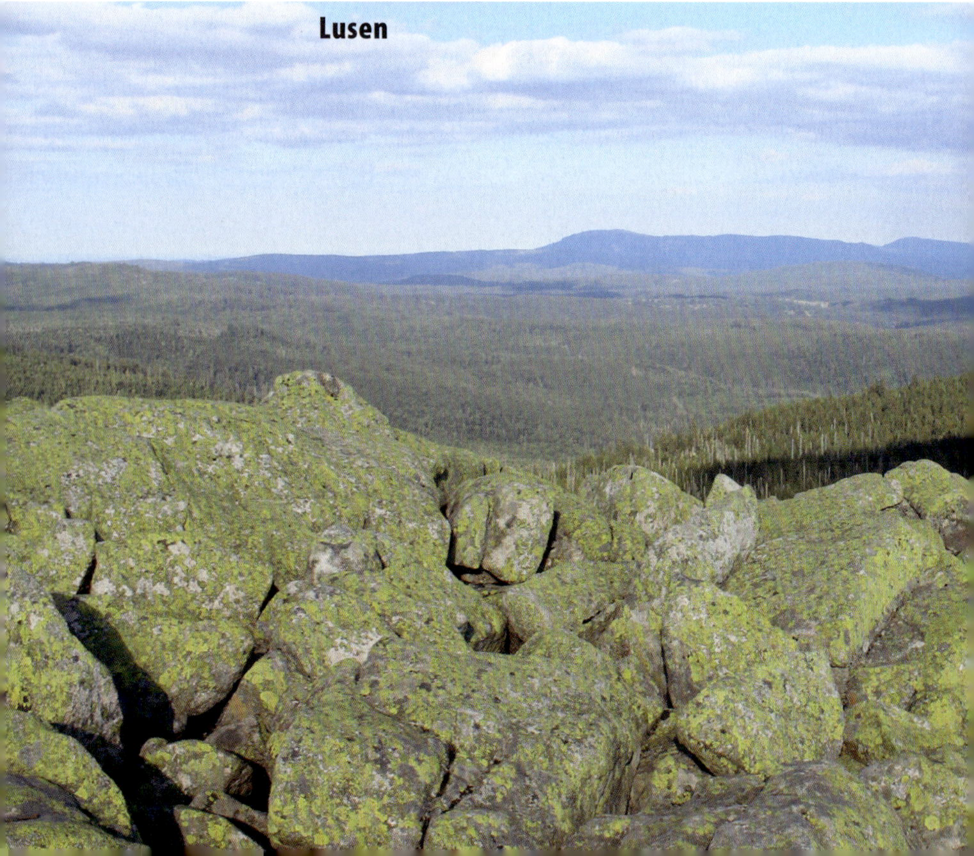

Lusen

Nicht einmal 250 Meter Luftlinie entfernt beginnt etwa der tschechische Nationalpark Šumava. Auch der zweithöchste Berg der Region, der 1453 Meter hohe Große Rachel, zeigt sich wie auf dem Präsentierteller. Und wenn wir ganz viel Glück haben, lässt sich im Süden sogar die Nordkette der Alpen beobachten.

Nach der Fernsicht geht's wieder auf demselben Weg zurück zum Schutzhaus. Jetzt haben wir uns ein kühles Getränk und eine stärkende Brotzeit reichlich verdient – bei schönem Wetter natürlich auf der Außenterrasse mit den einladenden Sitzgarnituren aus Holz. Die Pause lässt sich umso entspannter genießen, weil wir wissen, dass es ab jetzt nur noch bergab geht.

Nach dem Energietanken machen wir uns an den Abstieg. Zunächst wieder das kurze Stück auf dem breiten Weg zurück, das wir bereits beim Anstieg be-

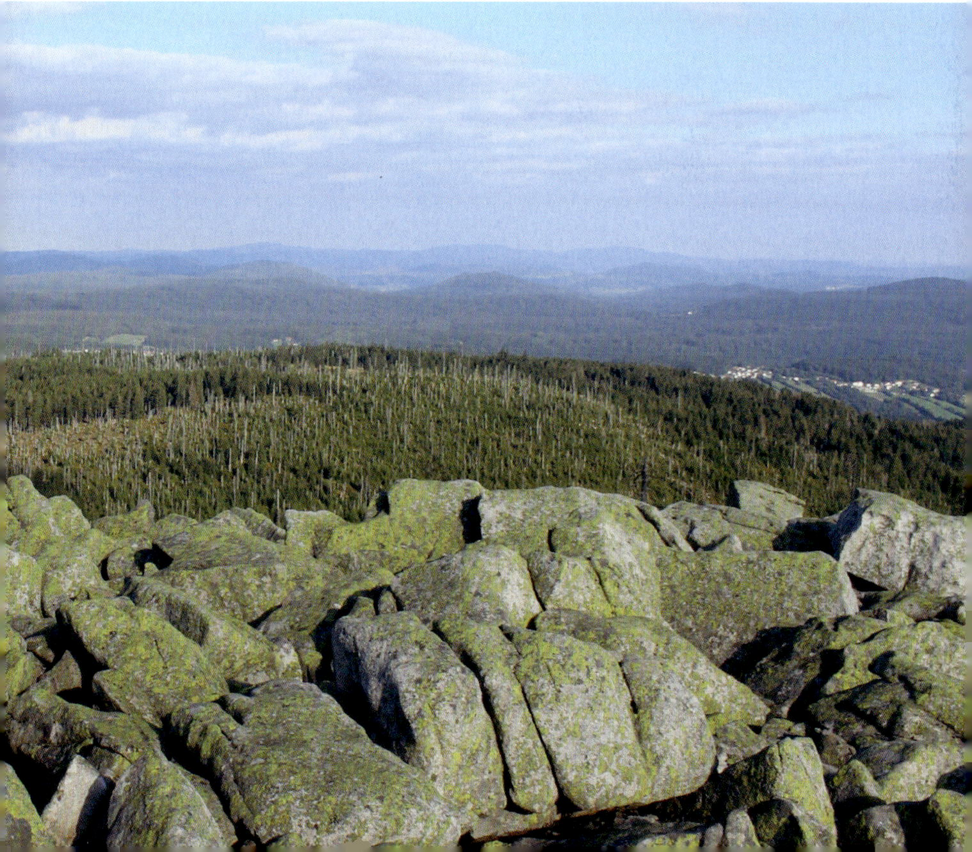

wältigt haben. Nach der Serpentine biegen wir jedoch nicht wieder in den Goldsteig ein, sondern bleiben auf dem Schotterweg, der Markierung Luchs folgend. Nun sind es keine zwei Kilometer mehr bis zum Endpunkt unserer Wanderung. Etwa auf der Hälfte der Strecke lockt noch mal eine kühle Quelle zur Erfrischung. Am Ende stehen wir an der **Bushaltestelle Waldhausreibe.** Hier steigen wir in den Lusenbus, eine der Igelbuslinien, wie die Verbindungen rund um den Nationalpark genannt werden, und fahren zurück zum Ausgangspunkt. Dafür steigen wir an der **Haltestelle Nationalparkzentrum Lusen** in den Finsteraubus um. Wer im Auto Badekleidung deponiert hat, kann die abwechslungsreiche Wildnistour noch mit einem Sprung in den Mauther Badesee abrunden.

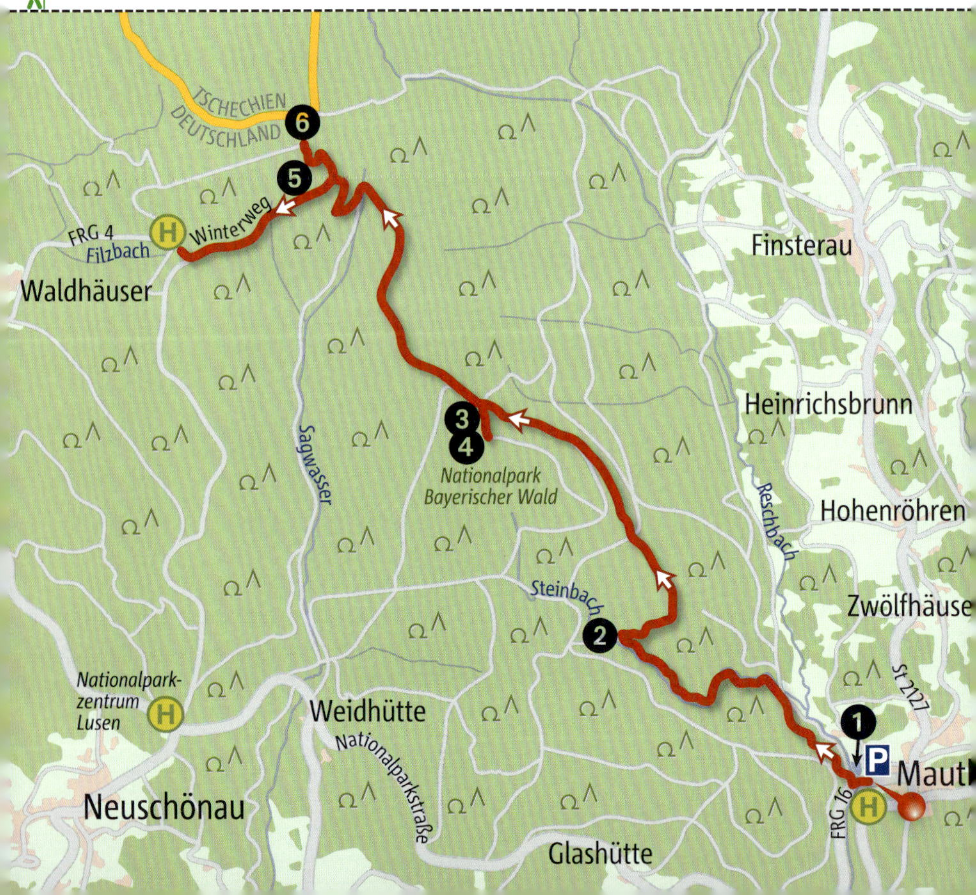

Entspannung ✱✱✱✱✱

Genuss ✱✱✱✱✱

Romantik ✱✱✱✱✱

WIE & WANN:
Meist schmale, wurzelige Wandersteige, teilweise breite Forstwege; beste Zeit von Mitte Mai bis Ende Oktober (in diesem Zeitraum fahren auch die Igelbusse, wie die Wanderbuslinien im Nationalparkgebiet genannt werden). Der Bereich am Steinbach liegt in einem Wildschutzgebiet, daher ist dieses Goldsteig-Segment von 1. Dezember bis 31. März gesperrt, eine Umleitung ausgeschildert.

HIN & WEG:
Auto: P+R-Parkplatz, Reschbachstraße, 94151 Mauth (GPS: 48.886748, 13.578338)
ÖPNV: Linie 603 (Finsteraubus), Haltestelle Mauth; Rückkehr zum Ausgangspunkt: Ab Lusen Waldhausreibe-Linie 602 (Lusenbus), Umstieg am Nationalparkzentrum Lusen

ESSEN & ENTSPANNEN:
Lusenschutzhaus ❺ Nähe Waldhäuser, 94556 Neuschönau,
Tel. (0 85 53) 12 12, www.lusenwirt.de

ENTDECKEN & ERLEBEN:
Badesee Mauth ❶
Steinbachklause ❷
Tummelplatz ❸
Großalmeyerschloß ❹
Lusen ❻

* 12,3 Kilometer
* 400 Höhenmeter
* 4,5 Stunden
* Rundweg

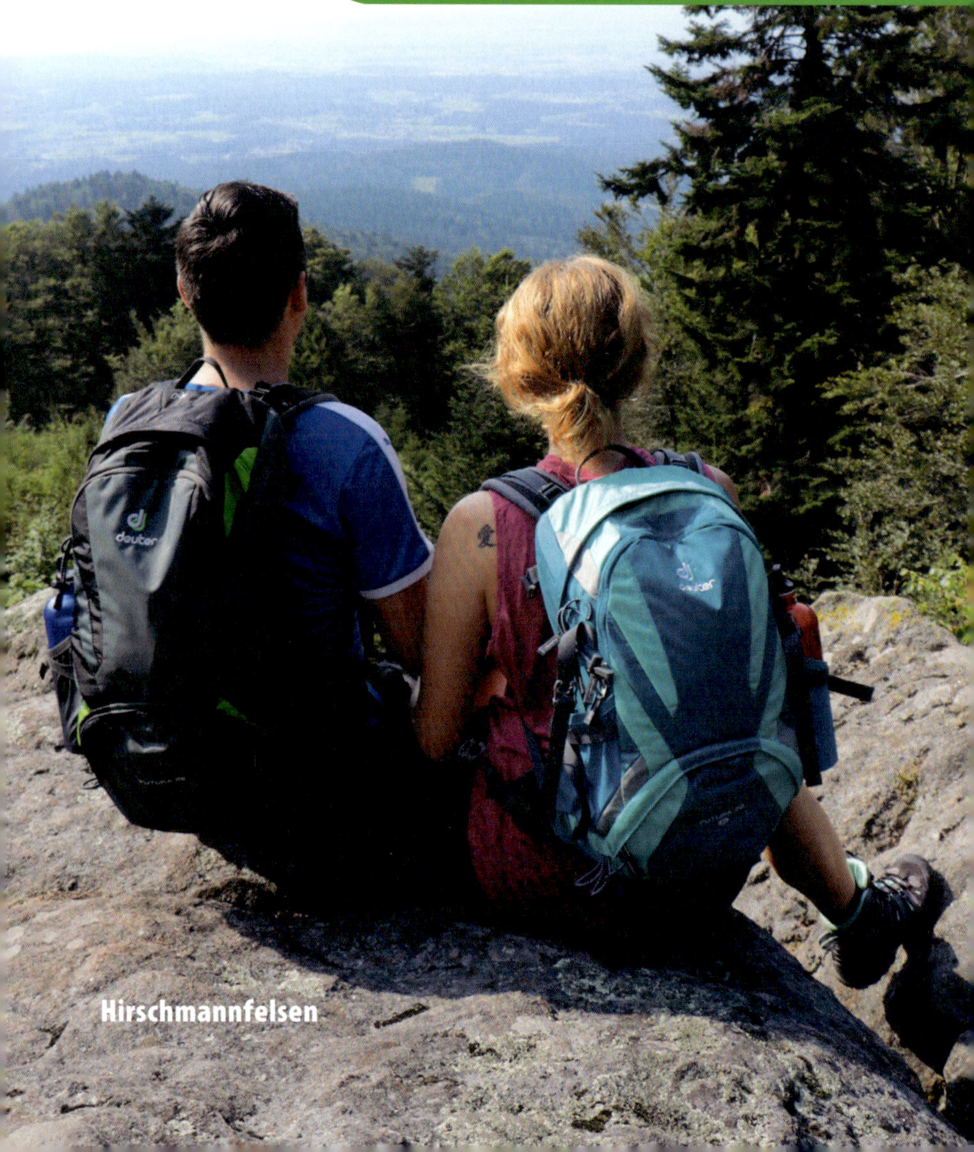

Hirschmannfelsen

Felsen-Trio

Von Kalteck zum Hirschenstein

Auf dieser Wanderung werden wir steinreich! Denn unsere Tour über den Kamm des Vorderen Bayerwalds führt gleich zu drei hoch aufragenden Felsformationen, die allesamt zu besinnlichen Pausen einladen. Auf dem Rückweg kommen wir an einer saftigen Bergwiese vorbei, über die ein stattliches Forsthaus wacht. Genügend Auszeiten sind also garantiert.

Wir starten in Kalteck bei Achslach. Auf dem **Wanderparkplatz** hinter dem ehemaligen **Berghotel** beginnt unsere Tour. Dort folgen wir der Forststraße bergauf in Richtung Wald. An der ersten Gabelung halten wir uns rechts, den Schildern zum Rauhen Kulm folgend. Markiert ist die Strecke bis zur Ödwies mit einem **grünen Dreieck** auf weißem Grund. Nach wenigen Metern auf dem harten Untergrund, kurz vor einem kleinen Häuschen, das an der ehemaligen **Skipiste** ❶ steht, schwenken wir linker Hand in einen mäßig steilen Wanderweg ein. Bald säumt den waldigen Pfad ein erster größerer Felsbrocken. Der soll allerdings nur ein kleiner Vorgeschmack darauf sein, was uns später noch erwartet. Nebenbei können wir rechts immer wieder Überbleibsel des stillgelegten Lifts erkennen.

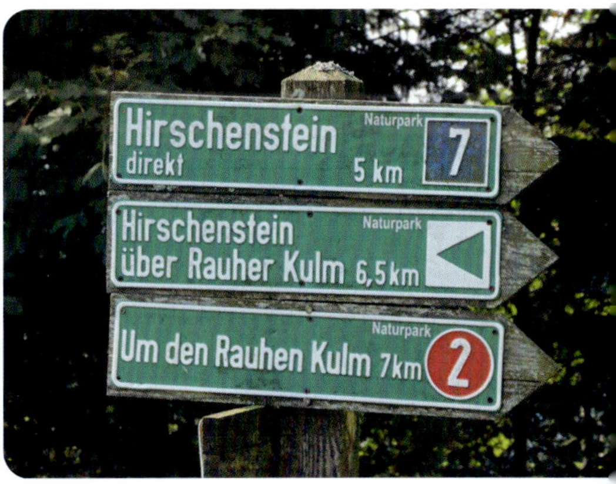

Bald erreichen wir eine Forststraße, auf die wir links einbiegen. Kurz darauf kommen wir an eine Gabelung der Forststraße. In der Mitte der beiden fahr-

Die Tour verläuft oft durch Wald, der von den Bayerischen Staatsforsten bewirtschaftet wird. Jedoch hat auch die Forstverwaltung in einigen Bereichen ***Naturwaldreservate*** *eingerichtet, in denen sich die Natur frei entfalten kann. Schilder kennzeichnen diese Stellen.*

baren Varianten führt der markierte Wanderweg hinein in den Wald. Auf diesen Steig begeben wir uns erst später. Zunächst steht ein lohnender Umweg auf dem Plan. Dafür folgen wir dem linken Zweig der Forststraße. Etwa 200 Meter danach erreichen wir eine hölzerne Selbstversorgerhütte, die **Hirschmannhütte.** Über dem Gebäude thront der erste Teil unseres Gipfel-Trios.

Wir suchen uns den Trampelpfad, der hinter der Hütte an der Forststraße zum darüber aufragenden **Hirschmannfelsen** ❷ führt. Oben angekommen, lassen wir uns für ein Päuschen auf den warmen Steinen nieder. Wir befinden uns noch nicht einmal auf 1000 Höhenmetern, trotzdem genießen wir bei guter Sicht schon einen weitreichenden Ausblick in die Donauebene. Sogar die Donau selbst, die nur etwas mehr als zehn Kilometer entfernt durch ihr Bett fließt, können wir bei genauem Betrachten erkennen.

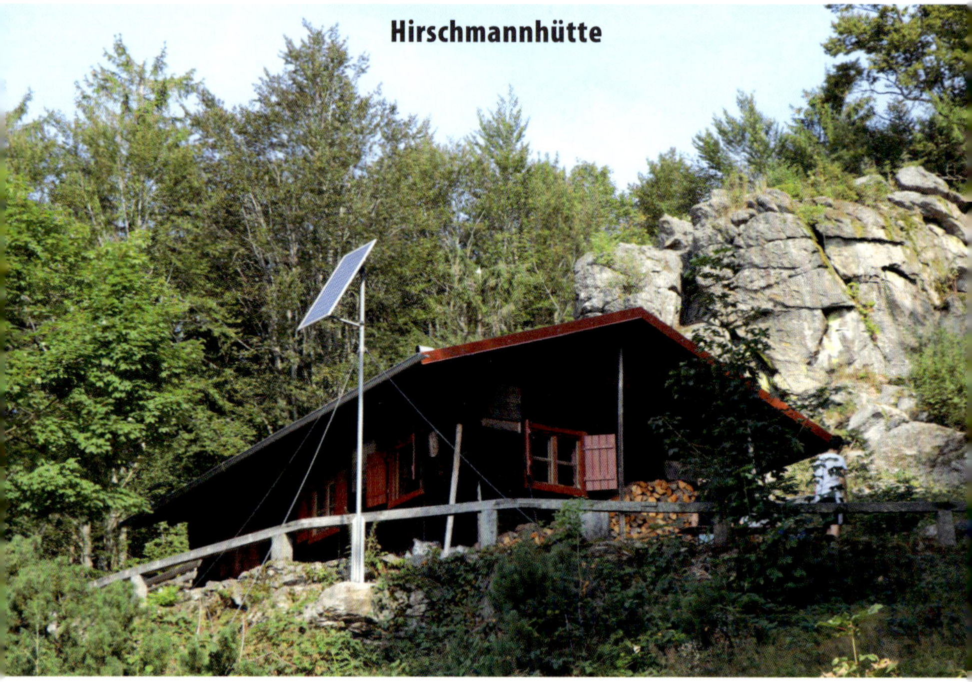
Hirschmannhütte

Für die Seele

Ruhiges Seelenheil finden wir nicht nur auf bizarr geformten Steinbrocken, sondern auch auf einer einst besiedelten Bergwiese nebst Kapelle.

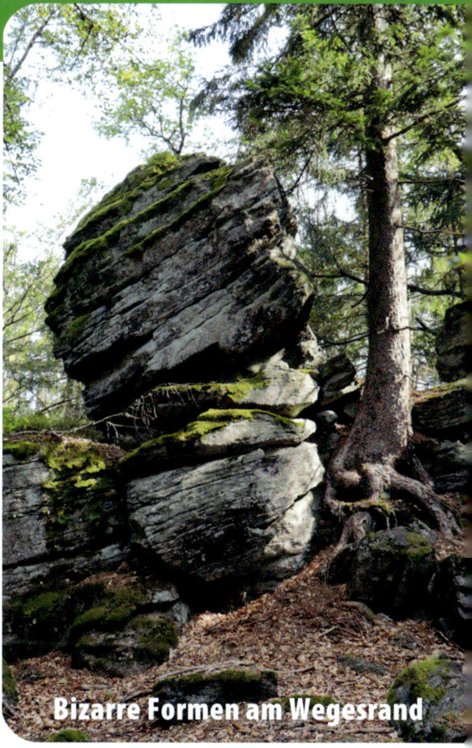

Bizarre Formen am Wegesrand

Nach der Rast steigen wir wieder zur Forststraße ab und gehen zur letzten Kreuzung zurück, an der wir nun in den markierten Wanderweg einschwenken. Rund 120 Höhenmeter liegen zwischen uns und dem nächsten Etappenziel. Dabei wandeln wir über einen meist federnden, nur selten steinigen Steig. Nach dem beständigen Aufstieg gelangen wir auf eine Lichtung in Miniaturformat. Dort hängt ein grüner Wegweiser zur „Aussicht Rauher Kulm", dem wir links folgen. Der Stichweg bringt uns auf die zweite Felsenkanzel des Tages. Der Aussichtspunkt am **Rauhen Kulm** 3 liegt auf 1050 Höhenmetern und zeigt schon einen etwas größeren Sektor des Donautals, sodass wir einige neue Dinge in der Ferne erblicken. Deswegen lassen wir uns eine Weile nieder.

Nun tauchen wir wieder in den Wald ein, erst mal zurück zur kleinen Lichtung, dann links weiter in Richtung Hirschenstein. Zunächst können wir uns auf einer abwärts führenden Passage erholen. Dabei passieren wir mitten im Wald nicht nur eine weitere monströse Felsenburg, sondern auch eine unscheinbar wirkende Felsplatte. Dahinter steht eine hölzerne Bank, die viele Wanderer wohl erst darauf aufmerksam macht, wo sie sich befinden. Von der Bank aus sieht man die Inschrift auf der Oberseite des Steins

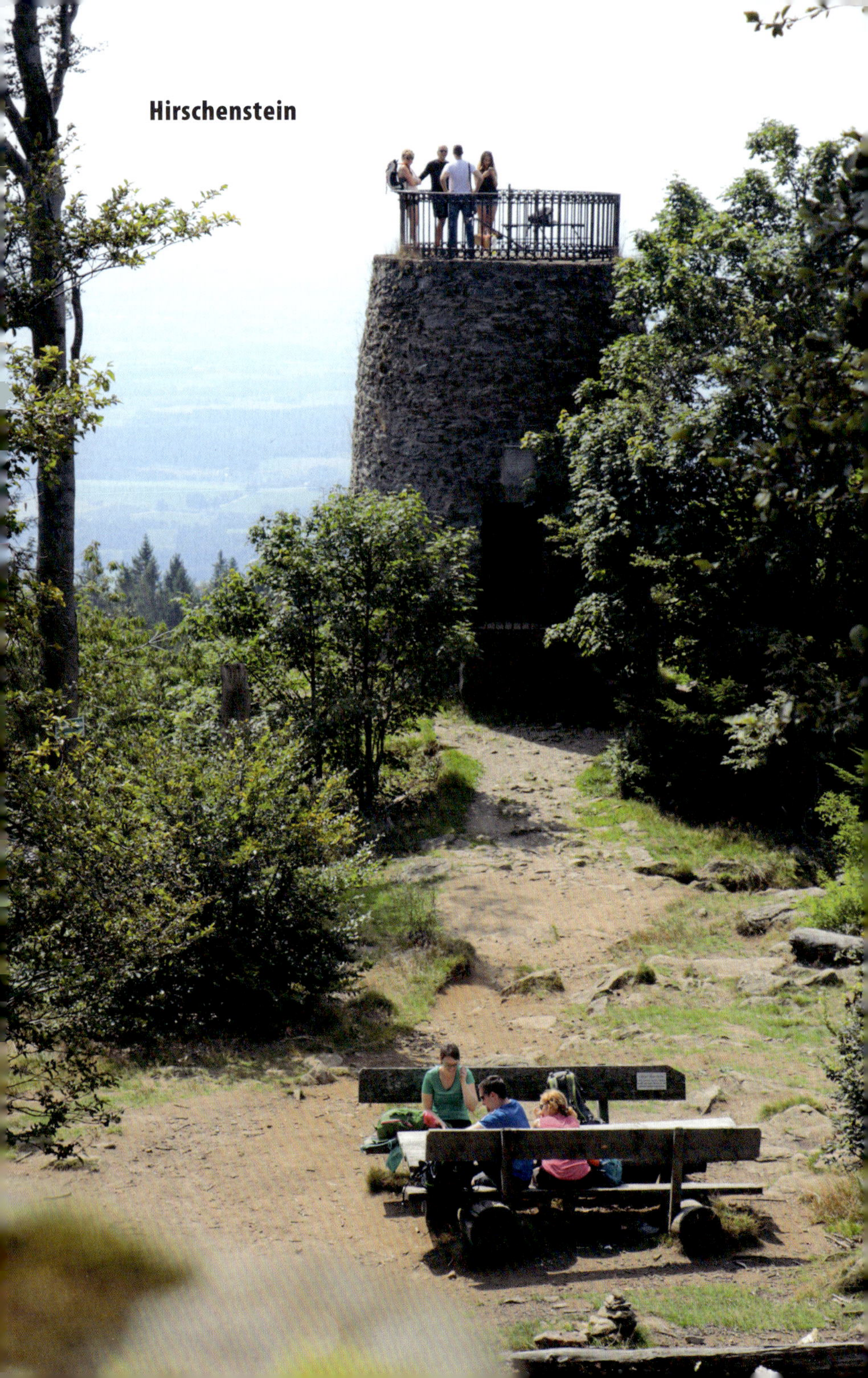

Hirschenstein

nämlich viel deutlicher als im Vorbeigehen. Darauf ist der **Grenzverlauf dreier Landkreise** ④ nachgezeichnet, die sich an diesem Punkt treffen. Es handelt sich um die Kreise Deggendorf, Regen und Straubing-Bogen. Wir hüpfen also mal kurz in Windeseile durch die drei Gebiete, ehe wir weitergehen.

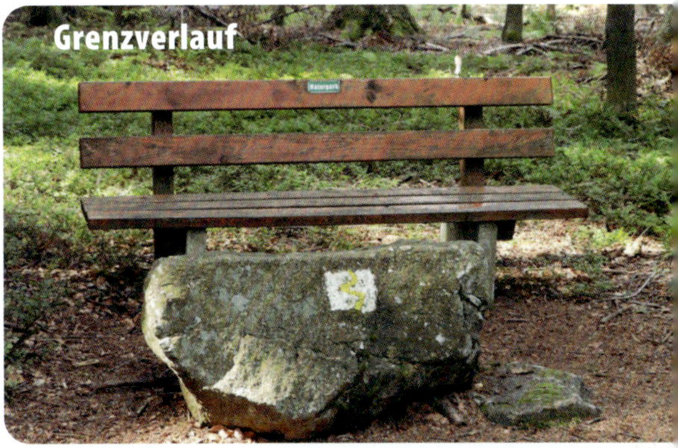
Grenzverlauf

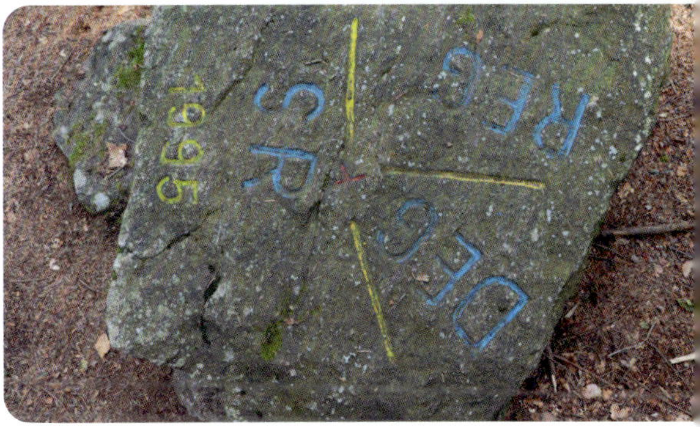

An einer Weggabelung halten wir uns links und kommen kurz darauf zu einer Forststraße, an der sich ein markierter Rettungspunkt und eine Sitzbank befinden. Beides lassen wir links liegen, überschreiten den kiesigen Belag und gehen geradeaus hinein in den Waldweg. Ein letztes Mal für heute gilt es Höhenmeter bergauf zu überwinden. Nach dieser Anstrengung ist das Felsen-Trio auch schon komplett, denn nun erreichen wir den 1095 Meter hohen **Hirschenstein** ⑤.

Hier gibt es gleich zwei Punkte, die wir aufsuchen. Zunächst einmal den Gipfel, der sich ohne schmückendes Kreuz rechter Hand auf einer Felsformation etwas im Wald versteckt. Der Vollständigkeit halber klettern wir trotzdem nach oben und lassen uns im kühlen Schatten für eine kurze Rast nieder. Die längere Pause verschieben wir auf später, da sich am Gipfelplateau viele Wege vereinen und so oft etwas mehr Betrieb herrscht. Der Ausblick vom Felsen ist nicht sonderlich gut, da die Geländekante zu weit entfernt liegt. Wie passend, dass genau dort ein steinerner **Aussichtsturm** steht, den wir als Nächstes ansteuern. Durch die kurze Wendeltreppe erreichen wir die obere Plattform. Vor uns liegen nun noch mal grö-

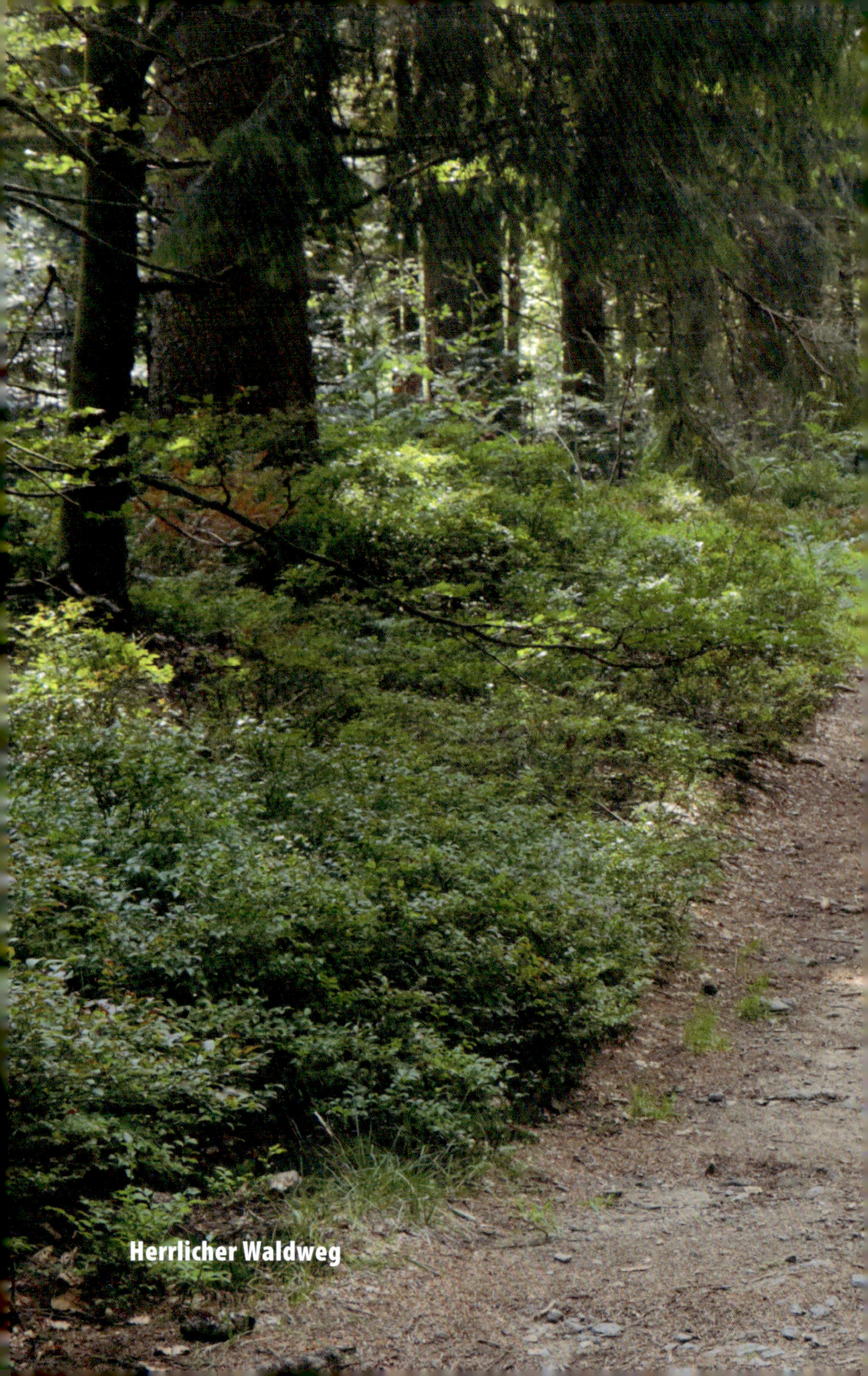

Herrlicher Waldweg

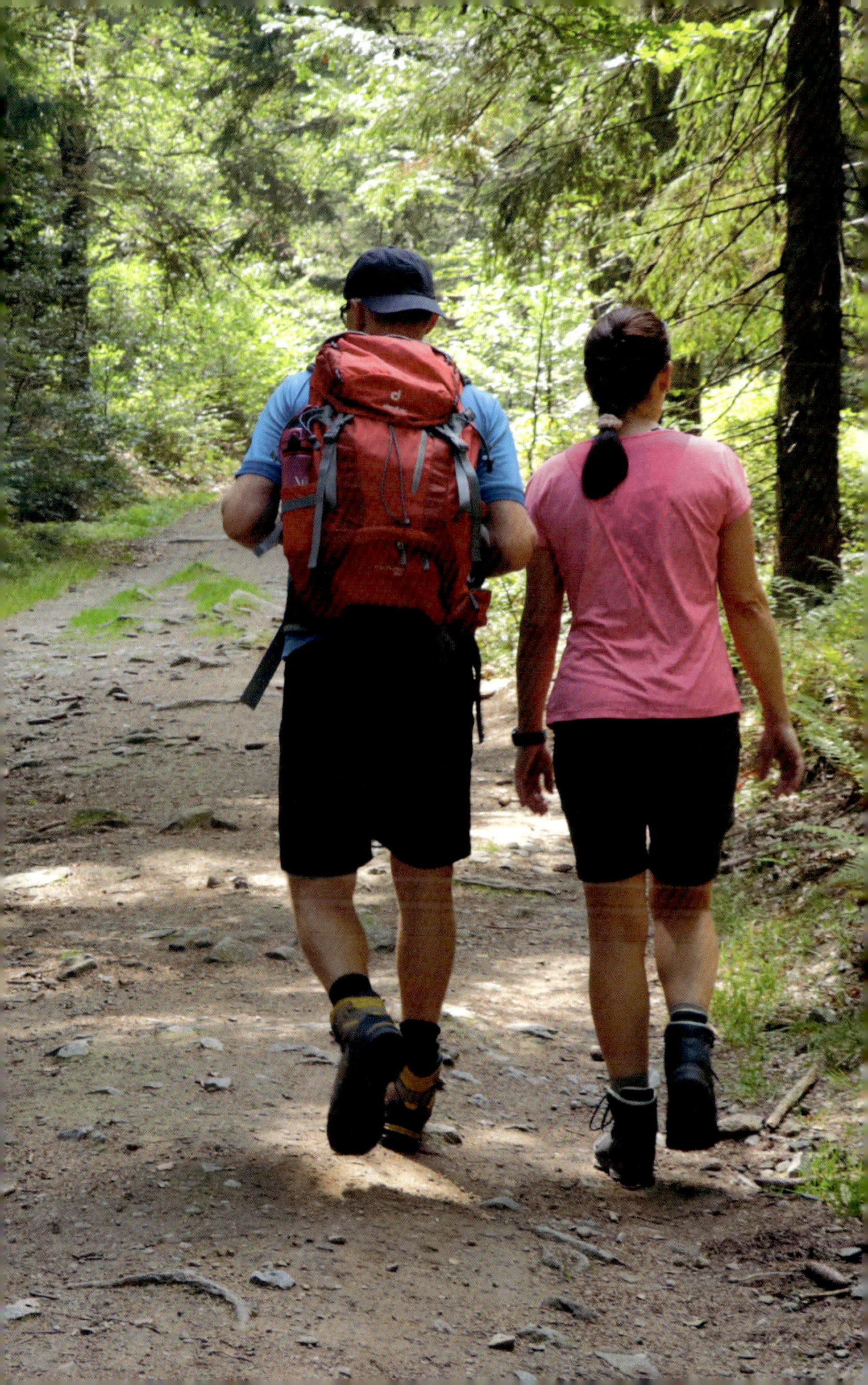

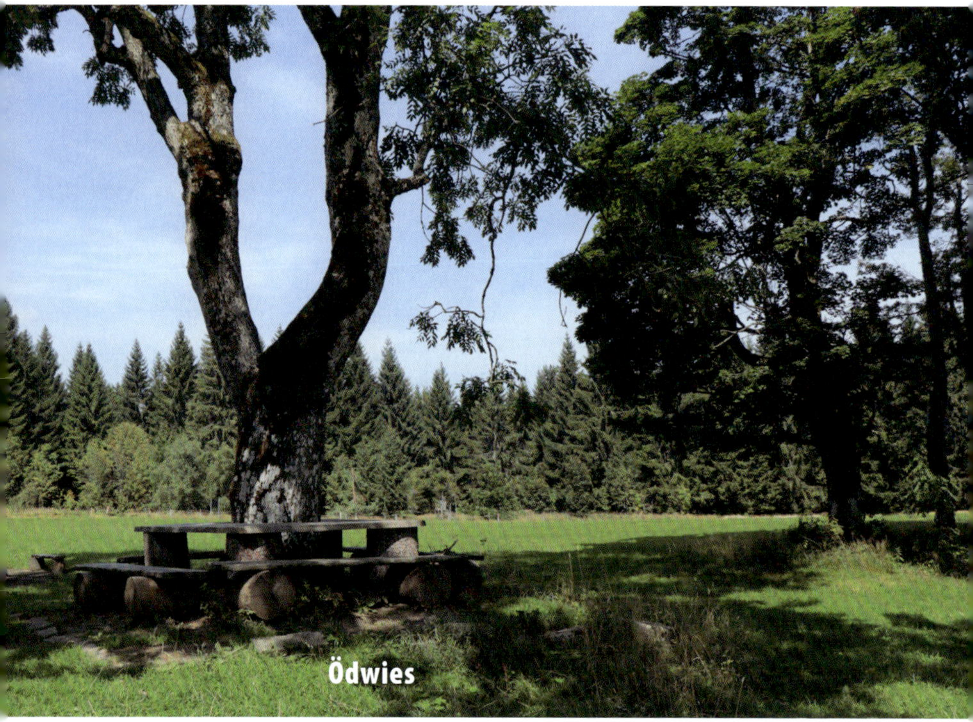

Ödwies

ßere Teile der Donauebene inklusive des Gäubodens. Auf die metallene Brüstung gebeugt lassen wir unsere Augen von links nach rechts schwenken.

Danach gehen wir weiter. Dafür suchen wir uns am Gipfelplateau die Wegweiser und folgen der Beschilderung in Richtung **Ödwies,** die noch etwa 1,2 Kilometer entfernt liegt. Durch teils lichten Wald schreiten wir stets geradeaus über lockeren Waldboden und feste Fahrstraßen leicht bergab zur weitläufigen Bergwiese. Hier machen wir jetzt richtig ausgiebig Pause. Dafür umrunden wir das mächtige **Forsthaus 6,** an dem das Wappen der Reservistenkameradschaft Achslach hängt. Hinter dem Gebäude finden wir einen schattenspendenden Baum, um dessen Stamm eine Bank-Tisch-Kombination gebaut wurde. Sie bietet ausreichend Platz, um unsere mitgebrachten Leckereien aufzureihen und genüsslich zu verspeisen.

*Die **Ödwies** wurde 1559 erstmals urkundlich erwähnt. Das heutige Forsthaus entstand jedoch erst in der Mitte des 19. Jahrhunderts. Aufgrund des vielen Schnees im Winter schlief die Försterfamilie ausschließlich im Obergeschoss. Erst nach dem Zweiten Weltkrieg wurde die Einöde verlassen.*

Wenn sich unsere Füße genügend ausgeruht haben, Hunger und Durst gestillt sind, erheben wir uns. Wir wechseln auf die Seite des Hauses, von der wir gekommen sind. Dort steht etwas abseits eine hölzerne **Kapelle ⑥**. Einen Blick in den funktional gestalteten Altarraum lassen wir uns nicht entgehen. Danach schwenken wir rechter Hand in den Schotterweg vor der Kapelle ein. Der bringt uns zurück in Richtung Ausgangspunkt. Zunächst schreiten wir auf dem alleeartigen Weg an der Wiese entlang, dann hinein in den Wald. Bei der ersten Gabelung halten wir uns geradeaus, bei der zweiten rechts. Und sogleich sind wir wieder an der Rettungspunkt-Kreuzung, die wir schon vor dem finalen Anstieg zum Hirschenstein passiert haben.

Hier biegen wir links ein. 100 Meter folgen wir dem

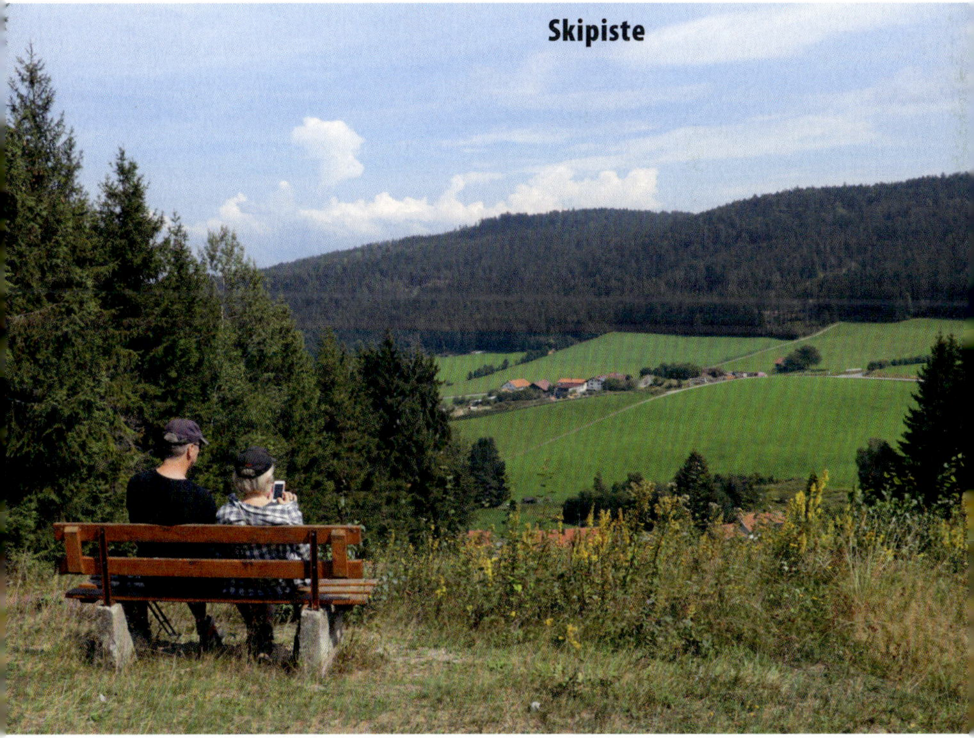

Pfad, auf dem wir vorher schon gewandert sind. An der nächsten Gabelung halten wir uns links und betreten Neuland. Dafür folgen wir der blauen 7 in Richtung Kalteck. Von nun an geht's teils beachtlich bergab zum Ausrollen. Der Markierung folgend gehen wir fast nur noch geradeaus, nur beim Wechsel vom Wander- auf den Forstweg halten wir uns rechts. Kurz vor dem Ende unserer Tour überqueren wir die ehemalige **Skipiste,** an der mittlerweile eine Bank steht. Auf der verlängern wir noch mal unsere Waldauszeit mit einem tollen Blick auf die blühende Wiese, das Örtchen Kalteck und den Gegenhang. Wenn wir bereit für das Ende des Ausflugs sind, erheben wir uns und marschieren die letzten 400 Meter zum Auto. Mit tollen, felsigen Eindrücken treten wir die Heimreise an.

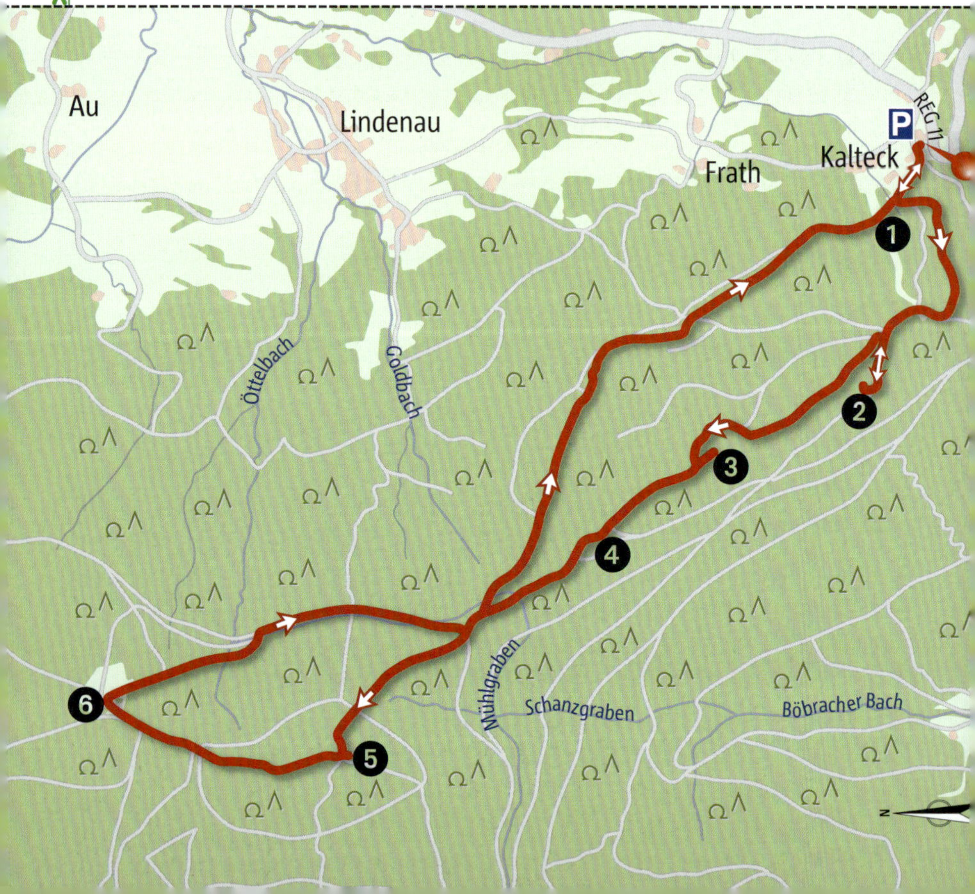

Alles auf einen Blick

Entspannung ✱✱✱✱✱

Genuss ✱✱✱✱✱

Romantik ✱✱✱✱✱

WIE & WANN:
Mix aus Wanderwegen und Forststraßen; beste Zeit: Mai bis Oktober

HIN & WEG:
Auto: Wanderparkplatz hinter dem Berghotel Kalteck, Kalteck 9, 94250 Achslach (GPS: 48.939904, 12.918335)
ÖPNV: Keine direkte Anbindung an die Strecke

ESSEN & ENTSPANNEN:
Der Rucksack wird gefüllt mit einer leichten Brotzeit, die wir uns unter einem schattigen Baum auf der Ödwies schmecken lassen.

ENTDECKEN & ERLEBEN:
Skipiste Kalteck ❶
Hirschmannfelsen ❷
Rauher Kulm ❸
Drei-Landkreise-Punkt ❹
Hirschenstein mit Aussichtsturm ❺
Ödwies mit Forsthaus und Kapelle ❻

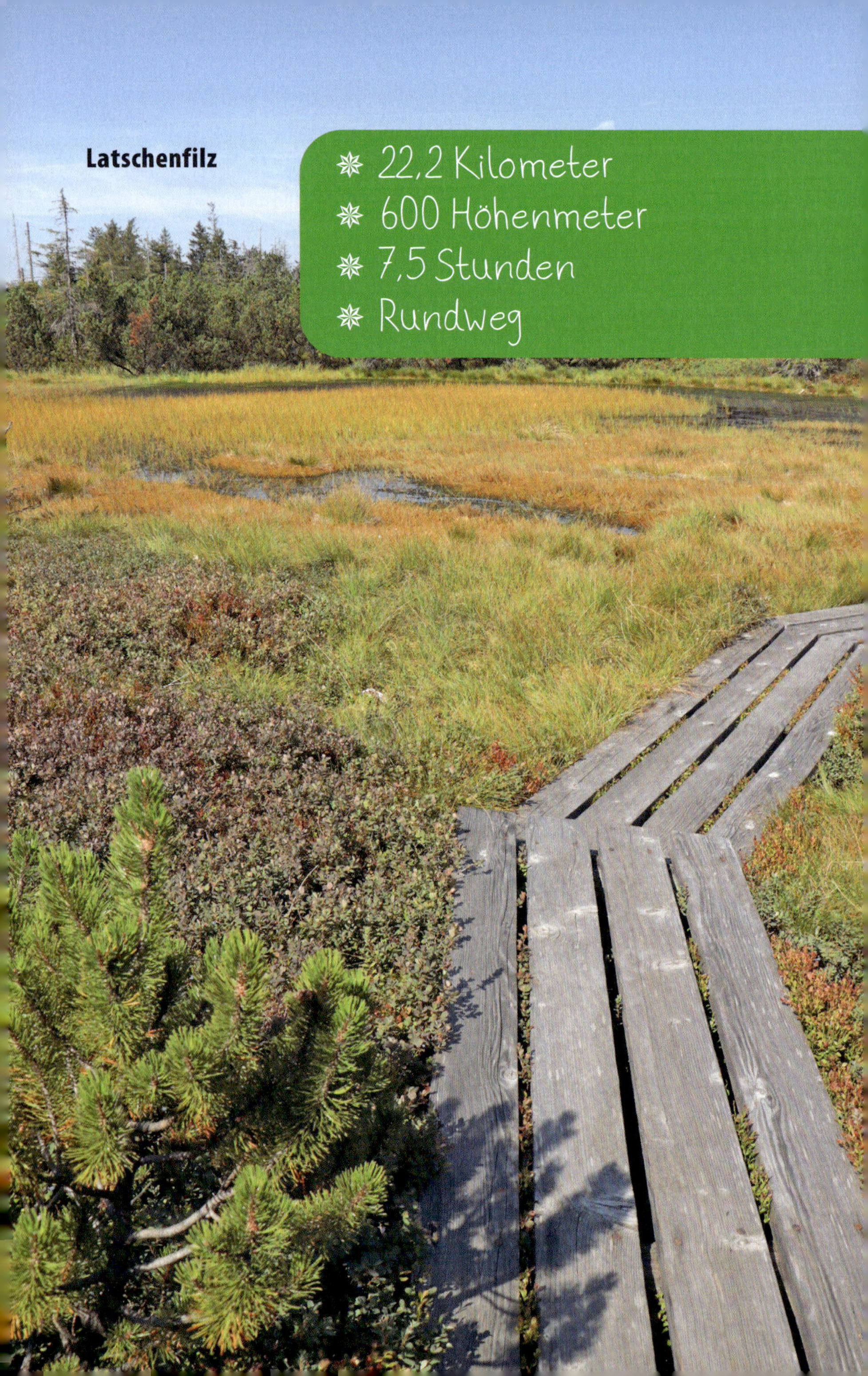

Latschenfilz

- 22,2 Kilometer
- 600 Höhenmeter
- 7,5 Stunden
- Rundweg

Mystisch einsam

Schachten und Filze ab Frauenau

Diese Tour ist eine der Königsetappen im Bayerischen Wald. Wir müssen uns zwar viel Zeit nehmen, dafür reihen sich die Höhepunkte wie an einer Perlenschnur aneinander. Um die mystischen Moore und verlassenen Hochweiden oberhalb Frauenaus zu erwandern, starten wir am **Parkplatz** unterhalb der Trinkwassertalsperre.

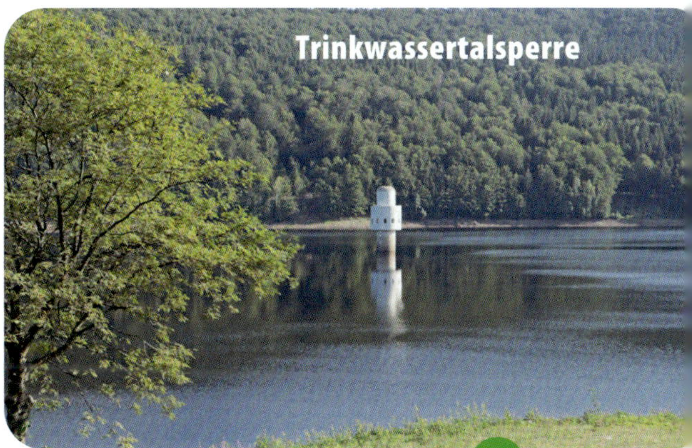
Trinkwassertalsperre

Am dortigen Infopavillon können wir uns einen Überblick über die Umgebung verschaffen. Hinter dem Pavillon nehmen wir den rechten Arm des Weges, um der Markierung **Borstgras** zu folgen, die uns auf etwa der Hälfte der Tour begleiten wird.

Nach den ersten Metern wartet ein knackiger Kaltstart auf uns. Denn bevor wir eine Chance haben, warm zu werden, müssen wir steil bergauf. Es gilt die Dammkrone der **Trinkwassertalsperre** ① zu besteigen. Dafür geht's an der rechten Seite des monströsen Bauwerks im leichten Zickzack nach oben. Nach rund 15 Minuten biegen wir links in eine Teerstraße ein. Damit haben wir diese Etappe bereits überwunden und können erst mal durchschnaufen. Am sonnigen Ufer des künstlichen Sees blicken wir auf den **Entnahmeturm** und den Überlauf der Talsperre.

In weiten Teilen des Bayerwalds genießt man beim Aufdrehen des Wasserhahns naturreines Waldwasser aus Frauenau. Es stammt aus der 1983 fertiggestellten Trinkwassertalsperre. Die Anlage hat ein Fassungsvermögen von 21,7 Millionen Kubikmetern.

Auszeittour 3

Wieder bei Atem geht's zunächst rechter Hand auf dem harten Untergrund weiter. Wir passieren eine Sitzgruppe und ein **Holzkreuz,** das zum Gedenken an drei beim Bau der Talsperre tödlich verunglückte Männer errichtet wurde. Gleich dahinter biegen wir links in einen schmalen Wanderweg ein.

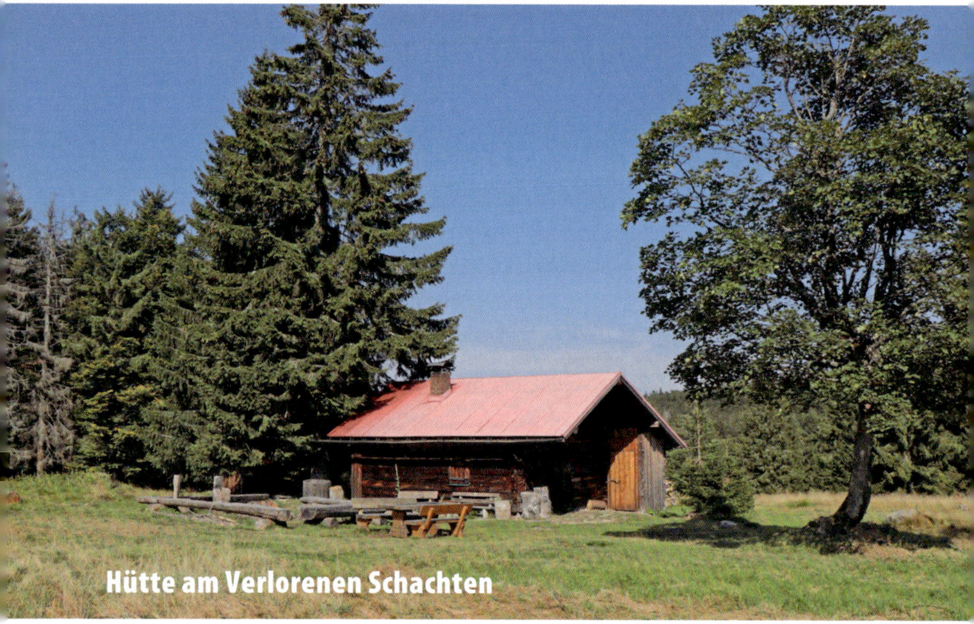

Hütte am Verlorenen Schachten

Auf dem ebenen Waldstück am Südufer der Talsperre finden wir schnell das passende Wandertempo. Wir schlendern entlang eines ehemaligen **Triftkanals** und überqueren dabei zwei kleinere Zuflüsse der Talsperre, die wir stets linker Hand im Blick haben. Schon fast am Ende des Sees macht der Weg einen Rechtsknick, bei dem wir jedoch erst mal nach links schauen. Dort erspähen wir durch die Bäume hindurch eine kleine Insel, die vom Wasser umspielt wird. Wenig später haben wir das Ende der Trinkwassertalsperre erreicht. Der Wanderweg mündet in eine breite Forststraße, in die wir nach rechts einschwenken. An der folgenden Gabelung halten wir uns links, immer noch

Für die Seele

Wir geben unserer Seele eine natürliche Auszeit! Dafür entfliehen wir der Zivilisation und erkunden zauberhafte Moore und saftige Inseln im Waldmeer.

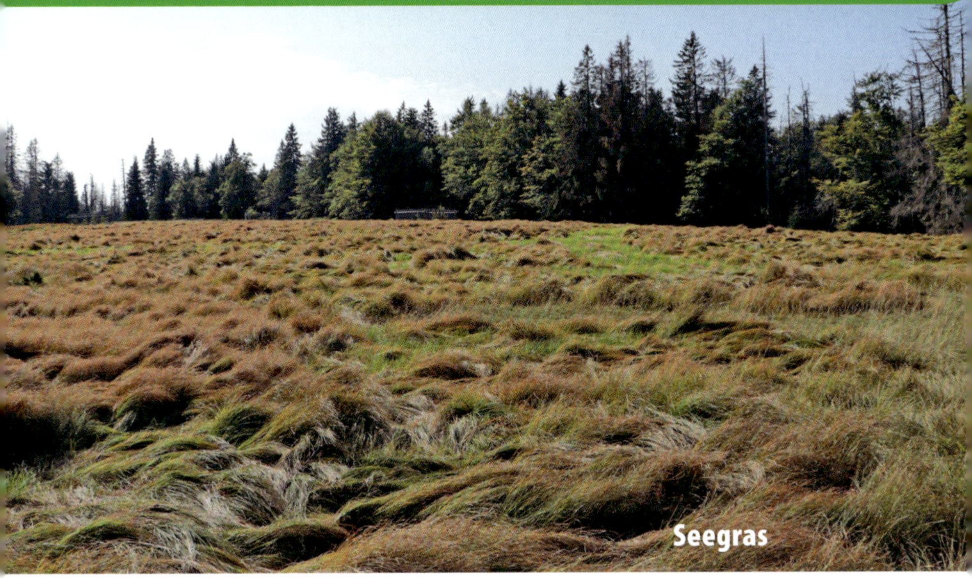

Seegras

der Borstgras-Markierung hinterher. Ab sofort sind wir im Nationalpark.

Jetzt folgt der anstrengende Teil des Tages. Mit 300 Höhenmetern wartet der längste Anstieg der Tour auf uns. Das erste Drittel davon führt über eine Forststraße im Tal des **Kleinen Regens,** den wir schließlich dank einer stabilen Brücke überqueren. Kurz davor halten wir uns bei einer Gabelung links. Hinter der Brücke steht auf einer Lichtung das verlassene **Forsthaus Schachten ②,** an dem ein Brunnen und eine Sitzgruppe zur Rast einladen. Am Ende der Wiese verlassen wir den harten Untergrund und biegen links in einen Wanderweg ein.

Auszeittour 3

Der Wald um uns herum wird jetzt immer wilder. Und auch der Pfad ist an einigen Stellen nun deutlich steiler. Nach etwa zwei Dritteln des Aufstiegs kreuzt der Steig einen breiten Radweg. Wir nutzen die Stelle noch mal zum Durchatmen, ehe wir geradeaus weitergehen. Wir marschieren beständig bergauf, wobei es rechter Hand an der Hangkante immer lichter wird. Gerade als der Weg einen scharfen Linksknicks macht, können wir rechts das hoch aufragende **Rachelmassiv** erspähen. Es wird nicht das letzte Mal sein, dass wir den Berg zu Gesicht bekommen. Nun müssen wir nur noch wenige Meter sanft ansteigend durch dichte Buchenbestände gehen, bis wir die erste einstige Hochweide erreichen. Am Fuße des **Verlorenen Schachtens** ③ führt ein Stichweg zur Hütte auf der Mitte der Wiese. Hier schnappen wir uns eine der einladenden Sitzmöglichkeiten und machen erst mal eine längere Pause, vielleicht sogar gleich mit ausgiebiger Brotzeit. Dabei bestaunen wir das seltene Seegras und bemerken, dass ein Schild am Ostrand des Schachtens verkündet, dass sich hier bereits die tschechische Grenze befindet.

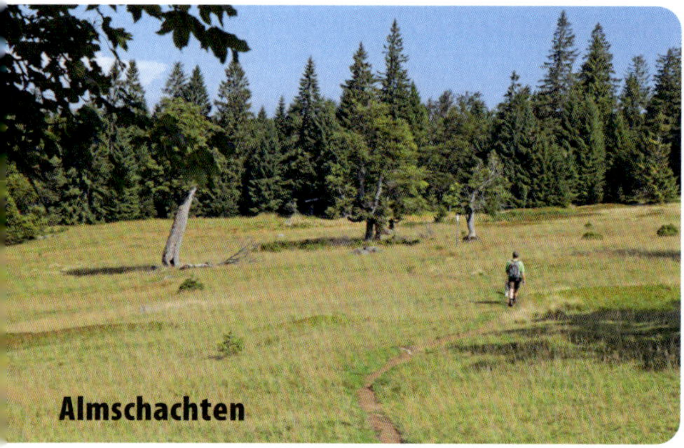

Almschachten

*Der **Verlorene Schachten** wurde 1829 angelegt und gehört seitdem zum Besitz der Freiherrn von Poschinger. Er liegt also als Enklave inmitten des Nationalparks. Die Selbstversorgerhütte wird von der Sektion Frauenau des Bayerischen Wald-Vereins betreut.*

Von nun an geht es gemächlich weiter. Für einige Kilometer bleiben wir quasi auf derselben Höhenlage. Zunächst wandern wir den kurzen Stichweg zurück, biegen an dessen Ende dem Borstgras folgend rechts ab. Kurz darauf überqueren wir dank eines monströsen Trittsteins ein Bächlein, entdecken linker Hand noch mal das Rachelmassiv und schlendern weiter durch den Wald. Der nächste Schachten, der **Almschachten** ④, lässt nicht lange auf sich warten. Es ist die einzige der alten Hochweiden auf der Wanderung, die früher nicht nur Jungrinder, sondern auch Milchkühe beheimatete. Zeugen dieser Zeit sind die knorrigen Schachtenbäume, die Tieren und Hirten im Sommer einst kühlenden Schatten spendeten. Nachdem wir die bizarr geformten Laubbäume zur Genüge bestaunt haben, tauchen wir wieder ins Waldmeer ein.

Wir kommen jetzt öfter an Flächen vorbei, auf denen Fichten durch Stürme und Borkenkäfer zum Absterben gebracht wurden. Auf den Trümmern der alten Generation wächst vielerorts bereits ein gut gefüllter Baumkindergarten nach. Vorteil dieser Walddynamik: Ab und zu können wir Ausblicke ins Tal genießen. Sogar die Trinkwassertalsperre lässt sich noch mal blicken. Und ehe wir es realisiert haben, stehen wir bereits auf dem dritten Schachten, dem **Hochschachten 5**. Hier begrüßt uns zum ersten Mal der **Große Arber** aus der Ferne. An der Gabelung, die wir geradeaus überschreiten, endet die Borstgras-Markierung. Von nun an folgen wir dem **Pestwurz-Symbol.** Das bringt uns innerhalb weniger Minuten in einen neuen Landschaftstyp.

Hinter dem Hochschachten beginnt der Weg auf Bohlenbrettern zu verlaufen. Die hohen Bäume weichen kleinwüchsigen Latschenkiefern, dazwischen

Ein paar Wochen im Jahr grast auf dem Hochschachten ***Rotes Höhenvieh.*** *Die Rinder sind tierische Landschaftspfleger. Sie ersetzen die sonst notwendigen Arbeitseinsätze zum Freihalten der Schachten, um deren besondere Artenvielfalt zu erhalten.*

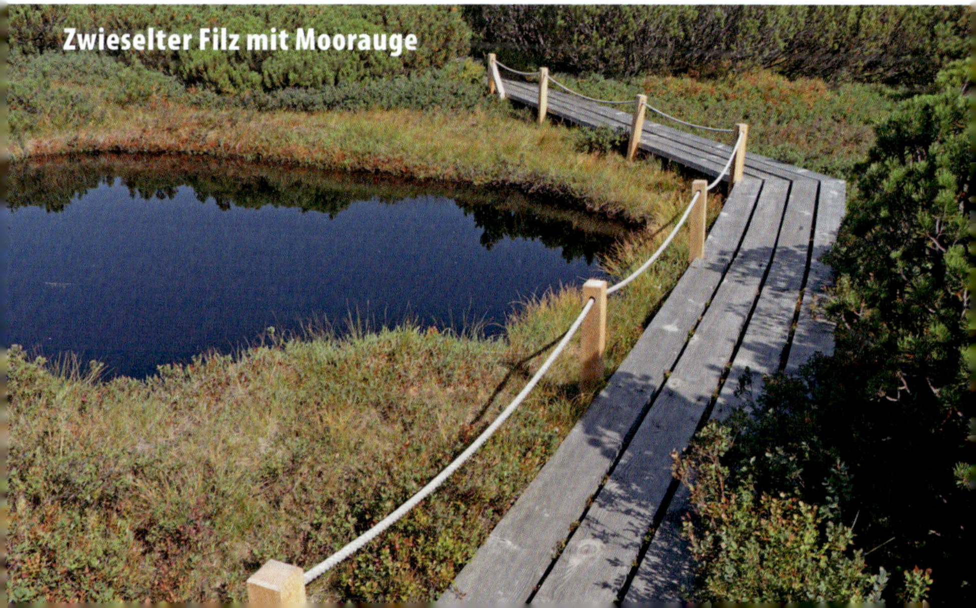
Zwieselter Filz mit Moorauge

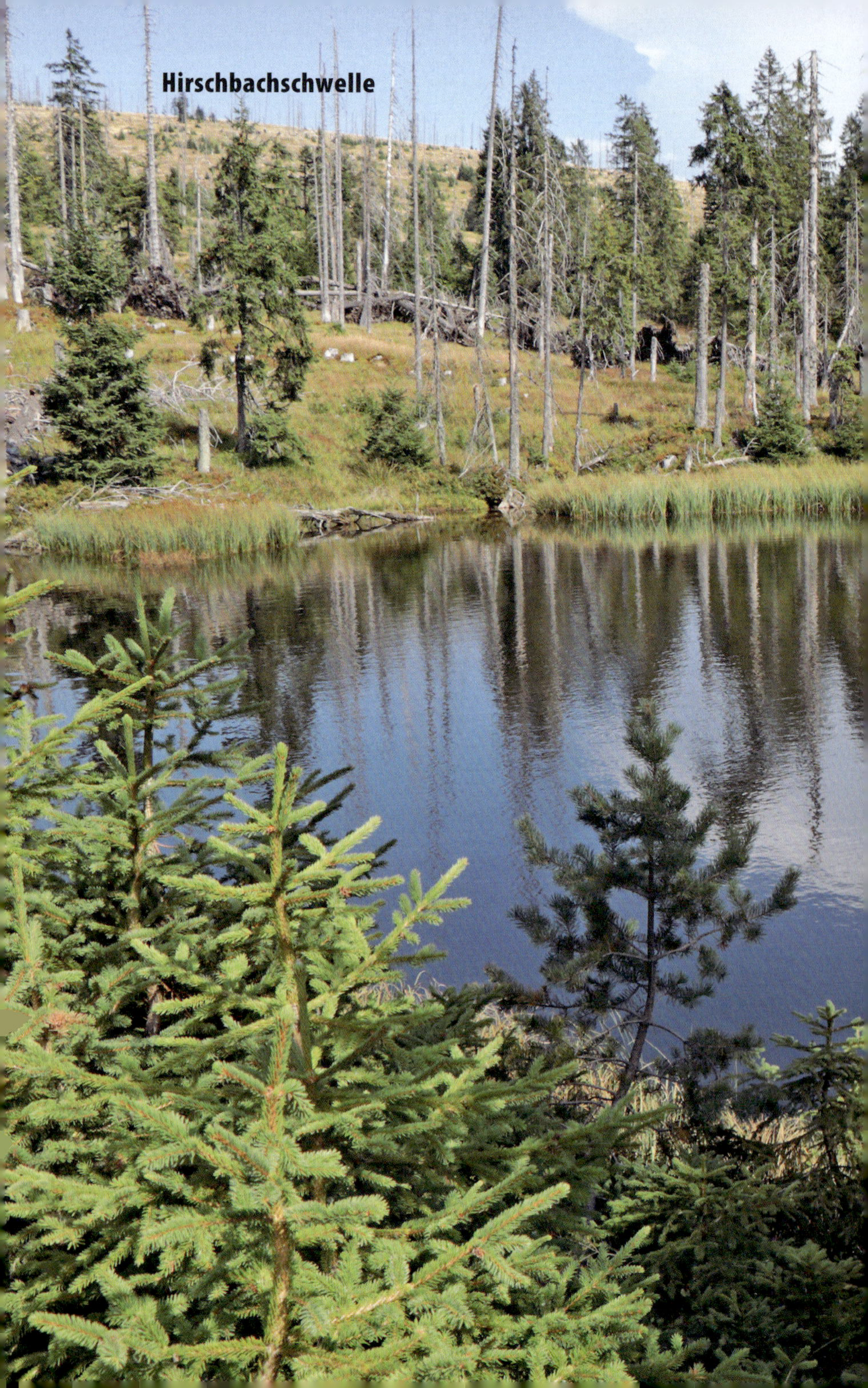
Hirschbachschwelle

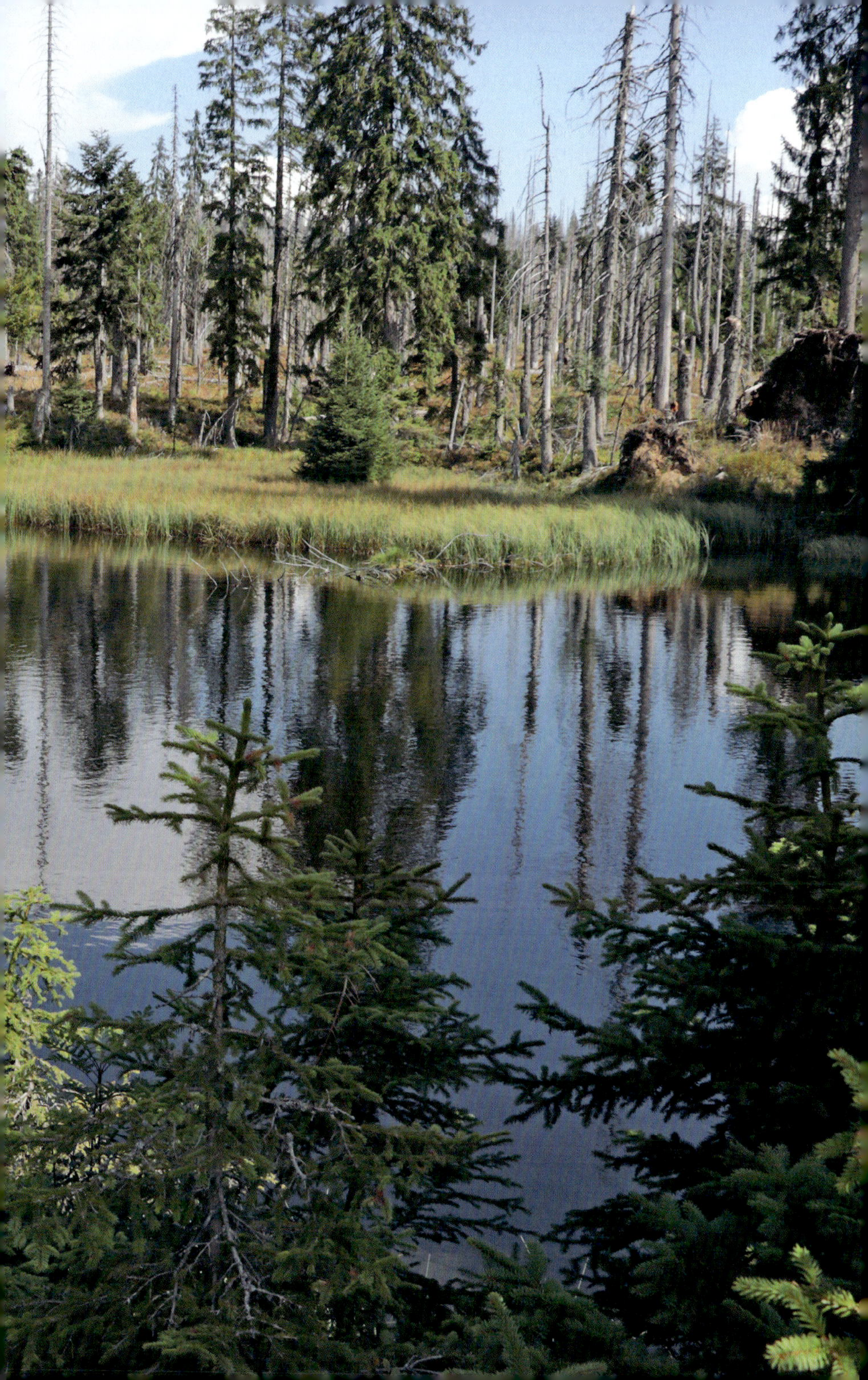

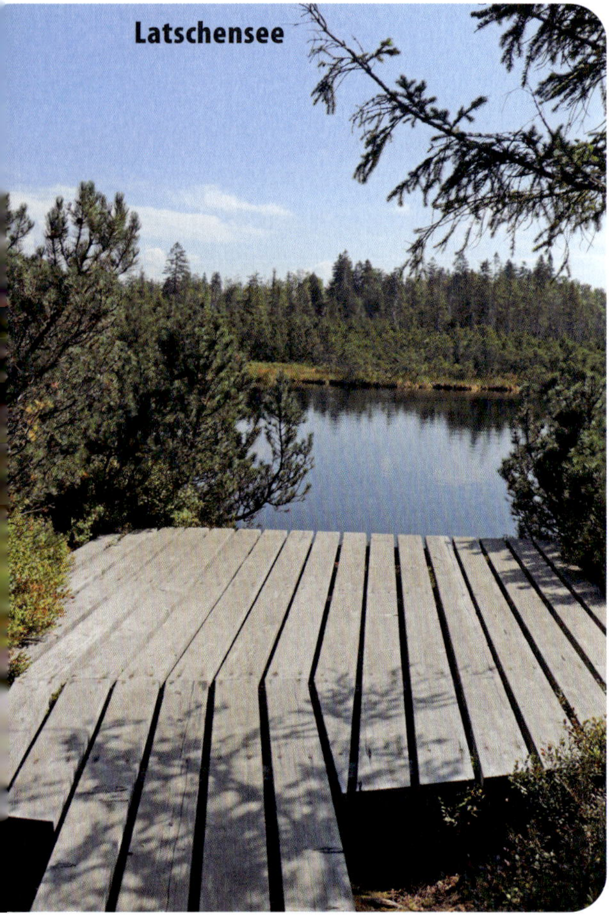

gibt's spärliche bewachsene Freiflächen. Wir haben das **Latschenfilz** ⑥ erreicht. Im Hochmoor biegen wir einmal rechts in einen Stichweg ab, um zum dunklen **Latschensee** zu gelangen, dem größten Moorauge der Tour. Am nur aus Regenwasser gespeisten See genießen wir einige Momente die besondere Stimmung, ehe wir wieder kehrtmachen. In den Hauptweg schwenken wir rechts ein und kommen alsbald an weiteren Mooraugen vorbei. Auch nachdem wir das Filz, wie Moore in der Region genannt werden, verlassen haben, passieren wir teilweise noch sumpfige Stellen, über die wir dank Bohlenstegen trockenen Fußes gelangen.

Bevor es in den zweiten Moorkomplex des Tages geht, erreichen wir noch den **Kohlschachten** ⑦ mit seinen Hunderte Jahre alten Hirtebäumen. Hier müssen wir aufpassen, dass wir uns an der Gabelung rechts halten, um weiter auf der Pestwurz-Route zu bleiben. Tun wir so, erreichen wir nach einem sehr lichten Waldstück das **Zwieselter Filz** ⑧. Abermals durchschreiten wir eine Allee aus Latschenkiefern und Mooraugen, die eine Prise Mystik versprühen. Hinter dem Moor steigen wir einige Meter abwärts und erreichen den zweiten künstlichen See des Tages, die **Hirschbachschwelle** ⑨. Das durch den Hirschbach gespeiste Gewässer wurde einst zur Holztrift angelegt und wird heutzutage als Kulturdenkmal erhalten. Eine hölzerne Bank lädt uns zu einer kurzen Rast ein.

Danach folgen wir dem breiten Forstweg, in den unser Wanderweg von gerade mündet. An der Kreuzung einige Meter später überschreiten wir die querende Forststraße, um dahinter geradeaus auf einen Waldweg einzuschwenken. Wir wandern jetzt an einer Hangkante durch wilde Mischwälder, kommen an Quellen und kleinen Bächen vorbei. Gut zwei Kilometer später erreichen wir den letzten Schachten des Tages, den **Lindberger Schachten ⑩**. Die alte Weidefläche zieht sich über fast 100 Höhenmeter – und wir gehen bis ans obere Ende der Lichtung. Dafür halten wir uns an der Kreuzung am unteren Ende des Schachtens rechts. Oben angekommen, kommen wir zu einer **alten Diensthütte,** auf deren schmucker Terrasse wir uns zur letzten größeren Pause der Tour niederlassen. Beim Rückweg zum unteren Teil des Schachtens haben wir noch mal das Rachelmassiv in seiner ganzen Schönheit im Blick. An der Kreuzung von eben halten wir uns nach Buchenau folgend rechts und verlassen den Bereich der Schachten und Filze.

*Ein Zweig der Glashüttendynastie von Poschinger ließ **Schloss Buchenau** 1840 erbauen. Mittlerweile gehört es einem Förderkreis, der hier Märkte, Ausstellungen und Konzerte veranstaltet. Sehenswert ist auch der Schlossgarten mit mächtigen Ahornen, Eiben und fremdländischen Gewächsen.*

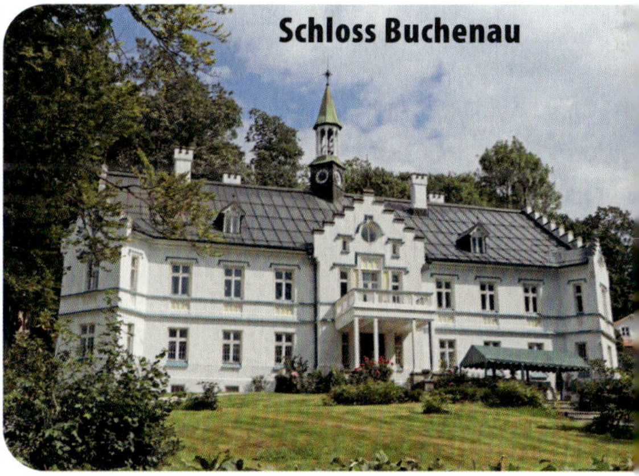
Schloss Buchenau

Immer noch der Pestwurz folgend geht's etwa 300 Höhenmeter über Waldwege bergab. Als wir am Ende eine Wiese erreichen, folgen wir der dortigen Teerstraße auf dem Radweg gen Tal und verlassen den Nationalpark. So können wir kurz darauf einen Blick aus der Vogelperspektive auf die Ortschaft **Buchenau** erhaschen. Wir passieren eine Steinmauer, an deren Ende wir links in eine Straße einbiegen. Sogleich schlendern wir an **Schloss Buchenau ⑪** vorbei, um uns dahinter links zu halten, den Markierungen zur Trinkwassertalsperre folgend.

Auszeittour 3

Den Ort hinter uns lassend, folgt eine alleeartige Forststraße über saftige Wiesen, ehe wir wieder in den Wald eintauchen. An der ersten Gabelung nehmen wir als kleine Abkürzung die linke Variante. 400 Meter später müssen wir noch mal links in eine Forststraße abbiegen, ehe ein paar Höhenmeter später rechts ein Weg in Richtung Parkplatz Regenbrücke/WC abzweigt.

Der schmale Pfad bringt uns kräftig bergab und mündet in eine **Holzbrücke,** die den Kleinen Regen überspannt. Wir gehen auf die andere Seite und müssen nur noch einmal rechts abbiegen, ehe wir unseren Ausgangspunkt erreichen. Ausgepowert, aber glücklich steigen wir ins Auto. Von den Naturerlebnissen dieser Tour werden wir gedanklich noch lange zehren können.

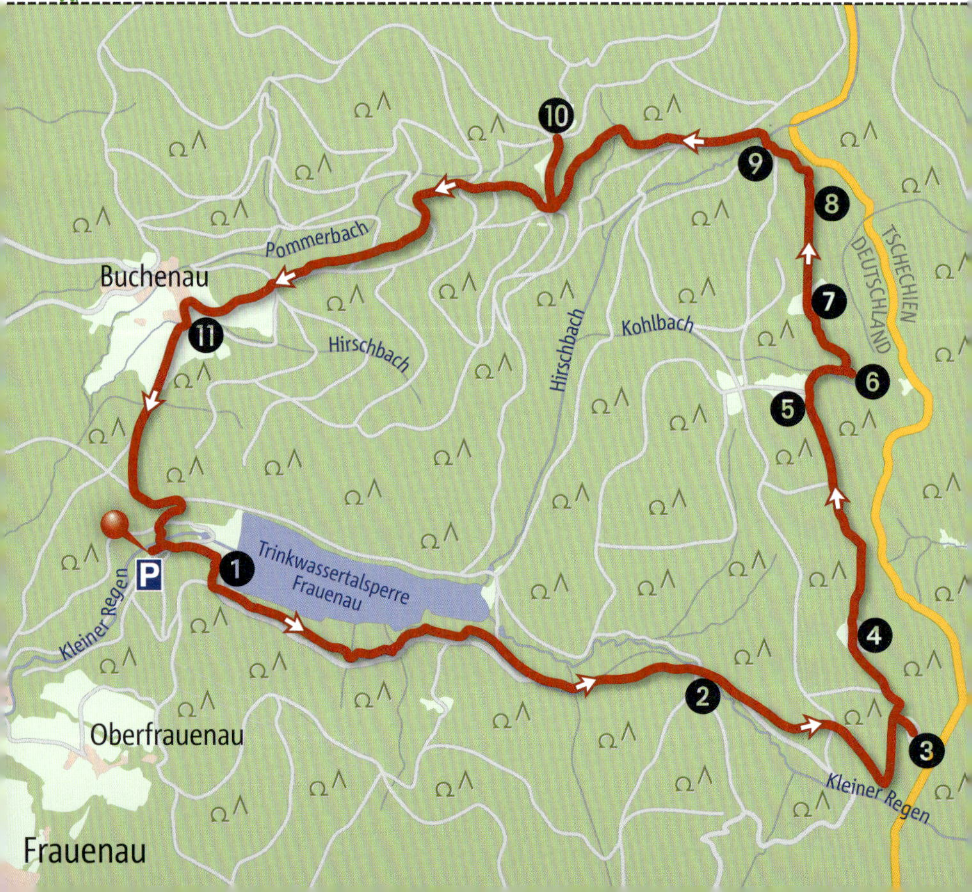

Entspannung ✱✱✱✱✱

Genuss ✱✱✱✱✱

Romantik ✱✱✱✱✱

WIE & WANN:
Wald- und Wiesenwege sowie Forst- und Schotterstraßen; beste Zeit: Mai bis Oktober, im Winter nur mit Schneeschuhen begehbar und deutlich beschwerlicher als im Sommer

HIN & WEG:
Auto: Wanderparkplatz unterhalb der Trinkwassertalsperre, Schachtenstraße, 94258 Frauenau (GPS: 49.012646, 13.324307)
ÖPNV: Keine direkte Anbindung an die Strecke

ESSEN & ENTSPANNEN:
In der abgeschiedenen Höhenlage haben wir keine Möglichkeit zur Einkehr. Deswegen sollte ins Marschgepäck reichlich Verpflegung gepackt werden. Geeignete Picknick-Plätze gibt es auf den fünf sonnigen Schachten zuhauf.

ENTDECKEN & ERLEBEN:
Trinkwassertalsperre 1
Forsthaus Schachten 2
Verlorener Schachten 3
Almschachten 4
Hochschachten 5
Latschenfilz 6
Kohlschachten 7
Zwieselter Filz 8
Hirschbachschwelle 9
Lindberger Schachten 10
Schloss Buchenau 11

- 11,7 Kilometer
- 200 Höhenmeter
- 4 Stunden
- Rundweg

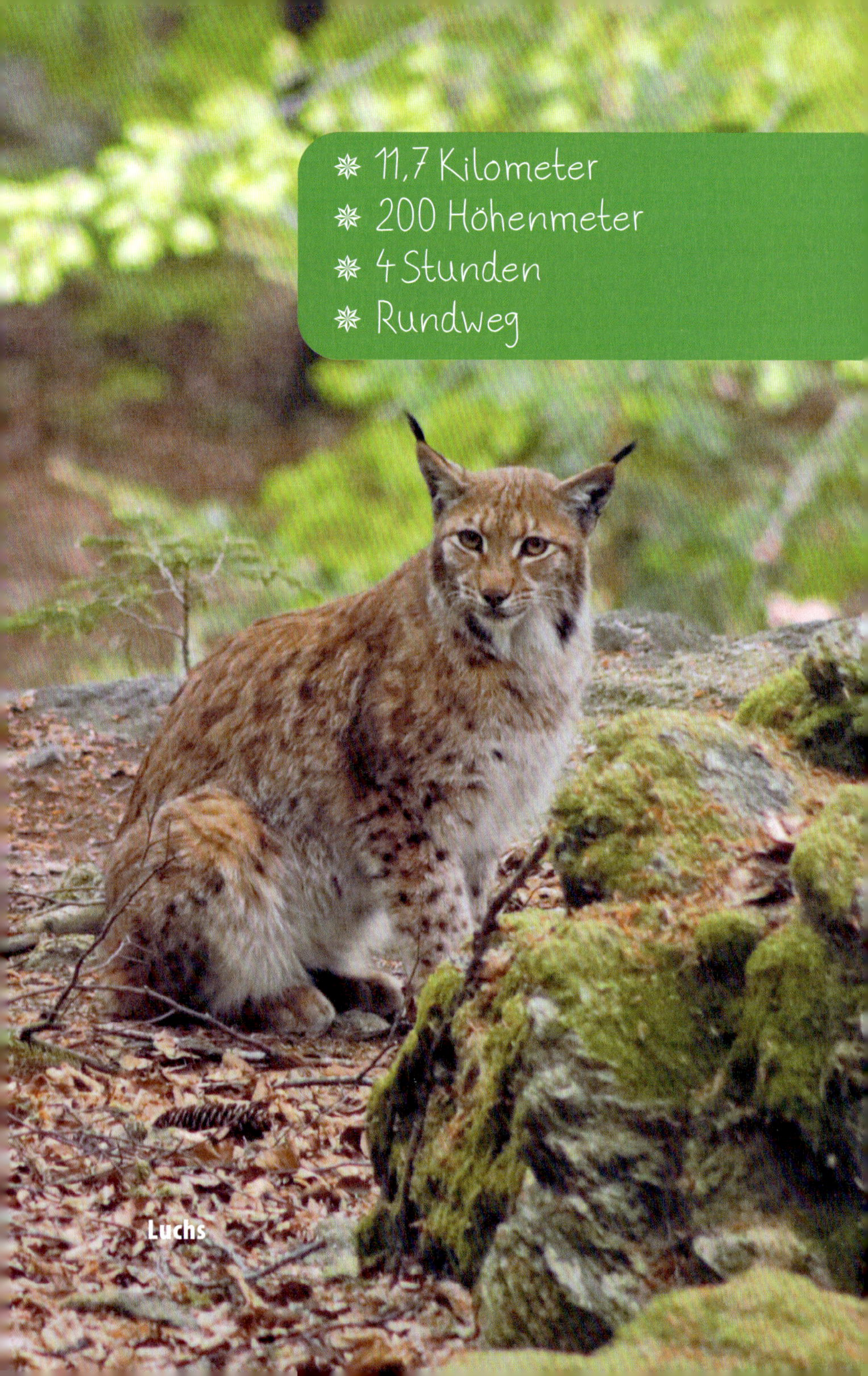

Luchs

Zu Elch und Luchs

Tier-Freigelände ab Altschönau

Diese Kombination zweier Rundwanderwege ist der perfekte Einstieg in die Natur des Nationalparks. Um die zu genießen, starten wir am **Rastplatz Kleine Au** in Altschönau. Zunächst einmal wechseln wir auf die andere Straßenseite, um uns dort an der **Rehbock-Markierung** auf gelbem Grund in Richtung Kleine Au und Knottenbachklause zu orientieren. Dafür biegen wir an einem Wegkreuz vorbeikommend links in den Wald ein.

Der dichte Buchenbestand verschluckt uns augenblicklich, während wir auf dem weichen Waldboden dahinschlendern. Bald kommen wir an eine Gabelung, an der wir uns den Wegweisern folgend links halten. Wenig später erreichen wir eine breite Forststraße, in die wir rechts einschwenken, um ihr etwa 300 Meter zu folgen. Dann zweigt unser Weg wieder nach rechts ab, hin zu einer lichten Moorfläche. Über Bohlenstege werden wir an den Rand der **Kleinen Au** ① geführt und spähen hinein in den seltenen Lebensraum.

Hinter dem Moor tauchen wir wieder in den dichten Wald ein. Im leichten Auf und Ab wandern wir über schmucke Pfade nördlich an der Ortschaft Altschönau vorbei. Das Rehbock-Piktogramm weist uns dabei ständig den Weg. An einigen Stellen können wir vom Waldrand aus nicht nur die direkt vor uns liegende Siedlung, sondern auch die umliegenden Hügel nebst dazwischen versteckten Orten entdecken. Am nördlichen Rand von Altschönau überqueren wir einen Forstweg und marschieren auf die Nationalparkbasisstraße zu.

*Durch die **Kleine Au** wurden einst Gräben gezogen, um das Moor zu entwässern. Auch hier sollte Wald wachsen. Erst vor wenigen Jahren hat der Nationalpark die Fläche renaturiert. Dadurch steigt der Wasserspiegel. Das Ökosystem kann sich langsam erholen.*

Kurz vor der Kreisstraße schickt uns der Rehbock jedoch noch mal nach rechts, weg von der Straße. Nach etwa 500 Metern lässt sich links unter uns immer mehr Wasser blicken. Das stammt vom **Knottenbach,** der hier vielerorts von freilebenden Bibern angestaut wurde. Wenn wir uns genau umschauen, können wir einige Fraßspuren des Nagers entdecken. Letztendlich erreichen wir einen Weiher, die **Knottenbachklause ②.** Wir nehmen auf einer Bank Platz, um die erste Pause der Tour einzulegen. Nach dem Aufstehen lesen wir noch die Infotafel zur einstigen Holztrift und überqueren die **Nationalparkstraße.**

*Das **Tier-Freigelände** des Nationalparks Bayerischer Wald beherbergt rund 40 Arten, die in der Region vorkommen oder einst vorkamen. Es liegt am Rand des Schutzgebiets und steht Besuchern ganzjährig kostenlos zur Verfügung.*

Kurz parallel zur Straße führt uns der Weg weiter über eine hölzerne Brücke. Nach einem Mini-Anstieg mündet unser Pfad in einen weiteren Wanderweg, in den wir rechts einschwenken. Nach wenigen Metern verkündet uns ein Holzschild, das wir das **Tier-Freigelände ③** erreicht haben.

Ab jetzt orientieren wir uns am gelben **Gehegerundweg-Piktogramm,** dargestellt durch Tier-Silhouetten von Hirsch, Wolf und Luchs. Zunächst einmal geht's nach links in Richtung **Fischotter.**

Dessen zweiteiliges, teichartig angelegtes Quartier ist die erste Anlage, die wir erreichen. Wie fast alle Ge-

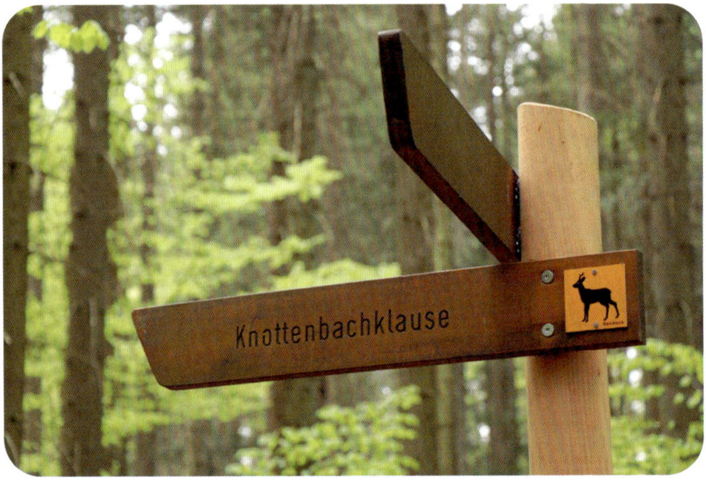

Für die Seele

Tierische Begegnungen berühren unsere Seele. Besonders freut uns, dass Wildschwein, Bär, Wisent und Co. in weitläufigen Gehegen wohnen.

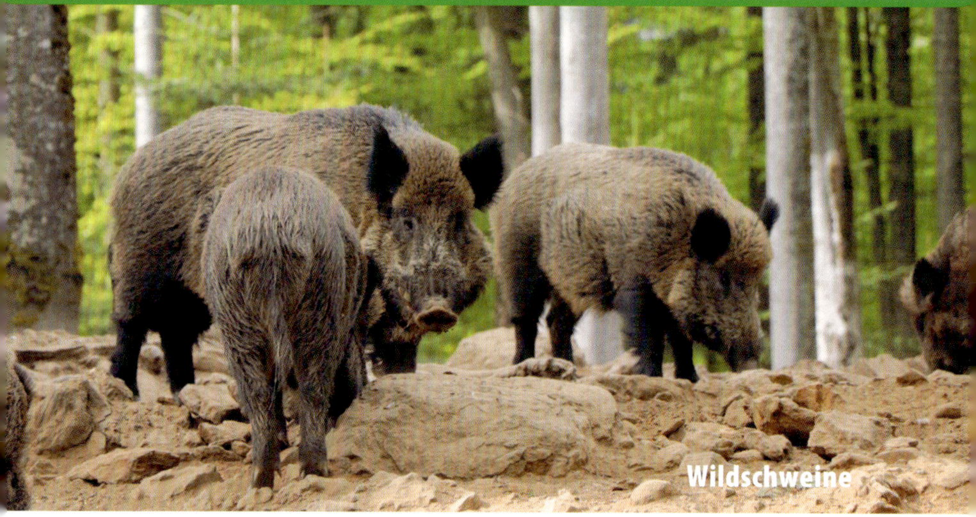

Wildschweine

hege im weitläufigen Areal ist sie sehr großzügig gestaltet, sodass die Tiere genügend Rückzugsmöglichkeiten haben. Nicht immer sieht man alle Bewohner. Geduld ist gefragt – und selbst die ist keine Garantie. Deswegen lassen wir uns überall viel Zeit, um möglichst alle Arten zu Gesicht zu bekommen. Hinter dem Otter schreiten wir leicht bergauf an mächtigen Wurzeltellern von umgefallenen Bäumen vorbei hinein ins nächste Gehege. Durch den umzäunten Bereich der **Wildschweine** dürfen wir nämlich wandern. 600 Meter spazieren wir mitten durch deren Revier.

Hinter der zweiten doppelt gesicherten Schwungtür des Wildschwein-Geheges halten wir uns an der nächsten Gabelung links, um den **Wildkatzen** einen Besuch abzustatten. Nach einem weiteren Linksknick

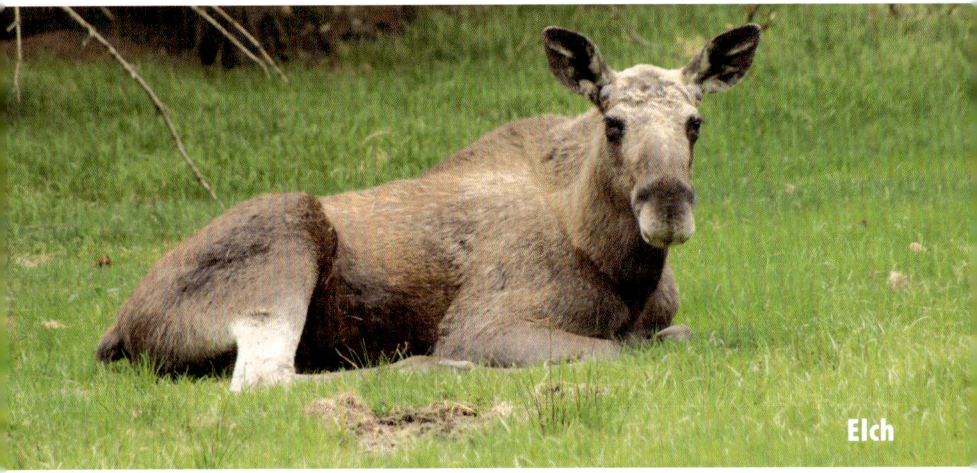

Elch

und 300 Metern Wandern erreichen wir die Heimat eines besonders großen Waldbewohners. An der sonnigen Nordseite des **Elch-Geheges** laden mehrere Sitzmöglichkeiten zum Verweilen ein. Und wer nach der Pause noch immer keinen der nordischen Gesellen erspäht hat, bekommt später auf der Tour eine weitere Chance. Nun aber gehen wir erst mal weiter. Hinter einem Klohäuschen halten wir uns links, dem Hang aufwärts folgend. Oben angekommen biegen wir abermals links ab, um zur **Wolfskanzel** zu gelangen. Den kurzen Stichweg müssen wir später wieder zurückgehen, um erneut auf den Rundweg zu gelangen.

750 Meter später erreichen wir fast zeitgleich drei Gehege. Rechter Hand bietet sich der erste Blick ins riesige Wisent-Gehege, links gelangen wir in die Uhu-Voliere, und kurz dahinter versteckt sich nach einem kurzen Schlenker nach rechts unten die erste Aussichtskanzel des **Luchs-Geheges.**

Wenn wir die Großkatze noch nicht entdecken, gehen wir zurück zum Uhu, biegen rechts ab und kommen in der Folge noch an zwei weiteren Luchs-Einblicken vorbei. Danach folgen zwei Stellen, die unsere Augen in die Wisent-Anlage schweifen lassen. Hinter dem zweiten Stopp erreichen wir eine **Waldwie-**

***Luchse** gibt es im Bayerischen Wald auch in freier Wildbahn. Die aktuelle Population der scheuen Jäger basiert auf einem Auswilderungsprojekt, das in den 1980er-Jahren auf tschechischer Seite des Mittelgebirges durchgeführt wurde.*

se, an der wir vorbeigehen, um zur dreiteiligen Voliere der **Vögel am Waldrand** zu gelangen. Nach Begegnungen mit Rebhühnern, Hohltauben, Moorenten und Co. ist es nur noch ein Katzensprung bis zum **Großparkplatz des Nationalparkzentrums Lusen.**

Wir gehen rechts an den parkenden Autos vorbei, um direkt zum **Waldstüberl** ❹ zu gelangen. Der Kiosk versorgt uns mit Snacks, kühlen Getränken und einer gemütlichen Sitzmöglichkeit. Wer will, kann noch dem **Baumwipfelpfad** ❺ oder dem **Hans-Eisenmann-Haus** ❻, dem Informationszentrum des Nationalparks mit interaktiver, kostenloser Ausstellung, einen Besuch abstatten.

Ansonsten geht's hinter dem Waldstüberl wieder rechter Hand auf den Gehegerundweg. Erneut im Wald schwenken wir an der zweiten Gabelung links ab, um auf einen breiten Holzsteg zu gelangen. Der führt uns schlängelnd an einigen spannenden Infotafeln vorbei.

Am Ende des Stegs halten wir uns links, um einen kurzen Hang hinunter zur **Auer- und Haselhuhn-Voliere** zu marschieren. Danach wandeln wir wieder den drei Tiersilhouetten folgend durch den Wald. Es dauert

*Der 2009 eröffnete **Baumwipfelpfad** bietet einen ungewöhnlichen Einblick in den Nationalparkwald. Auf über 20 Metern Höhe kann man hier durch Baumkronen schlendern. Am Ende des 1,3 Kilometer langen Weges wartet ein 44 Meter hoher, eiförmiger Aussichtsturm.*

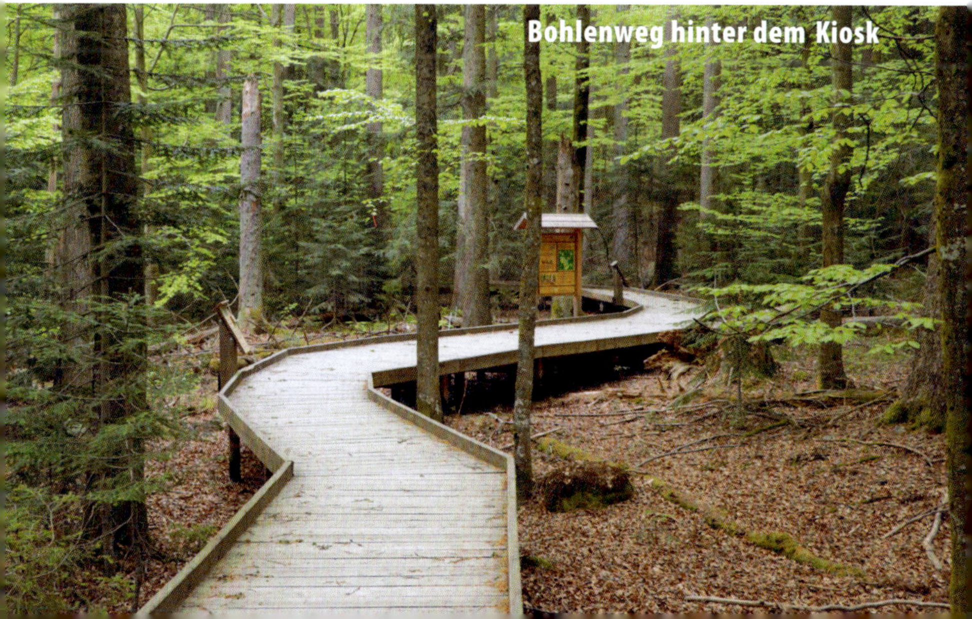

Bohlenweg hinter dem Kiosk

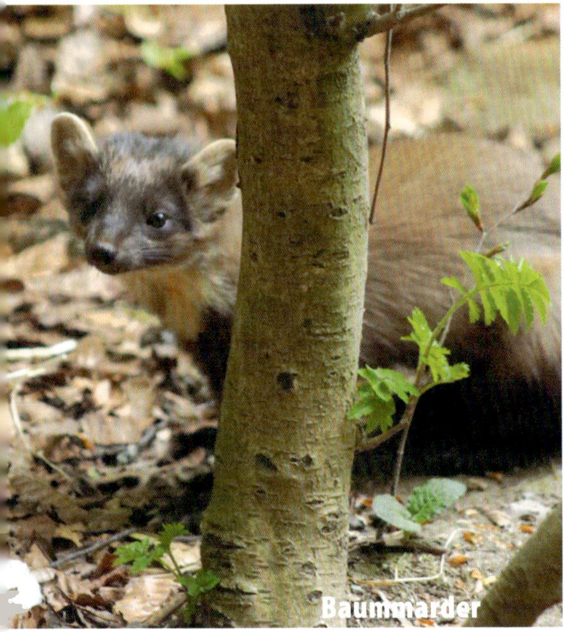

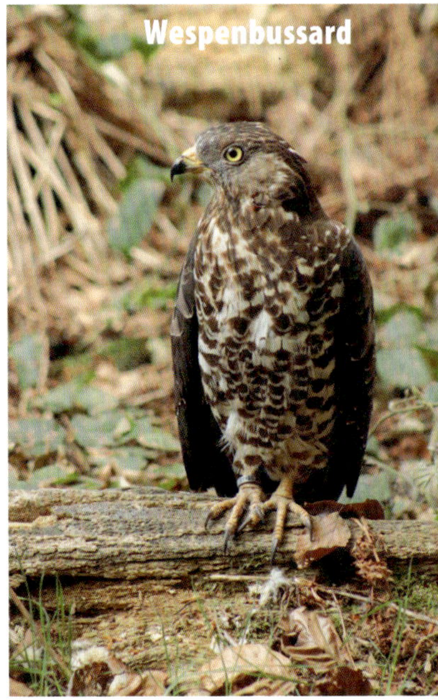

nicht lange, und wir erreichen den **Biberteich.** Hier leben nicht nur eine kleine Nager-Familie, sondern auch allerlei Vogelarten. Nun müssen wir noch mal ein paar Höhenmeter bergauf zurücklegen, um zu den zwei Abteilen des **Baummarder-Geheges** zu gelangen. Wer die braunen Räuber nicht erspäht, sollte auch einen Blick in die einsehbaren Höhlen am Ende des Unterstands werfen. Wenige Meter später haben wir dann die zweite Chance, einen der Elche zu erblicken. Dafür überqueren wir einen Versorgungsweg und biegen links in die teils überdachte Beobachtungsstelle ein.

Die nächsten 600 Meter spazieren wir tierlos durch den Bergmischwald, ehe wir zur **Greifvogel-Voliere** gelangen, in der neben Schwarzmilanen und Wespenbussarden auch Schwarzstörche untergebracht sind. Hinter den gefiederten Gesellen überqueren wir abermals den Versorgungsweg und stehen quasi augenblicklich an der Brüstung der **Braunbären-Anlage,** die wir mehrere Hundert Meter lang abschreiten und dabei mit etwas Glück einen der pelzigen Bewohner zu Gesicht bekommen. Hinter den Bären folgt eine Gabelung, an der wir uns links halten, um auf das letzte Gehege des Tages zuzugehen. In den vier Abteilen der **Kauz-Voliere** können wir in aller Regel Habichtskäuze, Raufußkäuze und Waldohreulen bestaunen.

Etwa 100 Meter hinter dem Ausgang der Voliere erreichen wir zwei Klohäuschen an einer Kreuzung. Hier verlassen wir den Gehegerundweg. Von nun an gibt uns der **Rehbock** vom Anfang der Tour Orientierung. Zunächst müssen wir uns somit links halten. An einer Übersichtstafel des Tier-Freigeländes halten wir uns noch mal links und erreichen einen **Wald-Parkplatz,** den wir bergab in Richtung Nationalparkstraße überschreiten. Wir wechseln auf die andere Seite und lassen auch den zweiten Teil des Parkplatzes hinter uns. An dessen Ende müssen wir eine weitere Straße überqueren, um dem Rehbock geradeaus in den Wald hinein zu folgen.

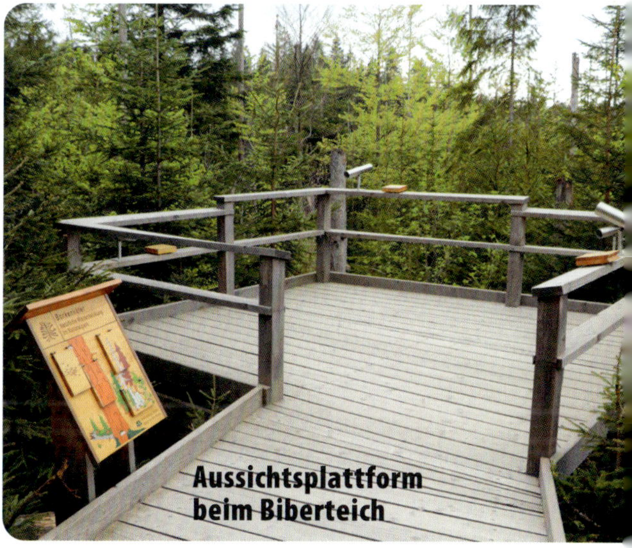

Aussichtsplattform beim Biberteich

Ein Stückchen unseres Weges verläuft nun parallel zum **Bärenpfad,** der von Grafenau zum Bärengehege führt. Deswegen kommen wir nach 100 Metern an einem Waldrand zu einem Tisch in Form einer Bärentatze, um den auch ein paar Stühle platziert sind. Auf einer Infotafel nebenan lernen wir, dass Bären bis zu 50 Stundenkilometer schnell laufen können. Nach diesem Aha-Effekt gehen wir an einigen Häusern vorbei, um hinter diesen Ausläufern von **Altschönau** ein letztes Mal im Wald zu verschwinden. An der nächsten Gabelung halten wir uns rechts, um bald schon ein paar Bohlenstege unter unseren Füßen zu spüren. Die führen uns direkt auf den **Knottenbach** zu, den wir dank eines Brückleins überqueren.

Bald schon verlässt unser Weg das Gewässer und bringt uns noch mal zu einer Gabelung. Wir folgen nicht dem rechten Arm ins Dorfzentrum, sondern der linken Variante in Richtung Kleine Au. 400 Meter später stehen wir am Rastplatz, wo wir zuvor gestartet sind. Weil wir jetzt aber einen Bärenhunger haben, steigen wir noch nicht ins Auto, sondern gehen zum **Landhotel Moorhof 7,** das nur einen Katzensprung entfernt mit seiner leckeren Küche auf uns wartet. Beim verdienten Schlemmen können wir noch mal in uns gehen, welche der tierischen Erlebnisse des Tages uns am meisten beeindruckt haben.

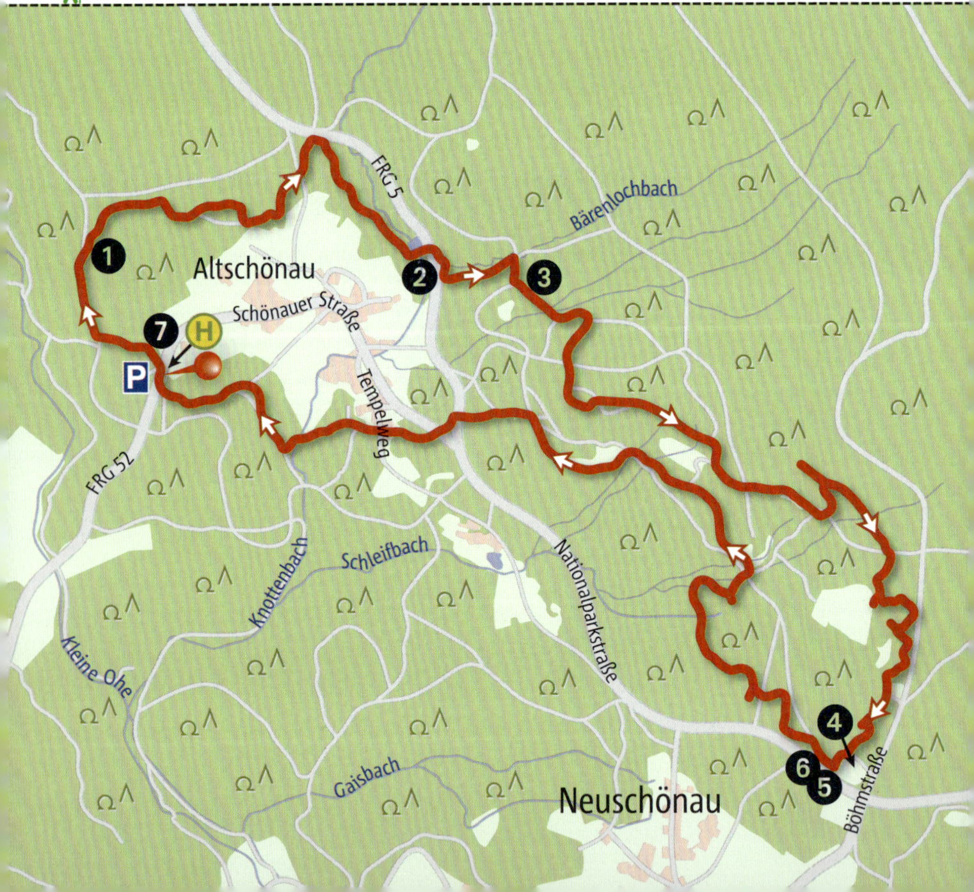

Alles auf einen Blick

Entspannung ★★★★☆
Genuss ★★★★☆
Romantik ★★★★☆

WIE & WANN:

Breite, feste Wanderwege und weiche Waldpfade wechseln sich ab, die Wege durchs Tier-Freigelände sind im Winter geräumt, Wanderer mit Hunden müssen einige Gehege umgehen. Ganzjährig begehbar, beste Zeit: April bis Oktober, viele Tiere sind vor allem morgens oder abends aktiv.

HIN & WEG:

Auto: Rastplatz Kleine Au in der Nähe des Landhotels Moorhof, Schönauer Straße, 94556 Altschönau (GPS: 48.905472, 13.453689)
ÖPNV: Linie 603 (Finsteraubus), Haltestelle Altschönau Moorhof

ESSEN & ENTSPANNEN:

Waldstüberl im Nationalparkzentrum Lusen ❹ Böhmstraße 41, 94556 Neuschönau, Tel. (0 85 58) 26 47
Moorhoof ❼ Schönauer Straße 42, 94556 Altschönau, Tel. (0 85 52) 18 33, www.hotelmoorhof.de

ENTDECKEN & ERLEBEN:

Kleine Au ❶
Knottenbachklause ❷
Zugang Tier-Freigelände ❸
Baumwipfelpfad ❺
Hans-Eisenmann-Haus ❻

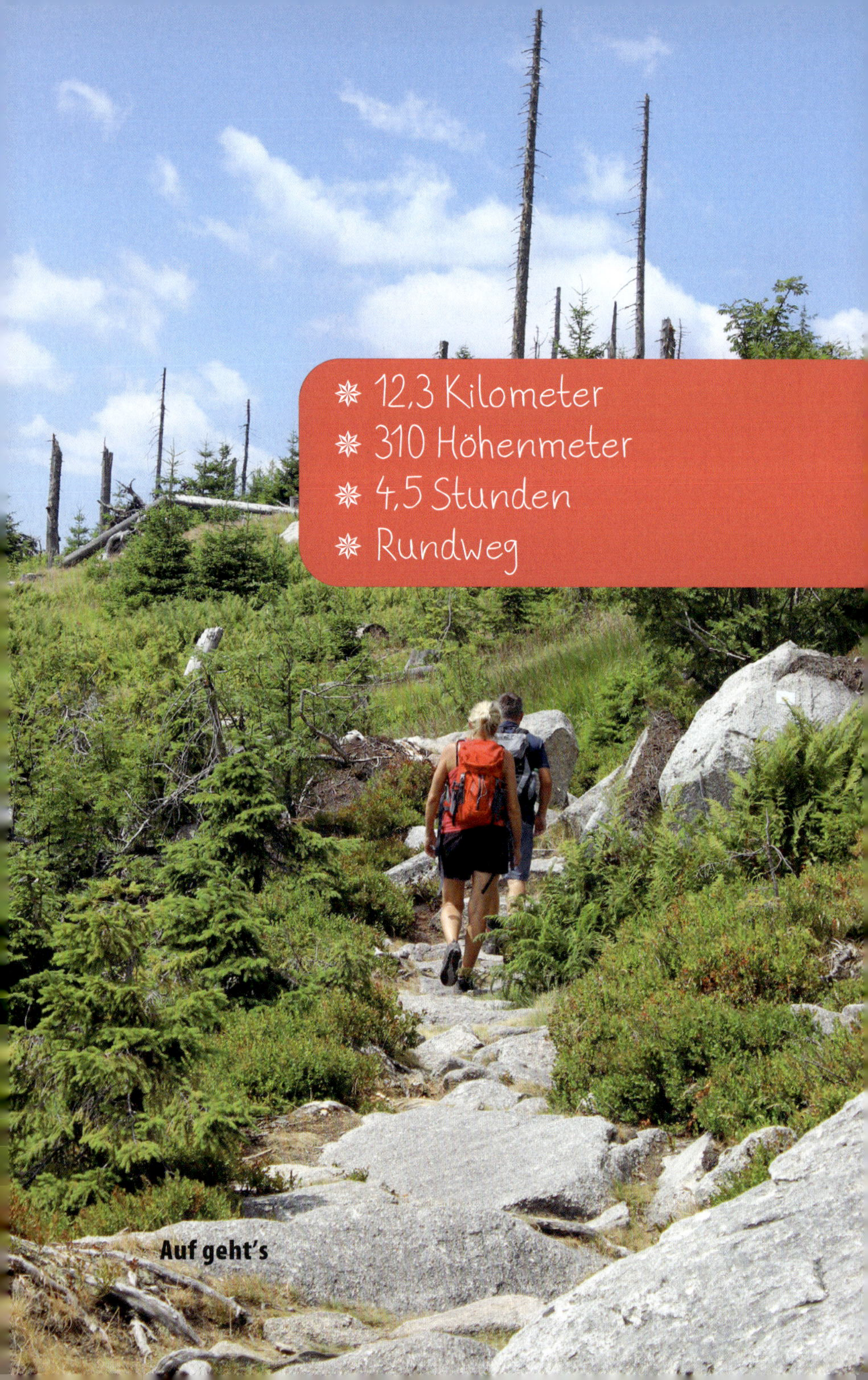

- 12,3 Kilometer
- 310 Höhenmeter
- 4,5 Stunden
- Rundweg

Auf geht's

Diese Panoramarunde wandelt stets auf dem Höhenzug des Böhmerwalds. Los geht's dabei schon auf über 1200 Metern über dem Meeresspiegel, am Parkplatz Dreisesselberg, der am Ende der Kreisstraße FRG 13 liegt. Wir machen uns auf, der von hier an gesperrten Straße bergauf zu folgen. Schon bald verlas-

Durch drei Länder

Zwischen Dreisessel und Plöckenstein

sen wir jedoch den harten Untergrund. In einer langgezogenen Linkskurve zweigt unser Weg rechts ab. Wir folgen zunächst den Wegweisern in Richtung Steinernes Meer über den **Adalbert-Stifter-Steig.** Ein paar Hundert Meter später müssen wir dafür noch einmal links abbiegen.

Wir wandeln durch junge, offene Baumbestände. Schatten ist Mangelware, weshalb im Sommer unbedingt an eine Kopfbedeckung zu denken ist. Das **Naturschutzgebiet Hochwald,** in das wir nun eintreten, ist Teil des Naturparks Bayerischer Wald, der weite Teile Niederbayerns nördlich der Donau umfasst. Stürme und Borkenkäfer haben in den Hochlagen des Dreisesselbergs in den vergangenen Jahren dafür gesorgt, dass der alte Fichtenwald großflächig abgestorben ist. Die neue Baumgeneration wächst jedoch in Hülle und Fülle nach. Noch lässt die Wuchshöhe es jedoch fast überall zu, dass wir weitreichende Blicke in die Niederungen genießen können. So sind nicht nur viele bayerische, sondern auch österreichische Siedlungen zu bestaunen. Doch auch die Natur direkt am Wegesrand ist faszinierend. Wurzelteller, Blu-

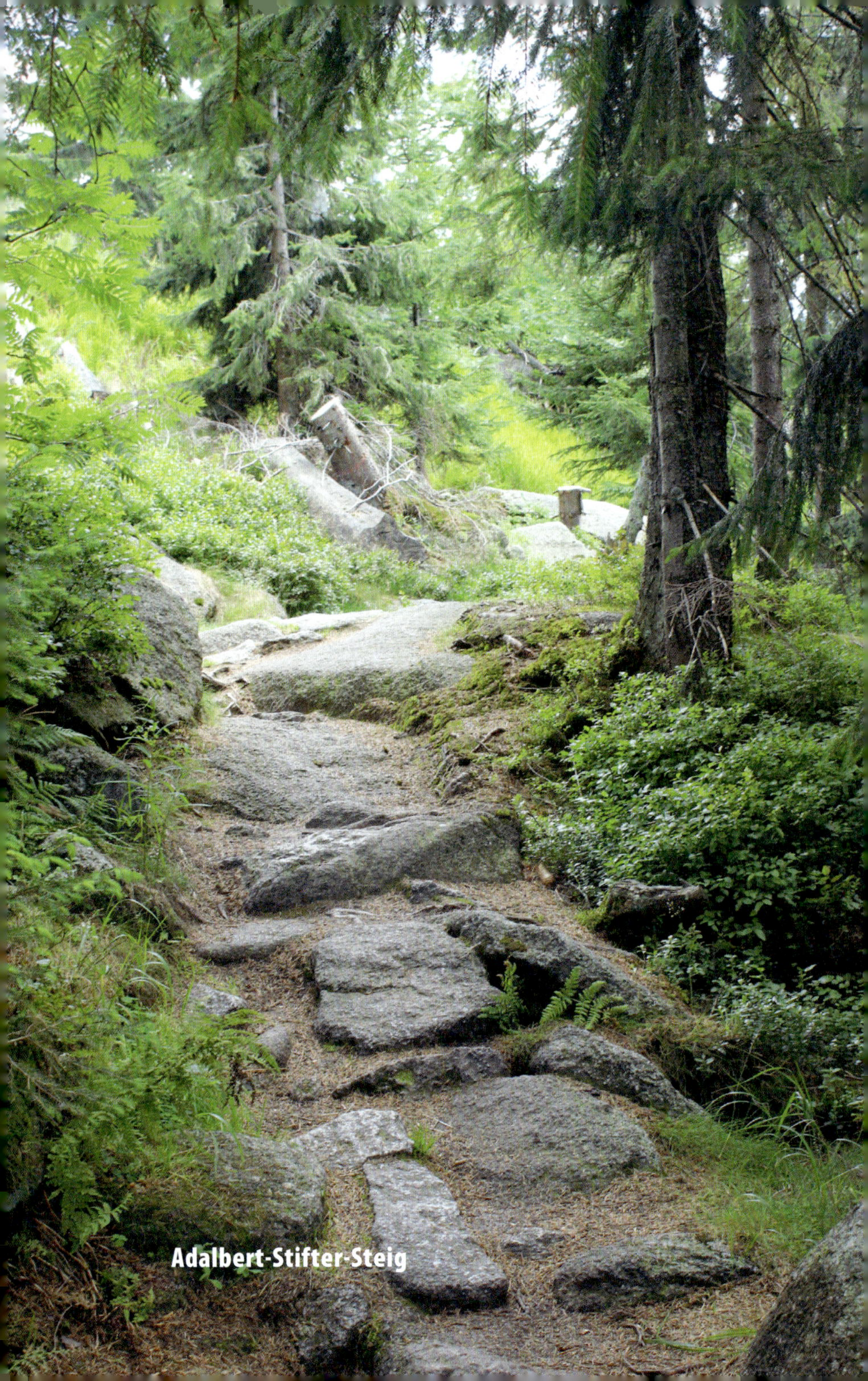
Adalbert-Stifter-Steig

men, Felsformationen und allerlei mehr breiten sich vor unseren Füßen aus. Diese sollte man die ganze Zeit über immer wieder im Blick haben, da der Weg sehr steinig ist. Trittsicherheit ist ein absolutes Muss. Etwas über zwei Kilometer nachdem wir die Straße verlassen haben, erreichen wir das **Steinerne Meer** ❶.

Die schrottschussartig über den Südhang des Berges verteilten Granit-Blockhalden sind der ideale Platz für ein kurzes Durchschnaufen. Selbst im Frühling und Herbst sind die Felsen bei Sonnenschein wohlig warm, sodass Sitzkissen im Rucksack bleiben können. Einzigartig sind in diesem Bereich des Berges auch die dichten Bestände an **Latschenkiefern,** die sich im Bayerwald nicht an vielen Stellen durchsetzen können. Nicht so selten, dafür nicht uninteressanter sind die vielen **Heidelbeersträucher,** die im Spätsommer kostenlose natürliche Snacks parat halten.

Ein paar Hundert Meter nach dem Steinernen Meer folgt die nächste Gabelung, an der wir auf dem Adalbert-Stifter-Steig bleiben und uns links halten. Nun geht's ein paar Höhenmeter über treppenartig angelegte Granitstufen bergauf, bis ein Wegweiser mit gelben Schildern auftaucht. Er ist das Zeichen dafür, dass wir die österreichisch-deutsche **Grenze** erreicht haben. Wir halten uns abermals links und folgen dem Grenzverlauf noch ein kleines Stück, ehe auf 1325 Metern eine Steinsäule das nächste Etappenziel ankündigt, das **Dreiländereck** ❷. Tschechien komplettiert hier das Nationen-Trio.

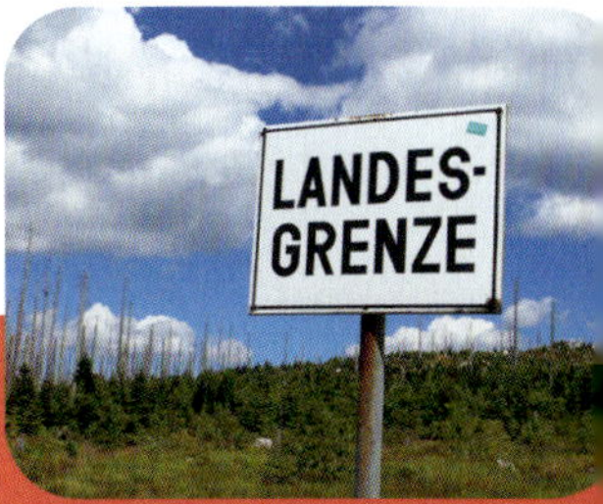

Für die Seele

Am Dreiländereck wandeln wir in Windeseile durch Deutschland, Österreich und Tschechien. Grenzenlose Freiheit ist ein echter Glücksfall!

*Mächtige Granitblöcke dominieren das **Steinerne Meer** am Südhang des Bergmassivs. Die Felslandschaft ist so besonders, dass sie vom bayerischen Landesamt für Umwelt in die Liste der 100 schönsten Geotope des Freistaats aufgenommen wurde.*

*Die Steinsäule am **Dreiländereck** wurde 1993 errichtet – in einer Zeit, in der die Region wieder zusammenzuwachsen begann. Der Kalte Krieg hatte die einst eng verflochtene Gegend zuvor für Jahrzehnte mit Stacheldraht und Selbstschussanlagen auseinandergerissen.*

*Der **Nationalpark Šumava** wurde 1991 gegründet und ist etwa dreimal so groß wie sein bayerisches Vorbild, weshalb er sich viel weiter gen Süden zieht. Zusammen bilden die beiden Parks das größte zusammenhängende Waldschutzgebiet Mitteleuropas.*

Nachdem wir die in Stein gehauenen Wappen begutachtet haben, geht es weiter in den rechten der beiden möglichen Pfade. Nun folgen wir den weißen tschechischen Wegweisern in Richtung Plöckenstein. Während wir den Steig an der österreichisch-tschechischen Grenze entlangschreiten, bieten sich immer wieder Ausblicke ins Böhmische. Linker Hand ist eine große Wasserfläche zu sehen. Dabei handelt es sich um den **Moldaustausee,** der mit etwas über 46 Quadratkilometern Fläche ungefähr so groß ist wie der oberösterreichische Attersee. Am Boden säumen derweil in regelmäßigen Abständen weiß gestrichene Grenzsteine den Wegrand.

Etwa 600 Meter nach dem Dreiländereck haben wir den höchsten Punkt unserer Tour erreicht, den 1379 Meter hohen **Plöckenstein ❸.** Den Gipfel ziert ein Kreuz aus Metall und Holz, auf dem in fetten Lettern „Berg heil" geschrieben steht. Die Seile, die dem Gipfelkreuz Halt geben, sind mit ein paar bunten tibetanischen Gebetsfahnen geschmückt. Bestes Ambiente also, um den Rucksack von der Schulter zu nehmen und ein ausgedehntes Päuschen mit 360-Grad-Panorama einzulegen. Dabei sollte man vor allem das Trinken nicht vergessen, ist man an schönen Tagen doch beständig der Sonne ausgesetzt.

Erfrischt geht's linker Hand weiter – direkt hinein in den **Nationalpark Šumava.**

Wir folgen den Wegweisern in Richtung „Pomník Adalb Stiftera", der tschechischen Schreibweise für das Adalbert-Stifter-Denkmal. So geht es wieder 70 Höhenmeter bergab. Vom schmalen Pfad aus, der teils über Holzplanken verläuft, merken wir, dass der Wald jetzt noch wilder wird. Wenn sich schließlich rechter Hand zum ersten Mal der **Plöckensteinsee** zeigt, werden die Kräfte der Natur besonders eindrucksvoll sichtbar. Entlang der Ufer ziehen sich große Flächen umgeworfener Fichtenstämme den Hang hinauf. Zwischen den einst mächtigen Bäumen kommt massenhaft Jungwuchs empor. Urwaldfeeling pur.

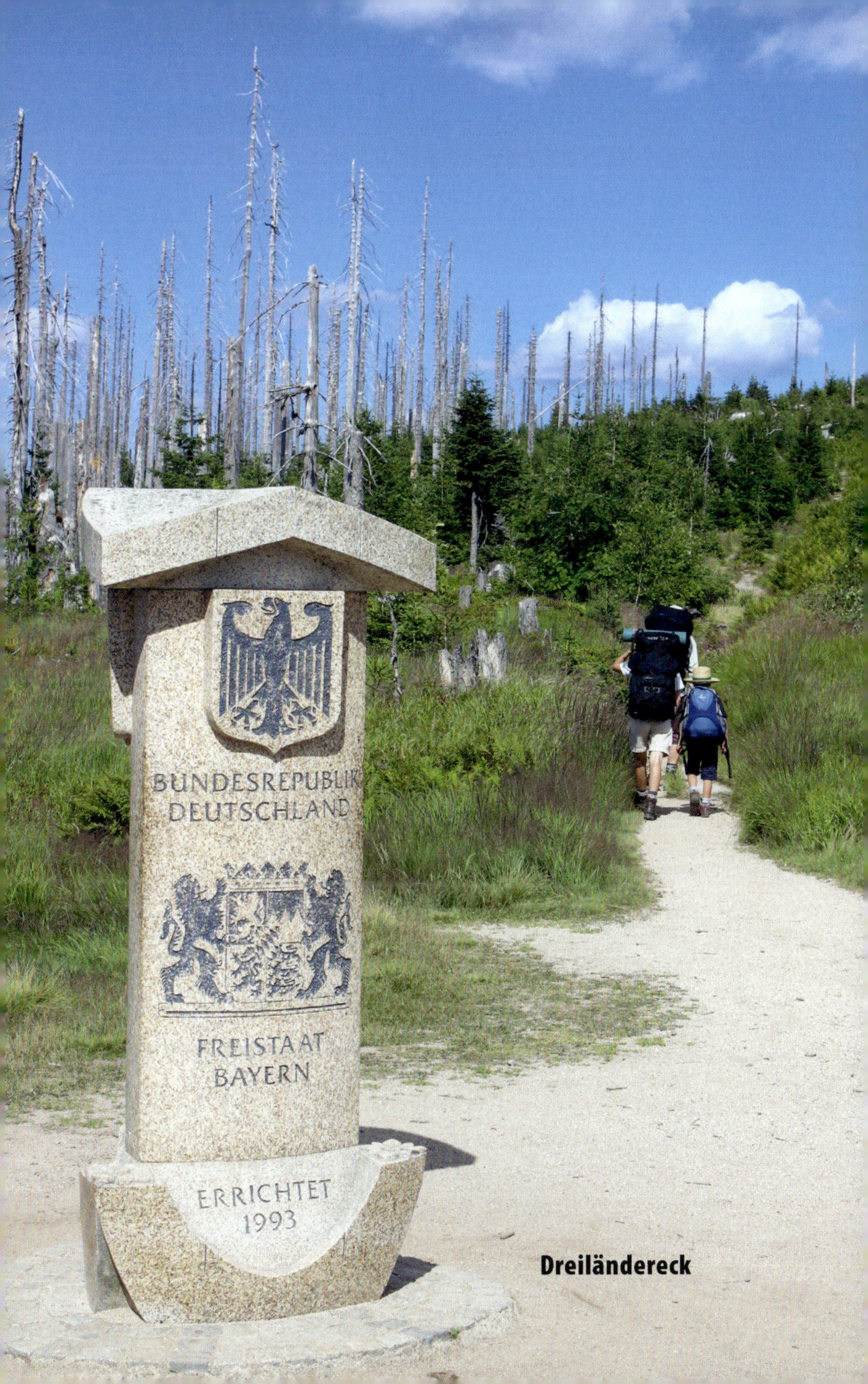

Dreiländereck

Panoramatour 5

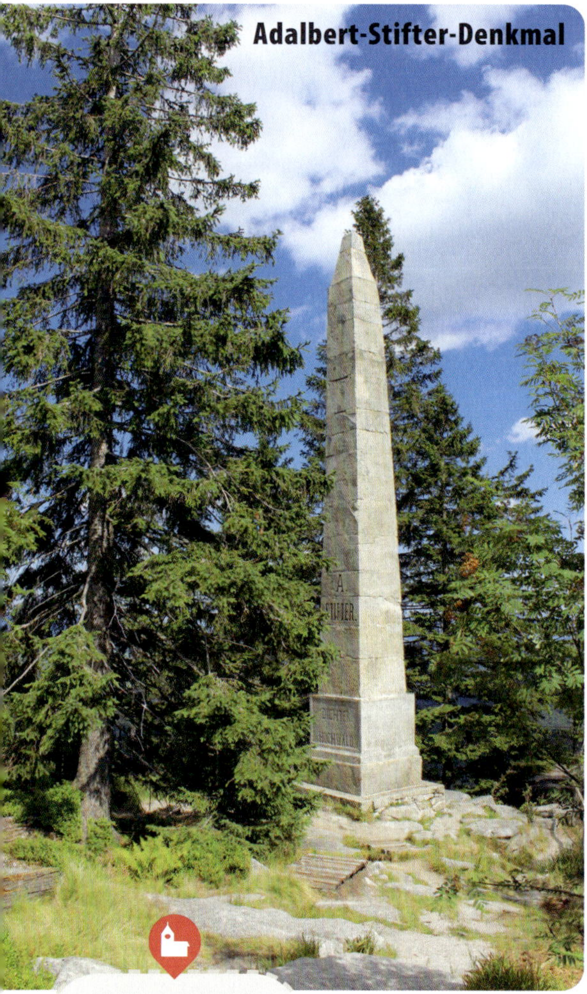
Adalbert-Stifter-Denkmal

„Waldwoge steht hinter Waldwoge“: Diese Beschreibung des Mittelgebirges ist untrennbar mit dem Dichter ***Adalbert Stifter*** *verbunden. Der Biedermeier-Autor prägt bis heute das Bild der Region. Für seine Werke wiederum fand er nicht nur am Dreisessel reichlich Inspiration.*

Einen Kilometer vom Gipfel entfernt haben wir einen fast 15 Meter hohen Granit-Obelisken erreicht. Das **Denkmal zu Ehren des Schriftstellers Adalbert Stifter** (4) wurde bereits Ende des 19. Jahrhunderts an diesem schwer erreichbaren Fleckchen Erde errichtet und mit Inschriften verziert. Den Platz haben die Erbauer sorgfältig ausgewählt, schließlich gewährt der Felsvorsprung abermals einen wundervollen Blick auf den darunter liegenden Gletschersee.

Nun heißt es umkehren. Auf demselben Weg steigen wir wieder zum Plöckenstein auf, halten uns dort rechts und wandeln dem Grenzverlauf folgend zum Dreiländereck zurück. Die Perspektivänderung ermöglicht noch mal andere Blickwinkel auf die umliegenden Hügel und Täler. Am mannshohen **Drei-Länder-Grenzstein** schlagen wir dann aber einen anderen Pfad ein. Wir biegen nicht wieder talwärts in den Adalbert-Stifter-Steig ein, sondern wandern auf dem Hochkamm weiter. Etwas über drei Kilometer Strecke liegen noch vor uns.

Die deutsch-tschechische Grenze ist nicht nur mit den Grenzsteinen, sondern auch mit gut zwei Meter hohen **weiß-blauen Säulen** markiert. Links und rechts davon präsentieren sich immer wieder Felsbrocken. Die imposanteste Granit-Ansammlung haben wir nach einem Drittel dieser Teilstrecke erreicht. Es ist der zweite Gipfel des Tages, der 1364 Meter hohe **Bayerische Plöckenstein** ⑤. Wer das Gipfelkreuz anfassen will, muss eine kurze Kletterpartie in Kauf nehmen. Mit ein bisschen Geschick ist dies von der Westseite der Steinformation aber kein Problem. An Latschenkiefern vorbei wandern wir weiter über Holzbretter und steinigen Untergrund. Bald schon erkennen wir in der Ferne die Teerstraße, auf der wir anfangs gewandelt sind, und ein großes Gebäude, in das wir sogleich einkehren werden.

Dreisesselfels

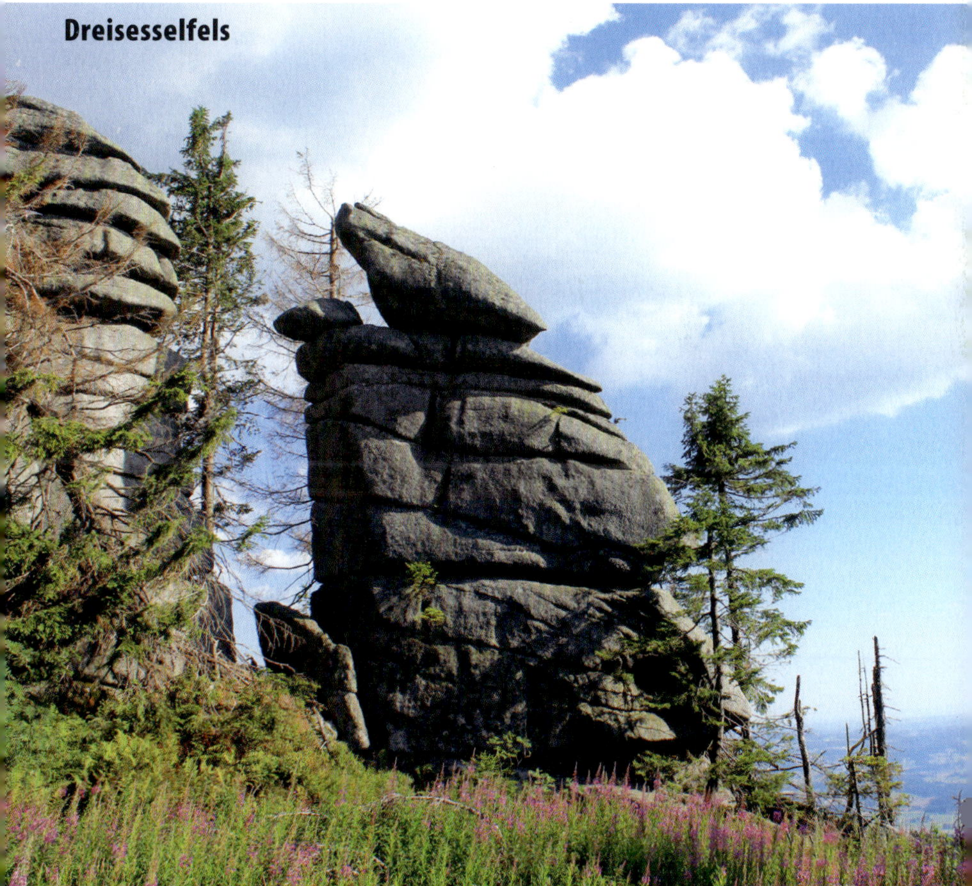

Panoramatour 5

Kurz vor der Straße biegen wir dafür rechts in einen kleinen Pfad ab. Am Gipfelplateau angekommen, erklimmen wir noch die künstlich angelegten Stufen hinauf auf das dreiteilige Granit-Ensemble, das dem **Dreisesselfels 6** seinen Namen gegeben hat. Von dort oben genießen wir noch mal einen faszinierenden Rundumblick. Jetzt ist es aber wirklich Zeit für eine Stärkung im direkt daneben liegenden Schutzhaus mit Panorama-Terrasse, dem **Berggasthof Dreisessel 7**. Wir lassen uns so viel Zeit, wie wir wollen. Schließlich müssen wir nur noch rund 700 Meter auf der Teerstraße bergab gehen, um den Ausgangspunkt der Tour zu erreichen. Und auch dabei werden wir noch mal mit tollen Weitblicken belohnt.

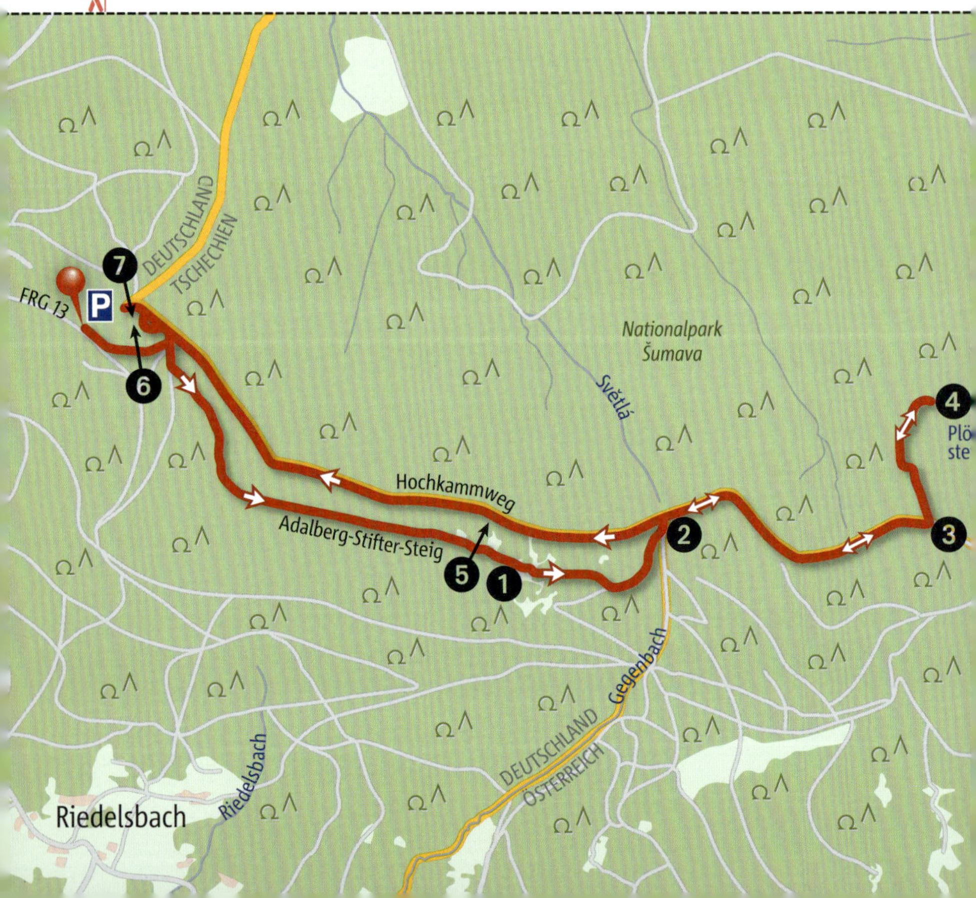

Alles auf einen Blick

WIE & WANN:
Steinige Steige, die Trittsicherheit erfordern;
beste Zeit: Mai bis Oktober (im Winter nur mit Schneeschuhen begehbar, Wegegebot beachten). Wegen des Grenzübertritts sollte der Personalausweis im Rucksack sein.

Entspannung ★★★☆☆

Genuss ★★★☆☆

Romantik ★★★★★

HIN & WEG:
Auto: Wanderparkplatz an Ende der Kreisstraße FRG 13, 94089 Neureichenau (GPS: 48.780019, 13.800366)
ÖPNV: Keine direkte Anbindung an die Strecke

ESSEN & ENTSPANNEN:
Berggasthof Dreisessel ❼ Dreisesselhaus 1, 94089 Neureichenau, Tel. (0 85 56) 3 50, www.dreisessel.com

ENTDECKEN & ERLEBEN:
Steinernes Meer ❶
Dreiländereck ❷
Plöckenstein ❸
Adalbert-Stifter-Denkmal mit Plöckensteinsee-Blick ❹
Bayerischer Plöckenstein ❺
Dreisesselfels ❻

Logenplatz im Naturkino

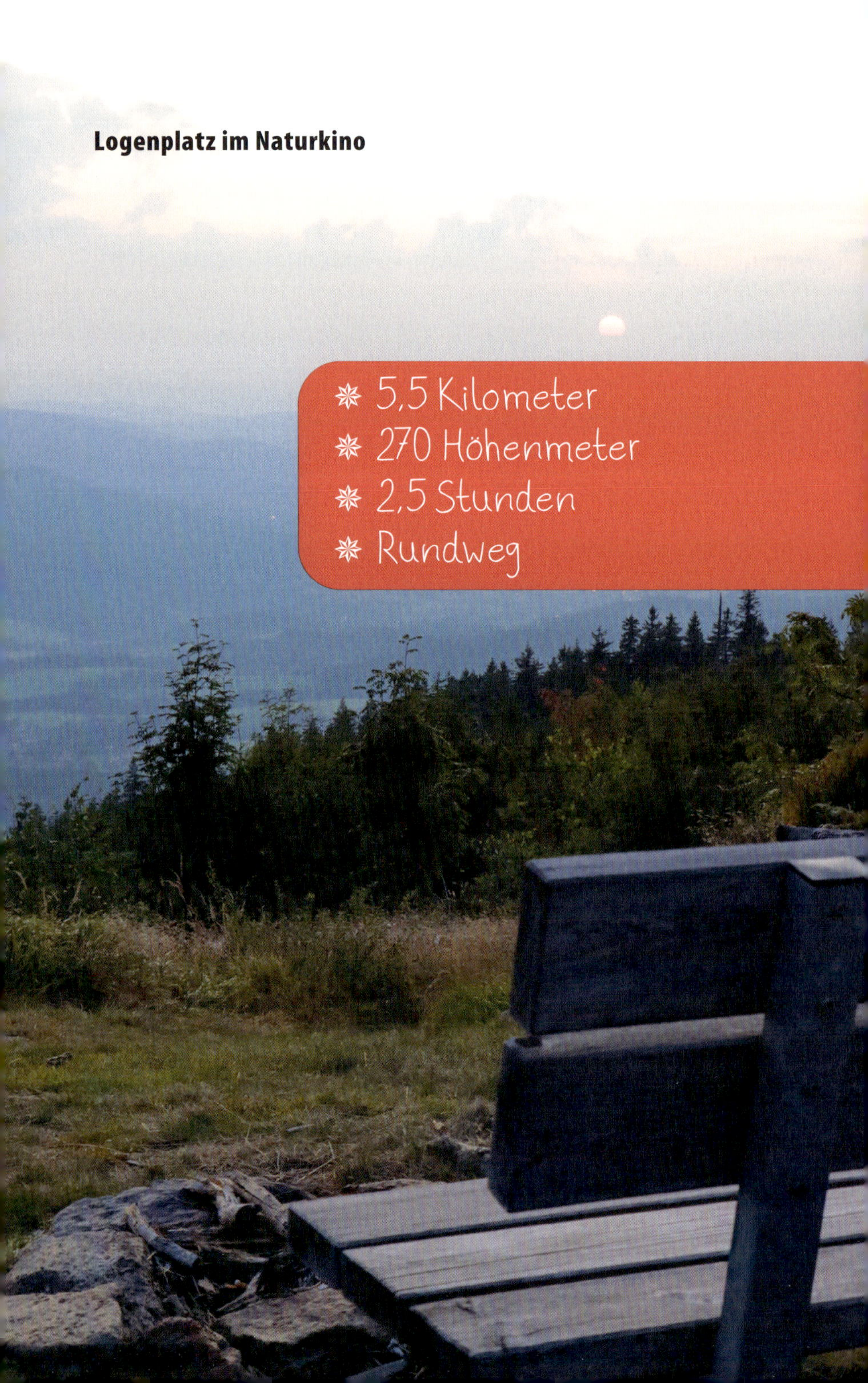

- 5,5 Kilometer
- 270 Höhenmeter
- 2,5 Stunden
- Rundweg

Heute ist die Landschaft des Bayerischen Waldes der unangefochtene Star. Dafür geht's entlang der bayerisch-tschechischen Grenze zum Zwercheck-Gipfelplateau. Dort beobachten wir im Naturkino einen fulminanten Sonnenuntergang.

Los geht's gut zwei Stunden vor Sonnenunter-

Im Naturkino

Der Sonnenuntergang am Zwercheck

gang am **Wanderparkplatz Scheiben,** direkt an der **Staatsstraße 2154** zwischen Großem Arber und Lohberg. Bevor wir starten, kontrollieren wir, ob die Taschenlampe im Rucksack ist – oder zumindest das Smartphone noch genug Akku hat, um deren Taschenlampen-App für rund 30 Minuten anzuwerfen. Am nördlichen Rand der Parkfläche gibt's eine große Karte, an der wir uns einen Überblick verschaffen. Gleich daneben geben uns hölzerne Wegweiser die Richtung vor. Einen guten Teil der Wanderung folgen wir der weiß-roten Markierung **Lo5.** So auch gleich zu Beginn, wenn wir am Parkplatz entlang wenige Meter einer Forststraße folgen.

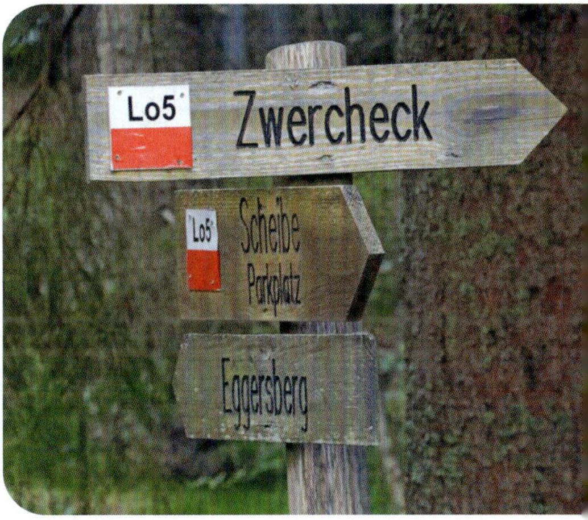

Die Autos noch im Blick, biegen wir an einer Gabelung links in eine weitere Forststraße ab, an der ein Naturkino-Wegweiser steht. Auf der breiten Schneise tauchen wir in den dunkelgrünen Fichtenwald ein.

Anfangs ist die Strecke nahezu eben. Das bleibt auch nach einer weiteren Gabelung so, bei der wir uns rechts halten. Erst nach einem Kilometer beginnt der anstrengende Teil des Tages. Jetzt verlassen wir den geschotterten Untergrund und biegen links in einen schmalen, wurzeligen und vor allem steilen Steig ein. Trittsicher sollte man auf jeden Fall sein.

Bei ungefähr 20 Prozent Steigung drosseln wir das Tempo, um auch den Wald um uns herum noch ausgiebig wahrzunehmen. Der wird mit jedem Höhenmeter, den wir überwinden, ein Stückchen wilder. Dicke Bäume, Wurzelteller und Spechthöhlen säumen den Steig. Der verläuft zu großen Teilen über ein eng verflochtenes Wurzelmeer oder über treppenartig angelegte Steinpassagen. Etwas angeschwitzt erreichen wir nach 200 Höhenmetern die **Landesgrenze.** Jetzt erst mal kräftig Luft holen. Die gute Nachricht: Den fordernden Part der Wanderung haben wir bereits jetzt hinter uns.

Der Höhenkamm des Mittelgebirges ist der letzte Rückzugsort für die seltenen ***Auerhühner.*** *Deren Population erstreckt sich grenzüberschreitend vom Arbergebiet bis zum Dreisesselmassiv. Um die Tiere zu schützen, sollten Naturfans im Winter und Frühling auf den Wegen bleiben.*

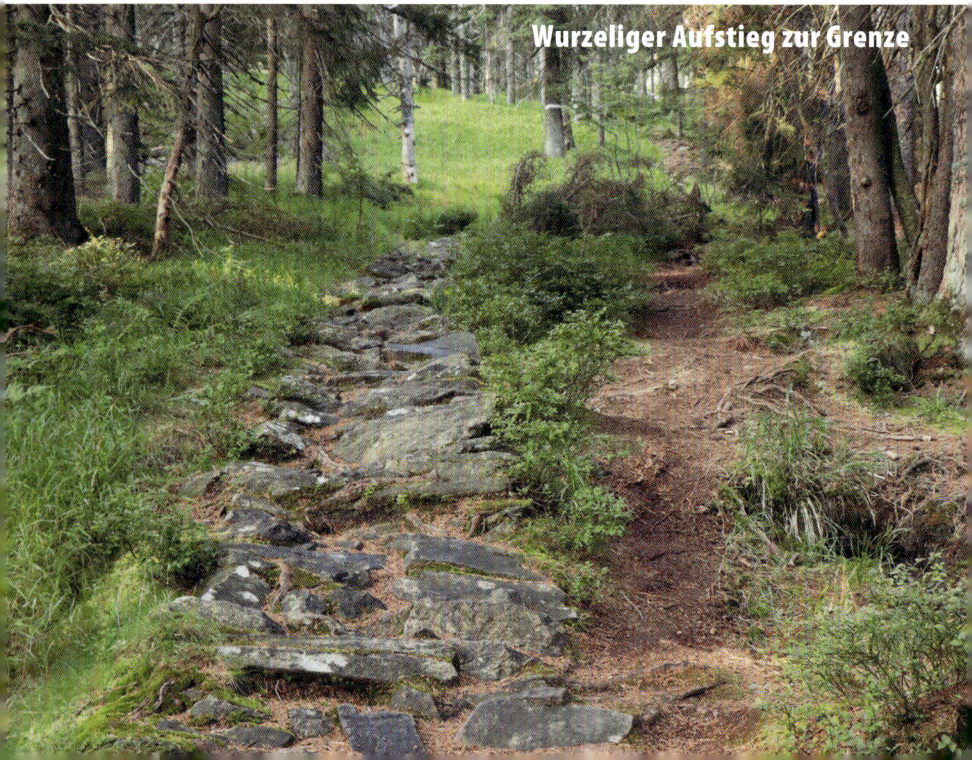

Wurzeliger Aufstieg zur Grenze

Markantes Zeichen am Ende des Anstiegs ist ein hoher Felsbrocken, auf dem der weiß bemalte **Grenzstein mit der Nummer 30** ① thront. Um einen besseren Überblick zu bekommen, klettern wir schnell die wenigen Meter hinauf und können plötzlich ganz genau den Grenzverlauf erkennen. Entlang des Höhenkamms sind in regelmäßigen Abständen zwei Meter

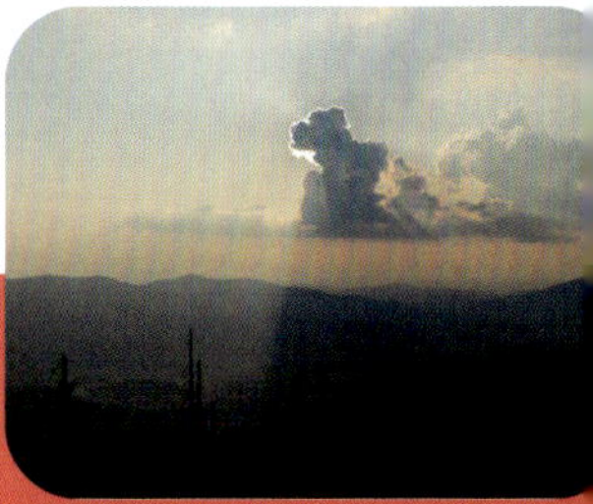

Für die Seele

Mutter Natur zeigt die besten Filme. Auf einem rustikalen Logenplatz bestaunen wir, wie die Sonne in allen erdenklichen Rottönen den Horizont küsst.

hohe, weiße Pflöcke mit je einem blauen Streifen in die Erde gerammt. Genau dieser Spur folgen wir vom Anstieg aus gesehen linker Hand.

Der Wald ist hier offener. Stürme und Borkenkäfer haben ihren Tribut gefordert. Dafür wächst eine Armada junger Bäumchen am Waldboden in die Höhe. Nach nur 100 Metern sonniger Strecke kommen wir zu den **Ruinen der Juranek-Hütte** ②, die ein paar Meter hinter der Grenze Skifahrern und Wanderern als Einkehr und Übernachtungsmöglichkeit diente. Eine zweisprachige Infotafel gibt Einblicke in diese Zeit.

*Gleich dreimal wurde die **Juranek-Hütte** im 20. Jahrhundert erbaut. Die erste brannte ab. Die zweite wurde von der Wehrmacht gesprengt. Und die dritte wurde dem langsamen Verfall preisgegeben. Heute erinnern nur noch Mauerreste an die glorreiche Vergangenheit.*

Die letzten Sonnenstrahlen genießend, setzen wir unsere Wanderung fort, um nach etwa 200 Metern den nächsten Stopp einzulegen. Rechter Hand erblicken wir eine markante Gesteinsformation, zu der ein Trampelpfad führt. Am höchsten Punkt des Felsens, **Svaroh** ③ genannt, befindet sich ein schnörkelloses Holzkreuz. Viel pompöser ist derweil die Aussicht. Weite Teile des tschechischen Böhmerwaldes liegen vor uns. Bei guter Sicht können wir bis ins Böhmische Becken blicken. Lange halten wir uns nicht auf, denn die Zeit drängt.

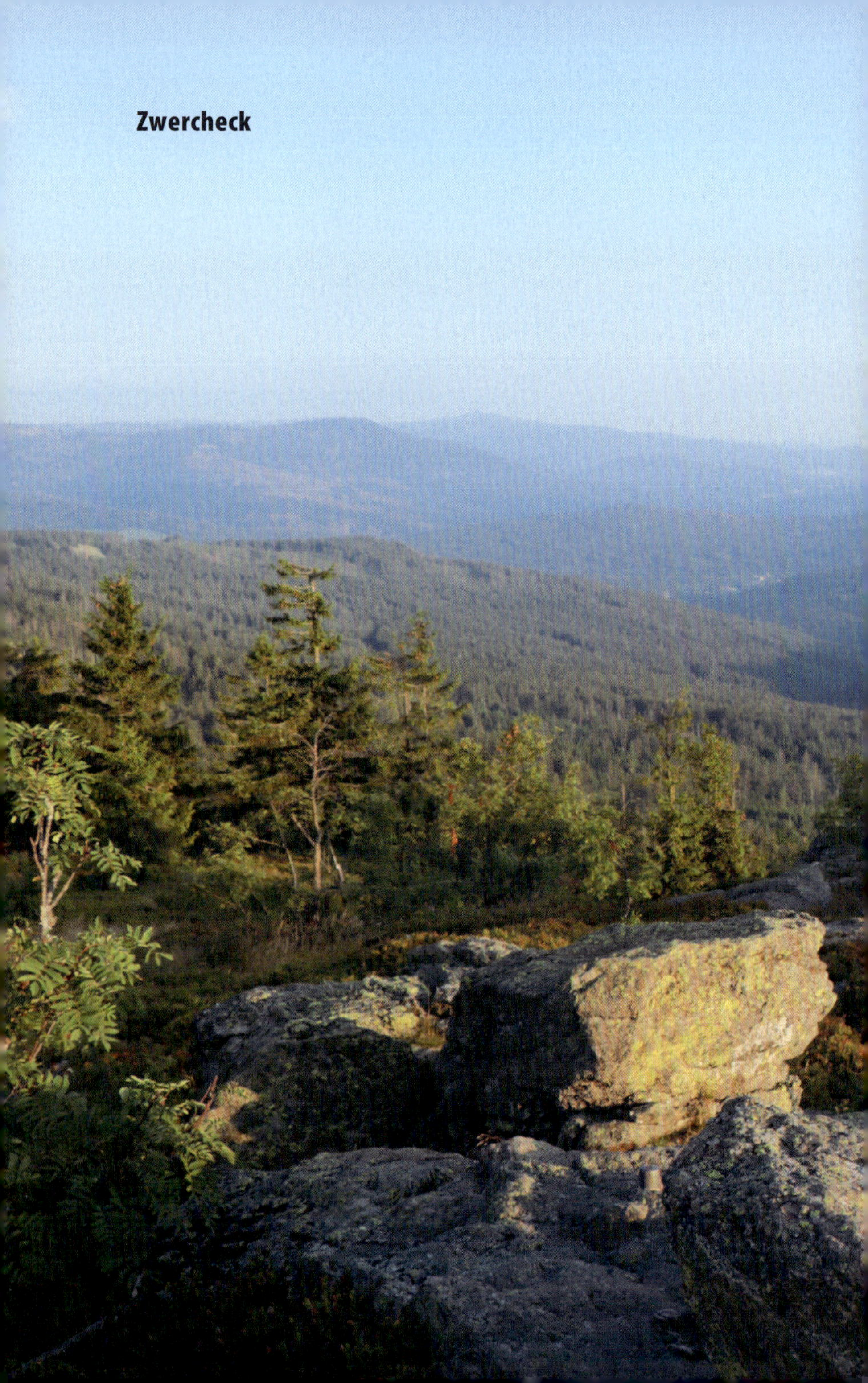
Zwercheck

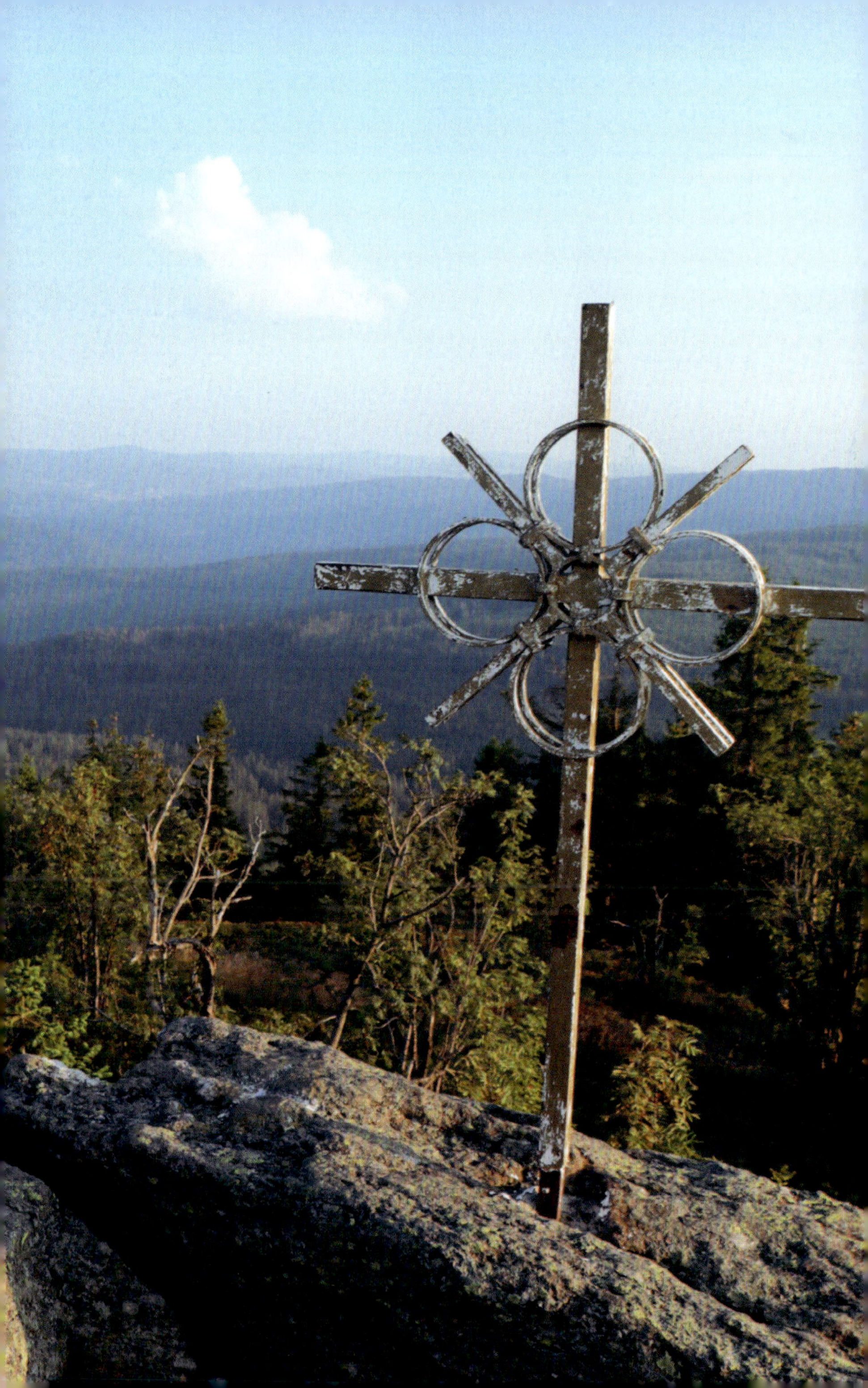

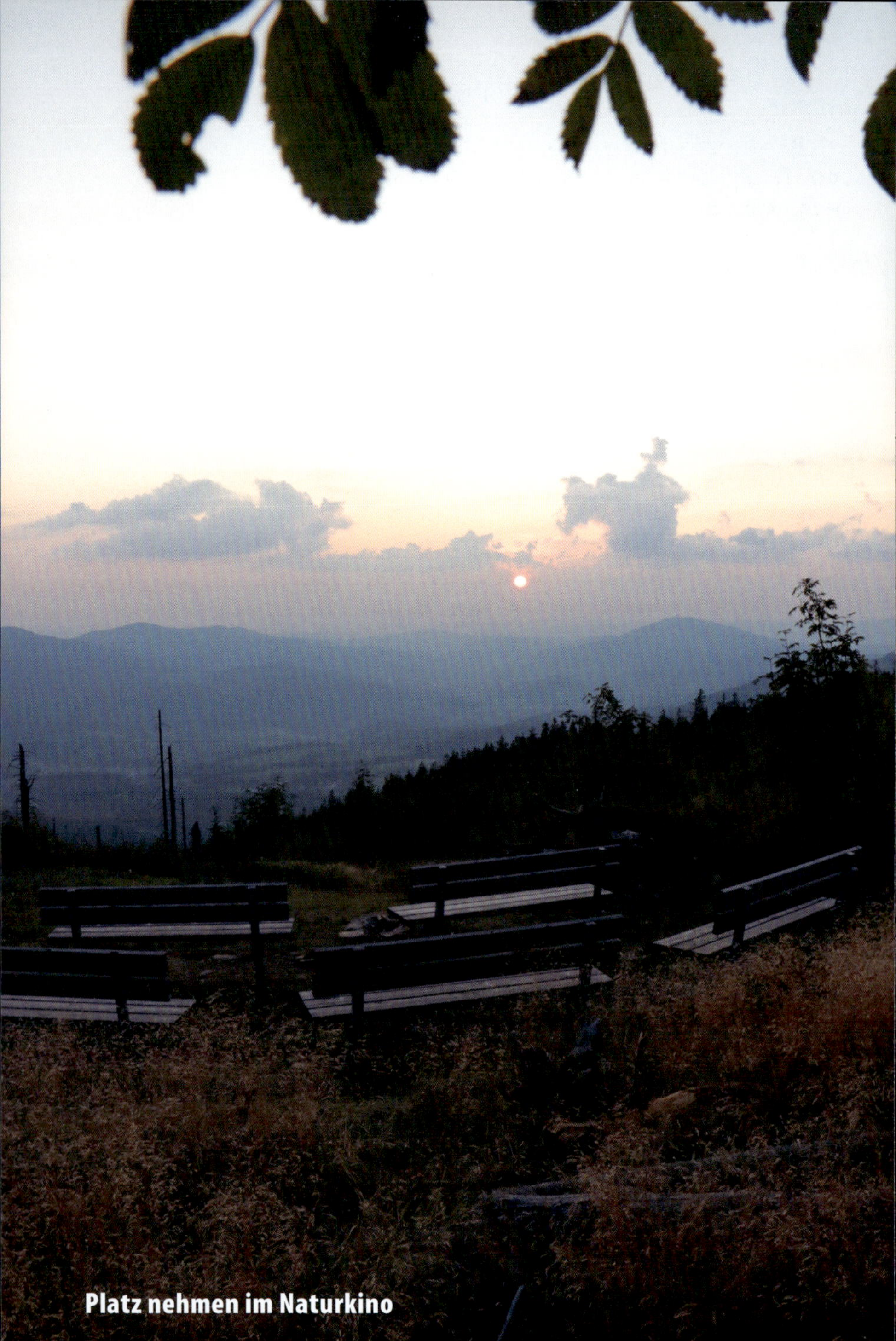

Platz nehmen im Naturkino

Beim Abstieg folgen wir dem rechten Arm der beiden Trampelpfade und erreichen wieder den Grenzsteig. Auf dem bleiben wir aber nur noch ein kurzes Stück, ehe wir den Wegweisern folgend links abbiegen und Tschechien hinter uns lassen. Wenige Meter später schreiten wir auf eine weitläufige **Bergwiese,** an deren Rand die bis dato mächtigste Gesteinsformation prangt. Mit 1333 Metern ist der Gipfel des **Zwercheck** ④ auch der höchste Punkt der Tour. Wir steigen zum filigranen Metallkreuz auf und blicken auf die andere Seite des Gebirgskamms in Richtung Bayern. Der König des Bayerischen Waldes, der Große Arber, liegt in direkter Sichtachse. Daneben reihen sich über den Tälern die umliegenden Gipfel wie an einer Perlenschnur auf. Spätestens kurz bevor die Sonne beginnt, den Horizont zu berühren, machen wir uns auf weiterzugehen.

Nicht einmal 100 Meter hinter dem Zwercheck sind wir im **Naturkino** ⑤ angekommen. Hier können wir uns einen der 20 Logenplätze aussuchen. Das sind bequeme Holzbänke, die gen Westen ausgerichtet sind, um den Sonnenuntergang in Szene zu setzen. Wir nehmen Platz und lassen das Schauspiel auf uns wirken. Die Sonne nimmt von Minute zu Minute andere Rottöne an, glüht förmlich am Horizont. Dieser Kinofilm ist zwar nicht abendfüllend, dafür umso imposanter und berührender.

Sobald der Stern zur Gänze verschwunden ist, machen wir uns auf den Rückweg. Dafür bleiben wir auf dem breiten Weg durch den jungen Wald und entfernen uns vom Gipfelplateau. Nach etwa 10 Minuten macht der Pfad eine harte Linkskehre, der wir folgen. Nun beginnen wir in einer Hangquerung gehörig an Höhe zu verlieren. Auch der Wald wird langsam wieder dichter, sodass wir eventuell unsere Taschenlampe herausholen müssen. Gerade auf dem etwas steinigen Waldweg leistet uns das zusätzliche Licht gute Dienste. Kurz nach der Kehre weist die Lo5-Markierung rechts weg. Wir ignorieren sie aber ab sofort und halten uns geradeaus.

*Vom Gipfelplateau aus erspähen wir zwei militärische Komplexe. Die **Radarkuppeln** auf dem Großen Arber sind unter anderem als Teil des NATO-Luftverteidigungssystems in Betrieb. Die **Abhörtürme** auf dem Hohenbogen jedoch wurden nach dem Kalten Krieg stillgelegt.*

Beim Abstieg bietet uns die Dämmerung die Chance, die Natur um uns herum viel intensiver als sonst wahrzunehmen. Deswegen bleiben wir ab und zu stehen, schalten das Licht aus und horchen hinein in den Wald. Viele werden dabei Geräusche wahrnehmen, die sie noch nie zuvor gehört haben.

Bald erreichen wir eine Forststraße, in die wir links einbiegen. Wir folgen diesem breiten Weg die letzten 1,3 Kilometer. An der einzigen Gabelung halten wir uns rechts und sind fortan wieder auf derselben Route wie zu Beginn der Tour. In beginnender Dunkelheit schließen wir das Auto auf. Bevor wir losfahren, registrieren wir noch mit unseren Ohren, dass das emsige Treiben der Dämmerung langsam der Stille der Nacht weicht.

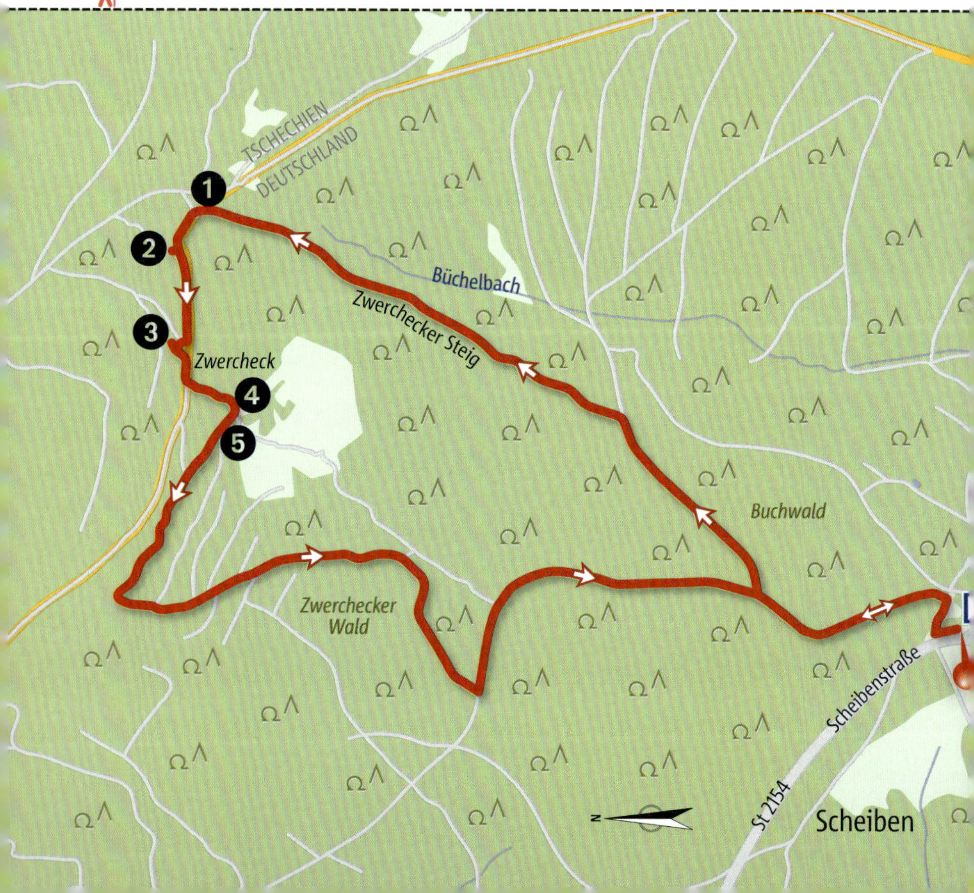

Alles auf einen Blick

WIE & WANN:
In der Mitte der Tour schmale Waldsteige, teils steil und wurzelig, am Anfang und Ende Forststraßen; beste Zeit: Mai bis Oktober (im Winter nur mit Schneeschuhen begehbar)

HIN & WEG:
Auto: Wanderparkplatz Scheiben an der Staatsstraße 2154, 93470 Lohberg (GPS: 49.159213, 13.158884)

Entspannung ✸✸✸✸✸
Genuss ✸✸✸✸✸
Romantik ✸✸✸✸✸

ÖPNV: Linie 590, Haltestelle Scheibensattel

ESSEN & ENTSPANNEN:
Weil rund um das Naturkino noch kein Kiosk eröffnet wurde, packen wir uns eine kleine Knabberei und ein paar Getränke in den Rucksack. So müssen wir auf den Snack zum Film trotzdem nicht verzichten.

ENTDECKEN & ERLEBEN:
Grenzstein Nr. 30 ❶
Standort der ehemaligen Juranek-Hütte ❷
Svaroh ❸
Zwercheck ❹
Naturkino ❺

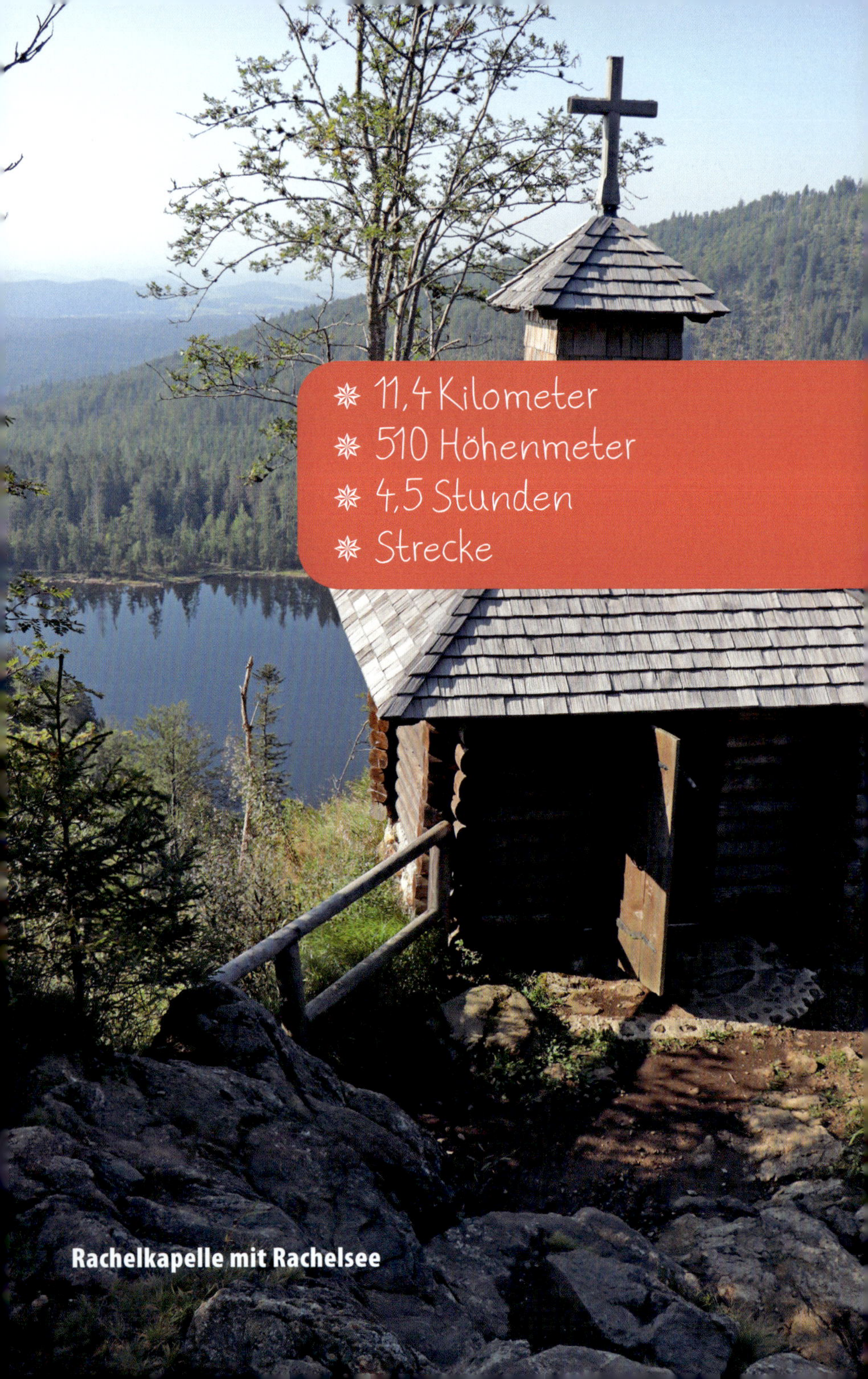

- 11,4 Kilometer
- 510 Höhenmeter
- 4,5 Stunden
- Strecke

Rachelkapelle mit Rachelsee

Wir besteigen den König des Nationalparks Bayerischer Wald, den 1453 Meter hohen Großen Rachel! Dafür wählen wir eine Streckentour, bei der uns die Rachelbusse von A nach B bringen. Wir lassen das Auto am **P+R-Parkplatz** im Ortszentrum von Spiegelau stehen oder kommen mit der Waldbahn zum

Wilder König

Rachelgipfel mit See und Kapelle

Spiegelauer Bahnhof. Von beiden Punkten bringt uns der Bus zur **Haltestelle Gfäll,** die mitten im Wald am Fuße des Bergs liegt.

Um dem Hauptstrom der Wanderer zu entgehen, nehmen wir nicht die kürzeste Route zum Gipfel, sondern wählen eine ruhigere und zugleich romantischere Strecke. So folgen wir an der Haltestelle der **Bärlapp-Markierung** auf weißem Grund in Richtung Klingenbrunn Bahnhof. Wir schreiten durch dichten Mischwald auf einer breiten Forststraße eben dahin. Die ersten 1,6 Kilometer sind ideal, um uns warmzulaufen. Danach erreichen wir eine Kreuzung. Hier quert ein schmaler Pfad die Forststraße, im Hintergrund hören wir das Rauschen der Flanitz, die einige Höhenmeter tiefer durch den Wald braust. Doch wir schwenken rechter Hand in den **Klingenbrunner Rachelsteig** ein, bleiben dafür der Bärlapp-Markierung in Richtung Rachel treu.

Von nun an geht's stetig und fordernd bergauf. Die eben absolvierte Aufwärmeinheit kommt uns zugute, sodass unsere Muskeln keinen Kaltstart hinlegen müssen. Wer nach den ersten 400 Metern Aufstieg schon eine Pause braucht, kann kurz in der

!

*Wer **außerhalb der Bus-Saison,** also vor 15. Mai oder nach 31. Oktober, unterwegs ist, lässt am dann zugänglichen Parkplatz Gfäll sein Auto stehen und folgt beim Abstieg nach dem Rachelsee der Auerhuhn-Markierung, sodass er wieder zurück zum Ausgangspunkt kommt.*

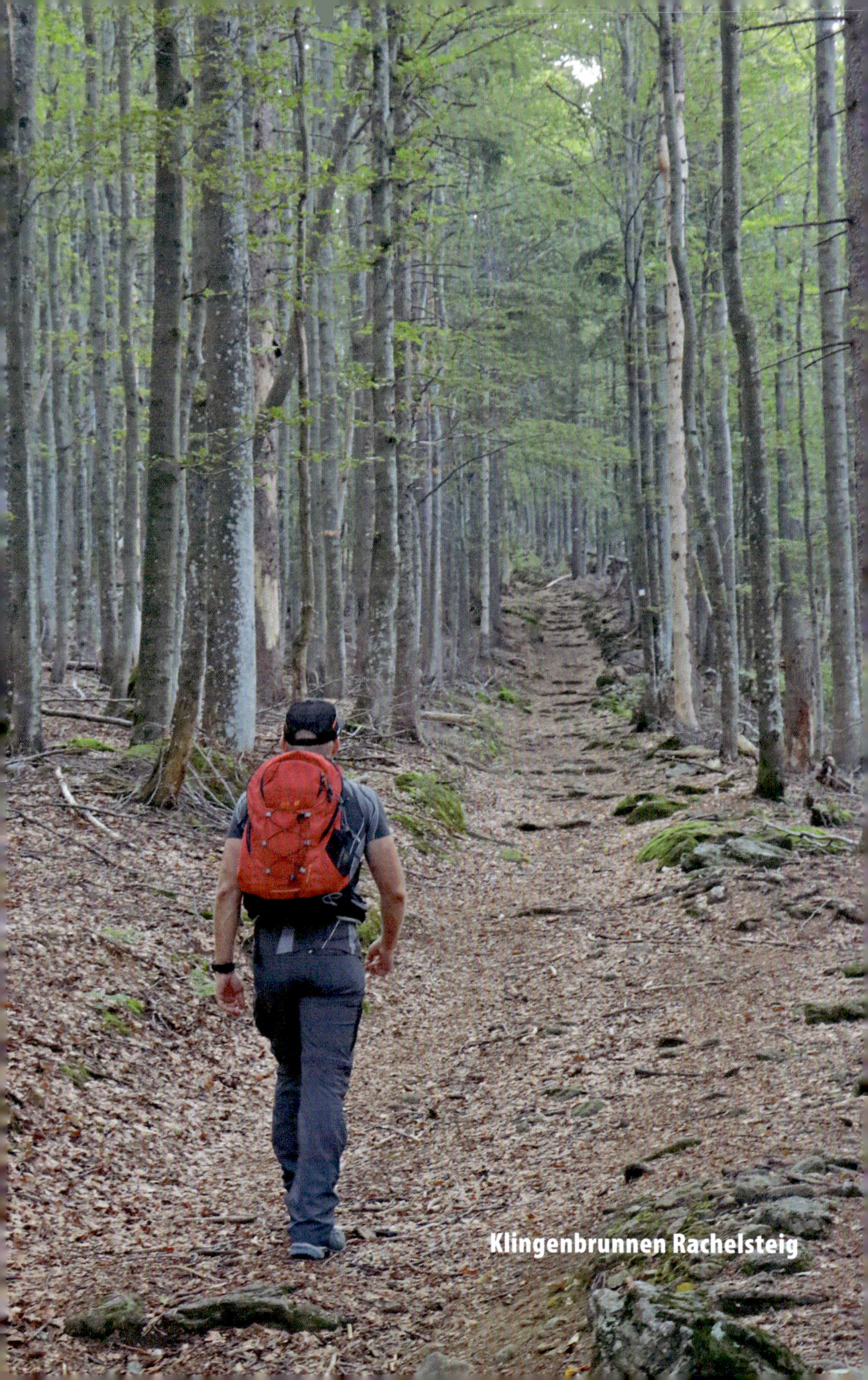
Klingenbrunnen Rachelsteig

Schutzhütte Emeiriegel rasten. Von hier an wird der Pfad mit jedem Stück, das wir bergauf zurücklegen, ein bisschen schmaler und steiniger. Links und rechts ragen vor allem Buchen in die Höhe, die uns an sonnigen Tagen erfrischenden Schatten spenden. Später wird der Wald lichter, und der Pfad verläuft phasenweise über stufenartig angelegte Steinbrocken.

Im Bereich zwischen 1200 und 1300 Höhenmetern verschwinden die Laubbäume schließlich fast völlig, denn nun erreichen wir die Zone natürlicher Bergfichtenwälder. Jedoch haben auch am Rachelmassiv Stürme und Borkenkäfer ihre Spuren hinterlassen. Der Großteil der alten Fichten ist abgestorben. Im Schatten ihrer grauen Stämme wächst aber bereits die nächste Baumgeneration nach. Die Phase des Umbruchs ist nicht nur ein natürlicher Teil des Waldkreislaufs, sondern auch ein Glücksfall für Wanderer, die ihren Blick gern in die Ferne schweifen lassen. Von nun an eröffnen sich nahezu überall am Pfad imposante Ausblicke in die unter uns liegenden Tallagen, hinüber zur vorgelagerten Hügelkette oder bei klarer Witterung sogar bis in die Alpen. Panoramaglück an jeder Ecke.

Blick auf den Großen Rachel

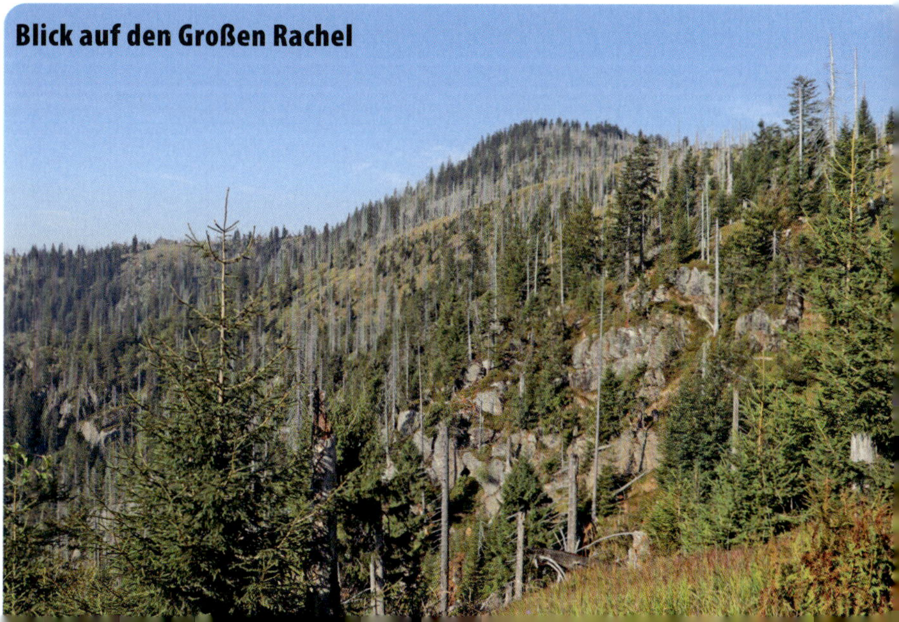

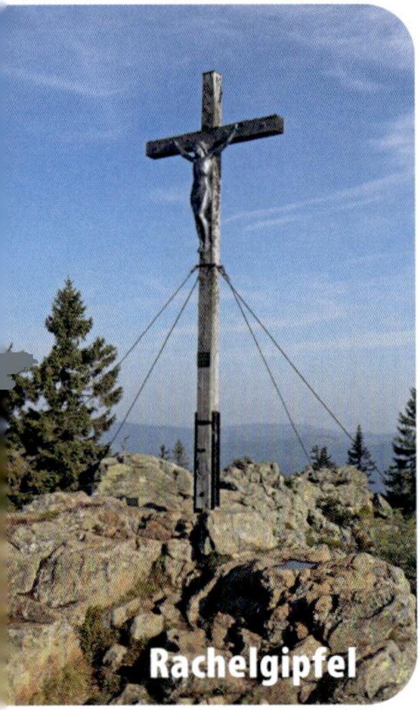

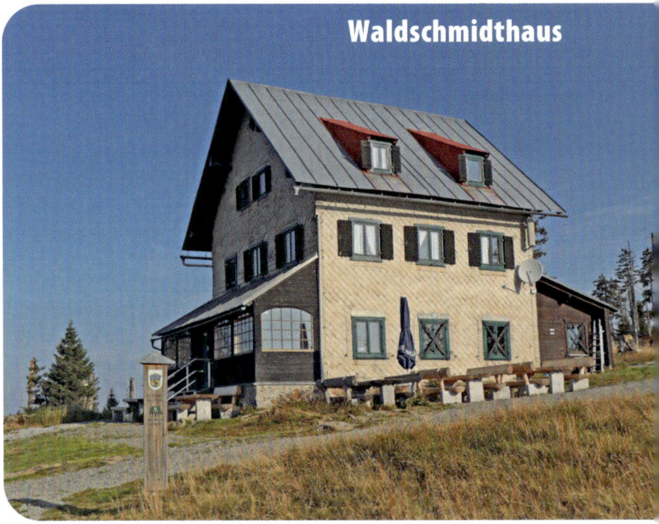

Der schmale Pfad mündet schließlich in einen breiten Wanderweg, auf den wir linker Hand einbiegen. Dabei folgen wir der **Auerhuhn-Markierung** Richtung Rachelgipfel. Wir erholen uns etwas, da die Steigung nun deutlich weniger fordernd ist. Bald erblicken wir in der Ferne auf einer Lichtung ein altes Gebäude, das historische **Waldschmidthaus** **1** – unser erstes Etappenziel. Vorher nehmen wir aber noch einen kleinen Umweg in Kauf. Auf der Wiese angekommen, halten wir uns rechts. Dort folgen wir dem Wegweiser zum **Seeblick** **2**. Keine 100 Meter später stehen wir an einem Felsvorsprung. Von hier aus entdecken wir nicht nur den Rachelsee unter uns, sondern zum Beispiel auch die Granitkuppel des benachbarten Lusens.

Nach dem Panorama-Genuss gehen wir zurück auf die Wiese und zur aktuell geschlossenen Wirtschaft, an der wir erst mal etwas zu trinken aus unserem Rucksack holen. Nach dem Großteil des Anstiegs haben wir uns das verdient.

Nur rund 90 Höhenmeter liegen jetzt noch vor uns. Entlang der Auerhuhn-Markierung nehmen wir den finalen Gipfelsturm über einen alpin anmutenden

Steig in Angriff. Steil und steinig führt uns dieser zur imposanten Gneisformation am **Rachelgipfel 3.** Auf einem der Felsen thront ein massives Holzkreuz, an dem eine Jesusfigur hängt. Hinter dem Kreuz rasten wir kurz auf einem der Steine und spähen hinüber in den nahen tschechischen Nationalpark Šumava. Auch beim Abstieg können wir diese grenzüberschreitende Sicht noch genießen.

Für die Seele

Hier ist unsere Seele der Natur ganz nah! Denn mitten im Nationalpark wandeln wir auf romantischen Pfaden zu traumhaften Ausblicken.

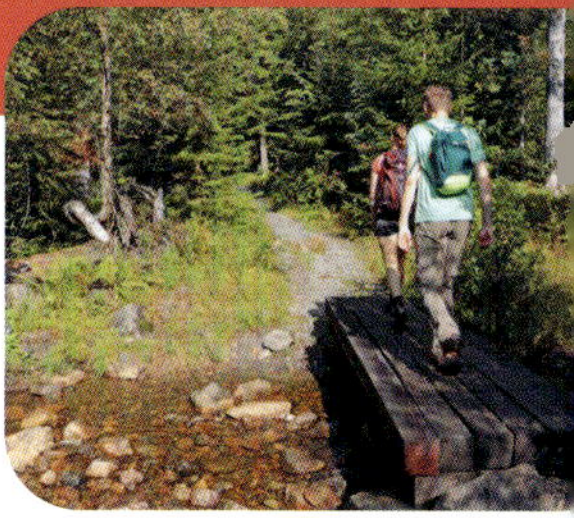

Unsere Route schwenkt unterhalb des Gipfels wieder nach links in die Auerhuhnrunde ein. Dabei gehen wir an einer massiven Holzhütte der Bergwacht vorbei. Hinter dieser beginnt der schwierigste Teil unserer heutigen Wanderung. Zwar geht's von nun an fast nur noch bergab, dafür nimmt der Pfad nun gänzlich alpinen Charakter an. Über Hunderte Steine führt der Steig gerade anfangs steil abwärts. Da wir viel auf den Boden blicken müssen, sollten wir nicht vergessen, ab und zu stehen zu bleiben und die Panoramasicht zu bestaunen. Auf einem kurzen plateauartigen Wegstück haben wir das Gröbste schließlich geschafft. Nicht mehr ganz so anstrengend geht's dahinter weiter bergab. Als der Wald dichter zu werden beginnt, kommen wir an eine Gabelung, an der wir uns rechts halten – in Richtung **Rachelkapelle 4.**

Wenige Meter später stehen wir vor dem winzigen Gotteshaus. Abermals schauen wir dem Rachelsee auf den Kopf. Gerade der Blick aus dem Inneren des Holzbaus durch die von wegklappbaren Fensterläden geschützte Öffnung ist besonders fotogen. Lohnend ist

*Die **Rachelkapelle** ließ ein Forstbeamter Ende des 19. Jahrhunderts aus Dankbarkeit für seine Rettung erbauen. Hier wäre er bei schlechter Witterung fast die Felskante hinabgestürzt. Nur weil sein Pferd scheute, erkannte er die Gefahr.*

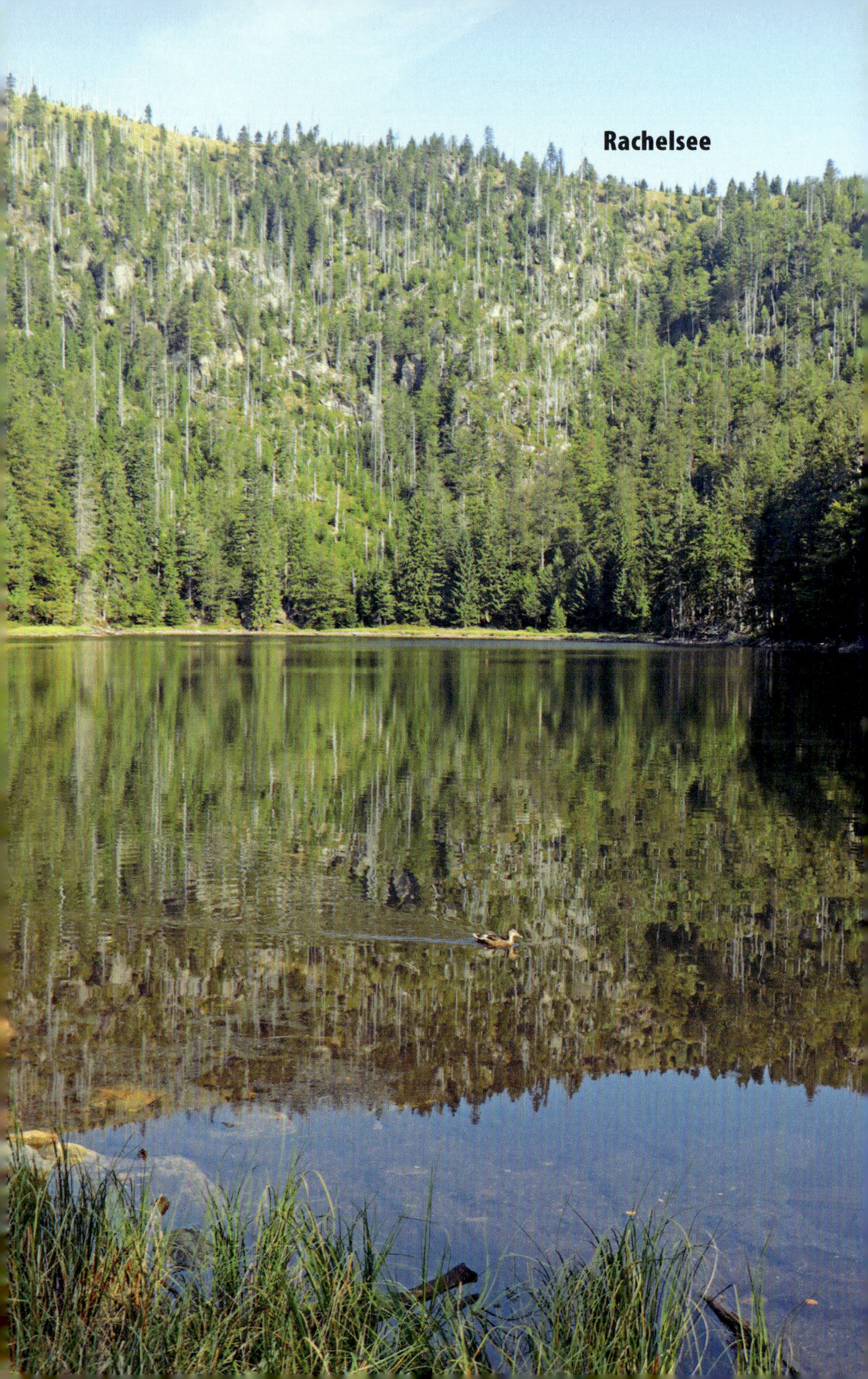
Rachelsee

auch ein Blick zurück auf den Gipfel. Nach der Erkundung von Umgebung und Kapelle lassen wir uns auf einer Holzbank nieder und gönnen unseren Gelenken eine Erholungspause. Danach schwenken wir auf den rechten Arm des Weges oberhalb der Kapelle ein, erreichen wenige Meter danach erneut den Hauptweg von vorher, auf den wir abermals rechts einbiegen.

Nun tauchen wir in tiefere Lagen ab. Der grüne, wilde Mischwald verschluckt die Panoramaaussicht. Wir passieren einen Brunnen und merken, dass der immer breiter werdende Weg eine deutliche Rechtskurve macht. Am Ende des Abstiegs stehen wir vor einer Gabelung, an der wir uns rechts halten, um weiter dem Auerhuhn in Richtung **Rachelsee** 5 zu folgen. Nach 300 ebenen Metern und einem Abbiegen nach rechts erreichen wir den einzigen natürlichen See des Nationalparks. An dessen Ufer laden einige Bänke zur Rast ein. Von dort blicken wir ein letztes Mal auf den Rachelgipfel. Wer genau hinschaut, kann über der rechten Seite des Sees auch die Rachelkapelle entdecken.

Auf geht's zur Schlussetappe. Dafür gehen wir den kurzen Stichweg zurück und halten uns an der Gabelung rechts. Wir folgen weiter dem Auerhuhn. Mäßig bergab wandeln wir durch lichte Waldbestände an rauschenden Bergbächen vorbei. Bald erreichen wir das Ende einer Forststraße, an der sich der Weg aber-

*Der **Rachelsee** ist ein Relikt der letzten Eiszeit. Als Karsee wurde er durch Gletscher geformt, die sich ihren Weg von den Gipfellagen gen Tal suchten. Zwischen See und Racheldiensthütte informiert ein Lehrpfad über die heute noch sichtbaren Zeichen dieser Epoche.*

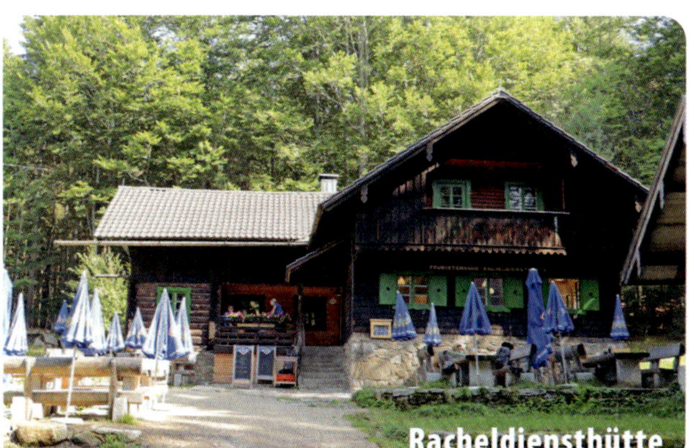

Racheldiensthütte

*Die **Racheldiensthütte** kann auf eine über 100-jährige Geschichte zurückblicken. Trotzdem ist das Lokal auf dem neuesten Stand. Erst im August 2017 wurde eine Generalsanierung erfolgreich beendet, bei der viel Wert darauf gelegt wurde, das traditionelle Flair zu erhalten.*

mals gabelt. Diesmal halten wir uns links, ignorieren das Auerhuhn und folgen ab sofort dem Buntspecht in Richtung **Racheldiensthütte** 6.

Rund 2,5 Kilometer wandern wir durch wilde Wälder sanft bergab zur Einkehrmöglichkeit, die direkt an einer alten **Triftklause** liegt. Bei gutem Wetter suchen wir uns einen Platz auf der sonnigen Terrasse und gönnen uns eine Stärkung. Wir timen unseren Wirtshaus-Stopp so, dass wir uns 10 Minuten vor der Abfahrt des Busses erheben und die letzten 200 Meter zur ausgeschilderten **Haltestelle** zurücklegen. Der Bus bringt uns zurück zum P+R-Parkplatz oder zum Bahnhof. Dabei wird uns eins klar: Nach der anstrengenden Tour werden wir heute gut einschlafen – und vielleicht von tollen Rachelblicken träumen.

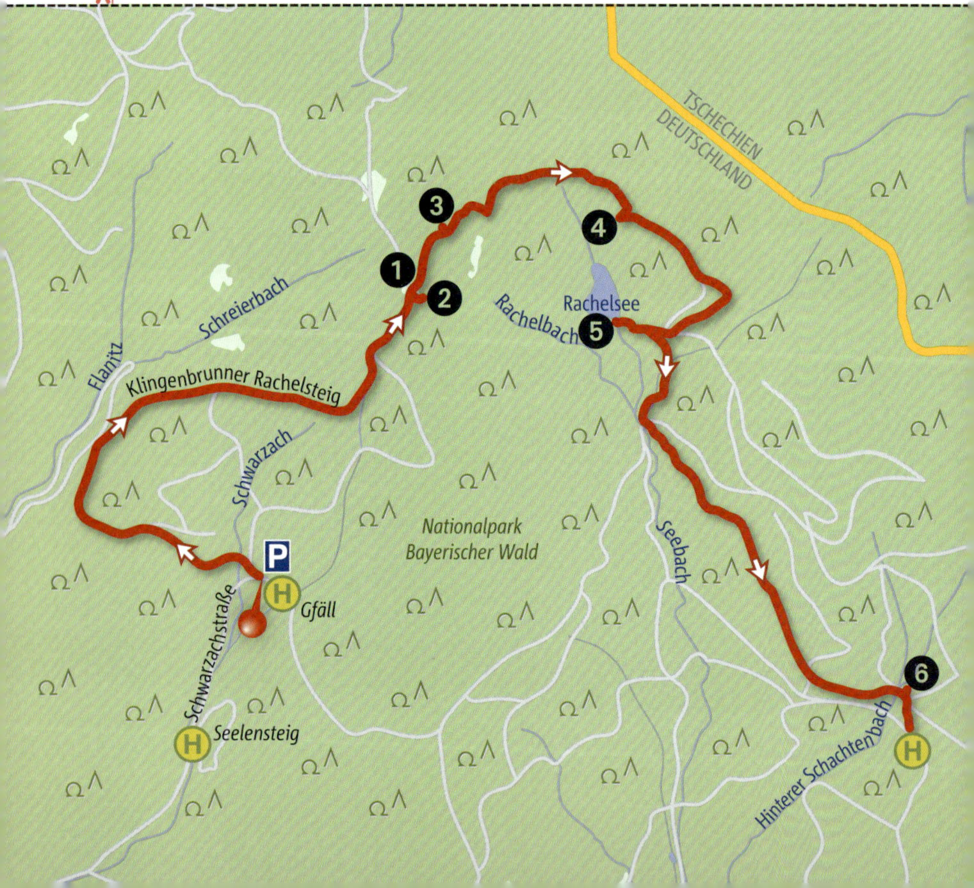

Alles auf einen Blick

WIE & WANN:
Romantische Waldwege, in Abschnitten sehr steinig und steil (Trittsicherheit erforderlich); beste Wanderzeit: Mitte Mai bis Ende Oktober, zu dieser Zeit fährt der Rachelbus.

HIN & WEG:
Auto: P+R-Parkplatz, Konrad-Wilsdorf-Straße 1 b, 94518 Spiegelau (GPS: 48.917444, 13.355118), von dort mit dem Rachelbus zum Ausgangspunkt

Entspannung ★★★☆☆
Genuss ★★★☆☆
Romantik ★★★★★

ÖPNV: Waldbahn-Linie 3, Bahnhof Spiegelau, weiter mit Linie 601 (Rachelbus) zur Endhaltestelle Gfäll; Rückkehr zum Ausgangspunkt: Ab Racheldiensthütte Linie 601

ESSEN & ENTSPANNEN:
Racheldiensthütte ❻ Racheldiensthüttenstraße, 94568 St. Oswald-Riedlhütte, Tel. (0 85 53) 97 90 04, www.nationalpark-bayerischer-wald.de

ENTDECKEN & ERLEBEN:
Waldschmidthaus ❶
Seeblick ❷
Rachelgipfel ❸
Rachelkapelle ❹
Rachelsee ❺

* 11,3 Kilometer
* 390 Höhenmeter
* 5 Stunden
* Rundweg

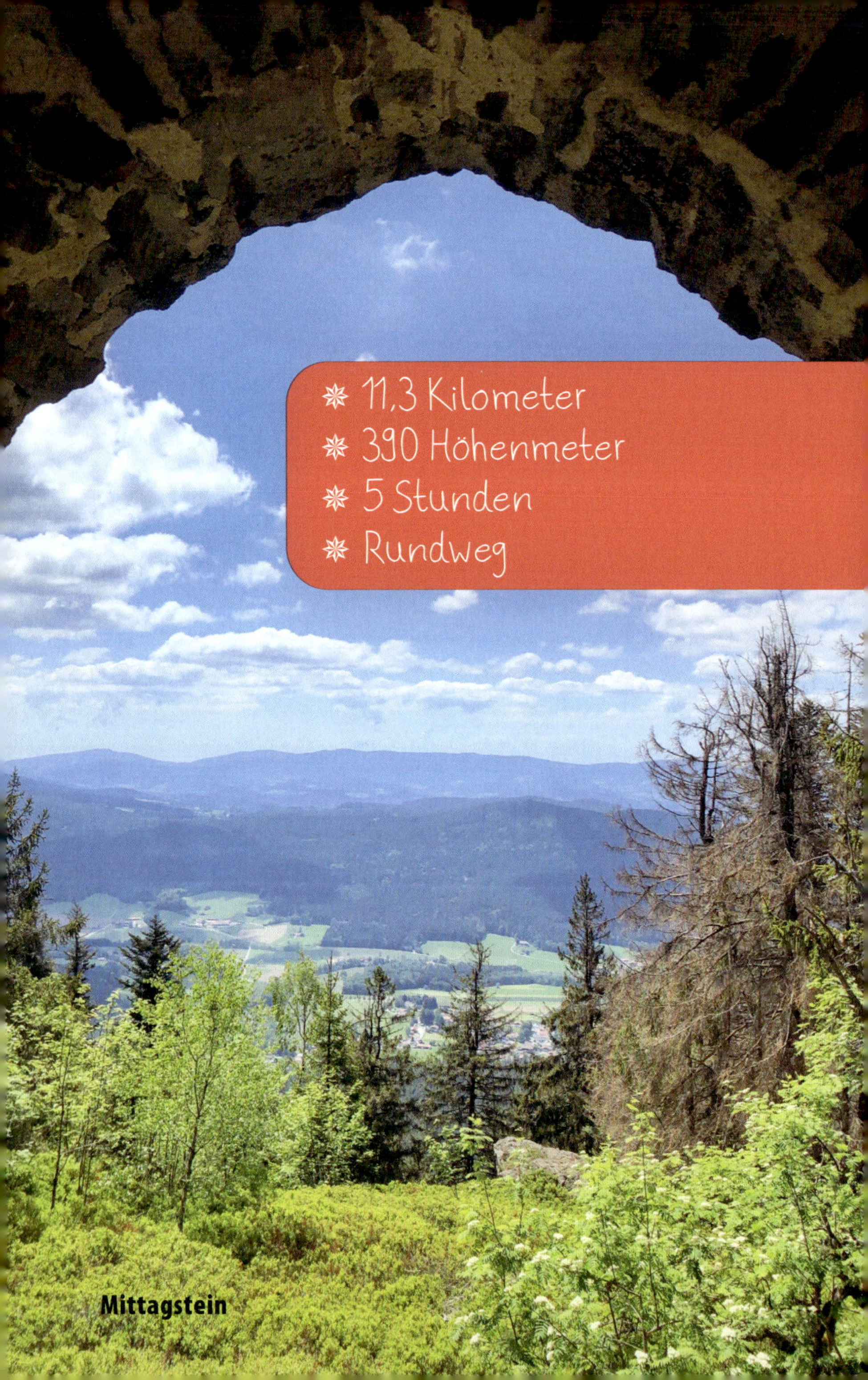

Mittagstein

Hoch hinaus geht's bei dieser Panoramatour am Kaitersberg. Um die komplette Kammlage zu erwandern, starten wir am **Parkplatz** unterhalb des **Weilers Hudlach** **1**. Dort angekommen bleiben wir 300 Meter auf der Teerstraße, die ab dem oberen Ende des Parkplatzes für Autos gesperrt ist. An einer wilden Berg-

Weitblick-Traum

Über den Kaitersberg-Höhenkamm

wiese vorbeigehend, erreichen wir eine Handvoll Häuser nebst Kreuzung. Wir halten uns rechts und orientieren uns an der weiß-roten **Ho1-Markierung.**

Dabei machen wir uns auf, die Nordflanke des Bergmassivs zu erklimmen, was uns sogleich den anstrengendsten Anstieg des Tages abverlangt. Ein breiter Forstweg führt uns beständig bergauf, wobei einige Bänke und Felsen zum Verschnaufen einladen. Die kurzen Pausen nutzen wir, um bereits erste Weitblicke zu ergattern. Beim Anstieg lacht uns vor allem der gegenüberliegende Hohe Bogen mit seinen einst militärisch genutzten Türmen an.

Ziemlich genau auf der **1000-Höhenmeter-Grenze** haben wir die erste Herausforderung geschafft. Denn jetzt sind wir in den Kammlagen angekommen. Ein Wegweiser sagt uns, dass es rechter Hand zum Kreuzfelsen geht. Wir bleiben von nun an auf dem Fernwanderweg **Goldsteig,** der durch einen gelben Weg auf weißem Grund dargestellt wird. Rund eineinhalb Kilometer wandeln wir auf recht wurzeligem Untergrund durch dichten Mischwald. Abrupt wird dieser später von einem bizarren Felslabyrinth abgelöst.

Die letzten Meter zum **Kreuzfelsen** 2 müssen wir fast alpines Gelände bewältigen, vorbei an großen Gneisbrocken inklusive einer seilversicherten Stelle. Machbar ist dies jedoch auch für Wanderer ohne Alpen-Erfahrung. Als Belohnung wartet am 999 Meter hohen Gipfel eine Aussicht, die es in sich hat. Wir blicken direkt auf Bad Kötzting, in sanfte Täler und auf die nördlichen Ausläufer des Bayerwalds. Überstrahlt wird das Panorama von einem der monströsesten Gipfelkreuze, die die Region gesehen hat. Die Szenerie lädt also zu einer längeren Seelenrast ein. Das muss man einfach ausgiebig genießen.

Zurück wandern wir zunächst auf derselben Strecke, auf der wir gekommen sind. Über den Goldsteig geht's dorthin, wo der erste Anstieg des Tages endete.

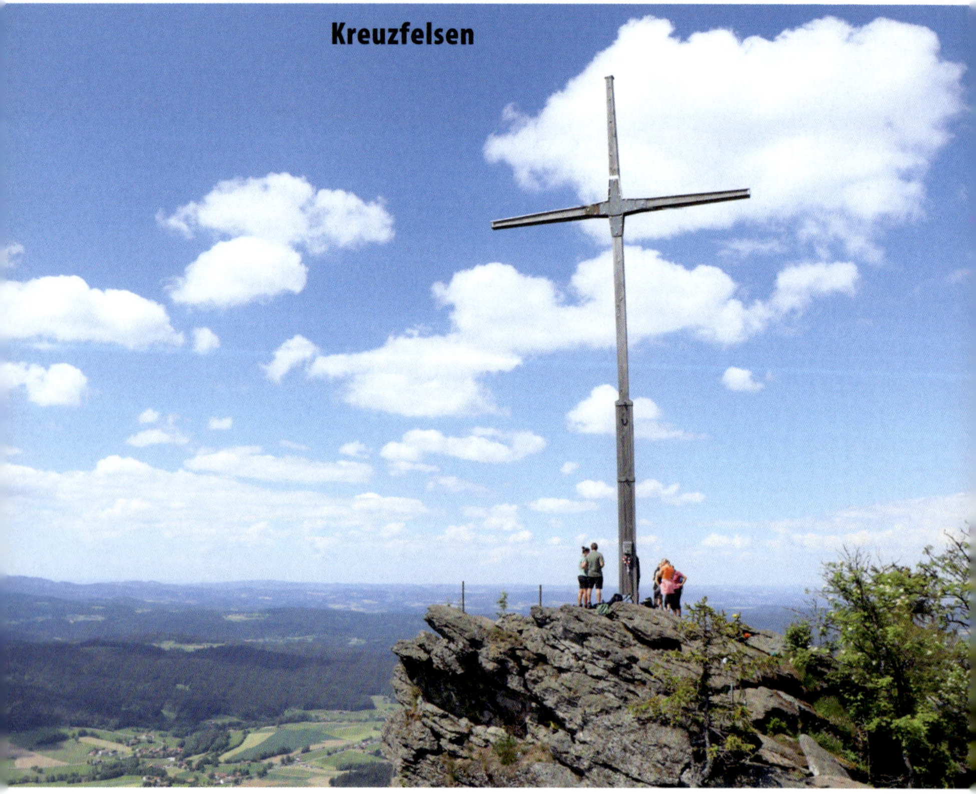
Kreuzfelsen

An dieser Gabelung gehen wir jedoch nicht talwärts, sondern folgen dem Goldsteig weiter geradeaus. Dabei wird der Weg wieder breiter und einfacher. Nach rund 300 Metern haben wir den zweiten Gipfel der Tour erreicht, den **Mittagstein** ③, auf dessen Plateau eine schlichte **Kapelle** ruht. Der quadratische Steinbau ist an allen Seiten offen, weshalb er bestens in die

Für die Seele

Bizarre Felsformationen am laufenden Band versetzen uns ins Staunen. Getoppt werden diese Wunder der Natur nur von den endlosen Blicken ins Waldmeer.

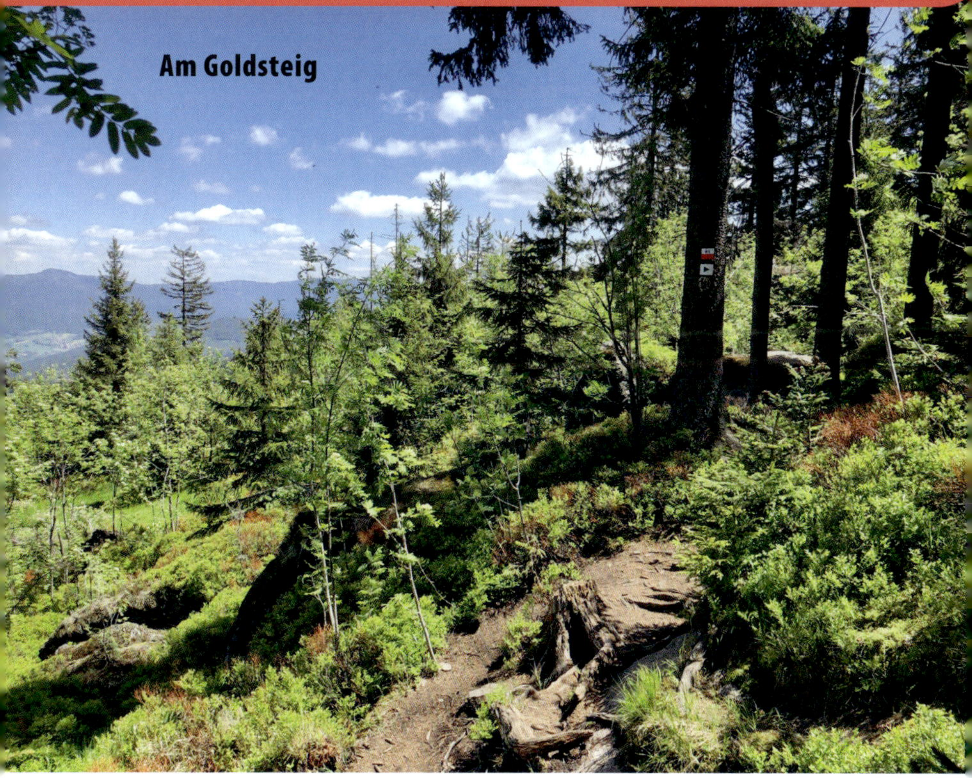

Am Goldsteig

*Im Bereich des **Steinbühler Gesenkes** und dessen Südhang ist ein Schutzgebiet ausgewiesen – unter anderem aufgrund dort lebender Luchse. Das Verlassen der markierten Wege ist hier ganzjährig verboten.*

Landschaft integriert ist. Nach einem Moment der Besinnung gehen wir 100 Meter weiter. Auf der Sonnenterrasse der **Kötztinger Hütte** 4 wartet schließlich schon der Einkehrschwung. Bei bayerischer Brotzeit und kühlen Erfrischungen können wir das Panorama genießen – und zugleich schon den weiteren Verlauf der Tour erkennen.

Wir gehen über die Treppe der Terrasse zurück auf den breiten Forstweg, dem Goldsteig weiter folgend. Nach einem kurzen Abstieg biegen wir rechts in Richtung Rauchröhren in einen schmalen, steinigen Wanderweg ab. Vor uns liegt nun das **Steinbühler Gesenke** 5. Dabei handelt es sich um eine Hunderte Meter lange Felsformation, von deren Kante wir an Dutzenden Stellen die imposante Natur in uns

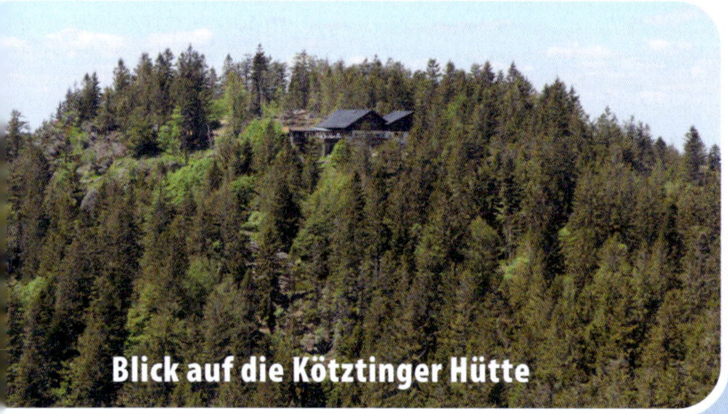

Blick auf die Kötztinger Hütte

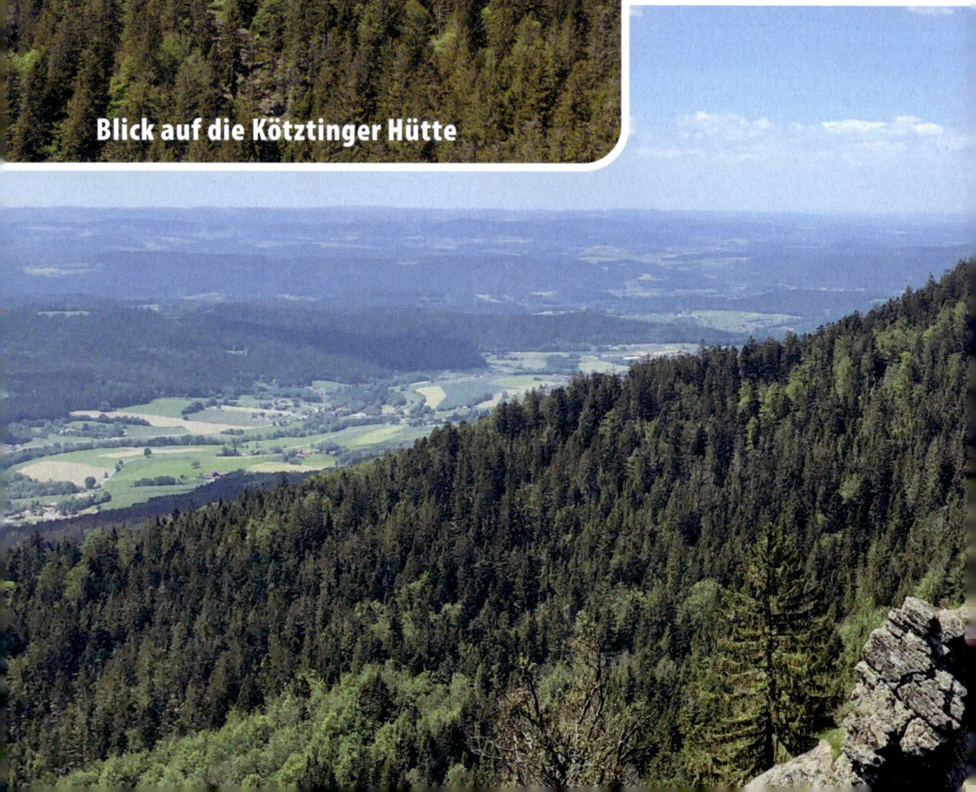

aufsaugen können. Auch wenn wir gerade erst eingekehrt sind, suchen wir uns entlang der unwirklich wirkenden Gneisfelsen einen einsamen Rastplatz, um die Landschaft in unsere Erinnerungen einzuprägen. Rechter Hand erblicken wir dabei noch mal die im Wald versteckte Kötztinger Hütte, links ragt der Große Riedelstein am Höhenkamm auf.

Hinter dem höchsten Punkt des Gesenkes erreichen wir auf dem Goldsteig eine kleine treppenartige Steinpassage nach unten. Kurz danach gelingt uns an einem Aussichtspunkt erstmals seit Langem wieder der Blick nach Nordosten in Richtung Tschechien. Es folgt eine Gabelung, an der sich Wanderer nach eigenem Können aufteilen sollen. Wer trittsicher ist, nimmt den schwierigen Weg linker Hand. Unerfahrene Naturfreunde wählen lieber die Umgehung nach rechts. Beide Varianten münden am Fuß der **Rauchröhren** (6).

Die hohen Felswände zwischen den ***Gneistürmen*** *gaben den Rauchröhren ihren Namen. Während der Schwedenkriege versteckte sich hier die Bevölkerung, weil inmitten der Schluchten entfachte Feuer verborgen blieben.*

Steinbühler Gesenke

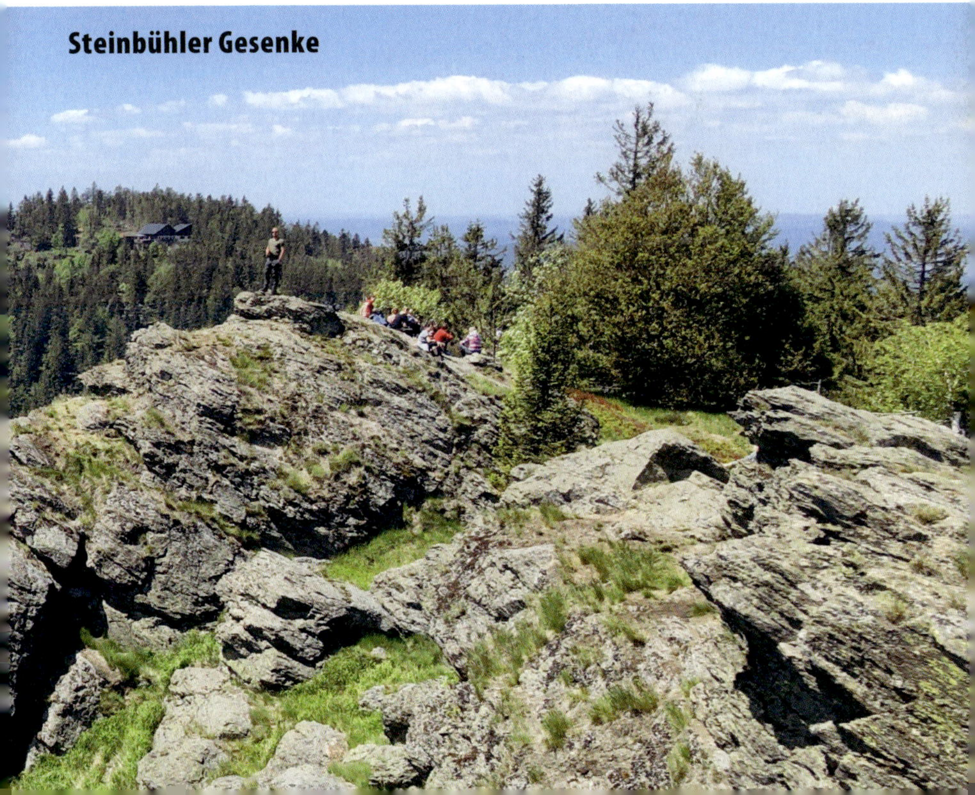

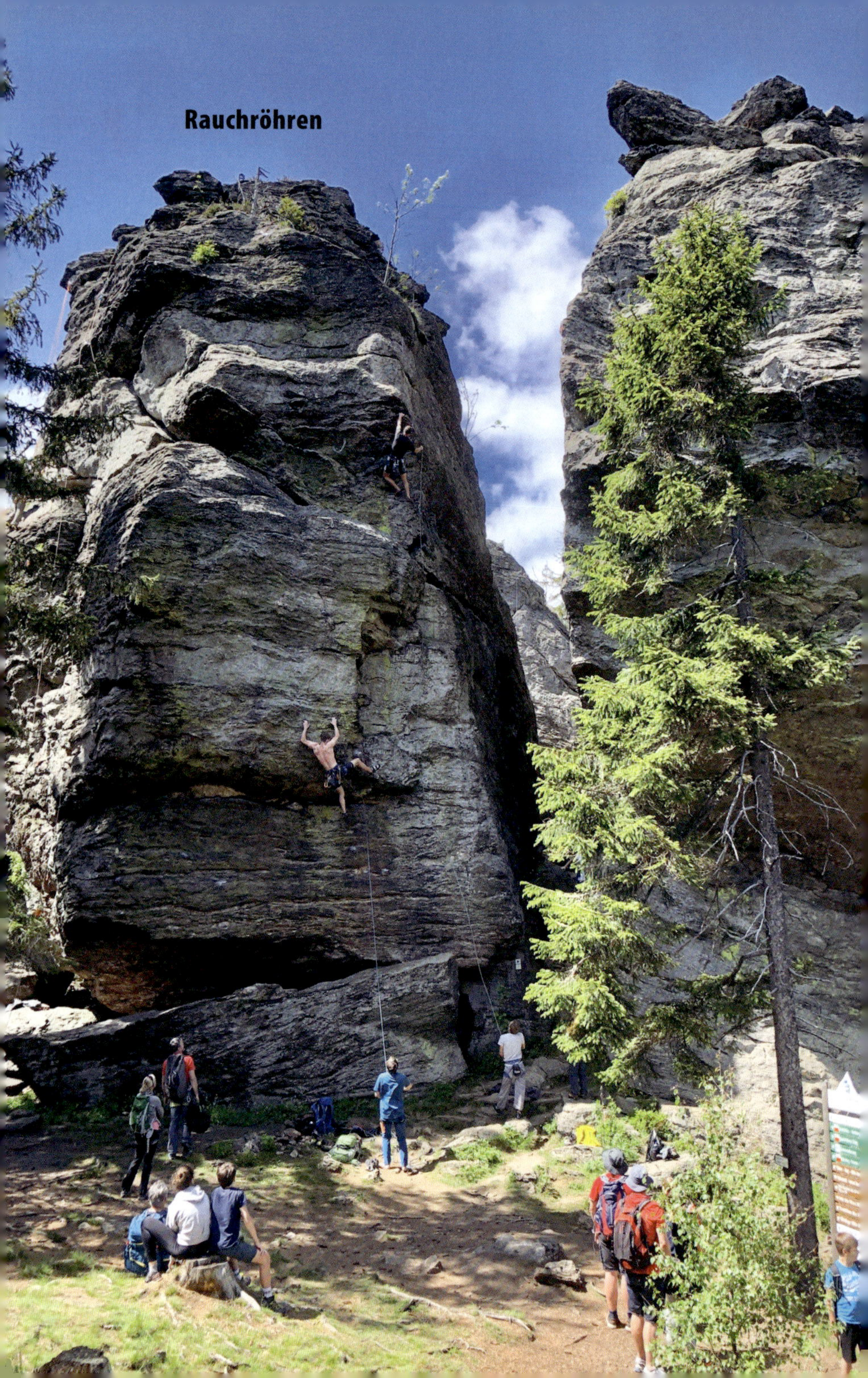
Rauchröhren

Wer jedoch den linken Weg einschlägt, erklimmt nahezu den Gipfel der hohen Felsentürme, an denen sich bei gutem Wetter immer ein paar Kletterer versuchen. Über alpines Gelände geht's dabei auf den Gneisfelsen, der direkt gegenüber dem Gipfelkreuz liegt. Ohne Kletterausrüstung ist der höchste Punkt jedoch nicht erreichbar. Dafür ist der Abstieg durch eine Miniaturschlucht mit meterhoch aufragenden Felsen links und rechts ein äußerst imposantes Unterfangen.

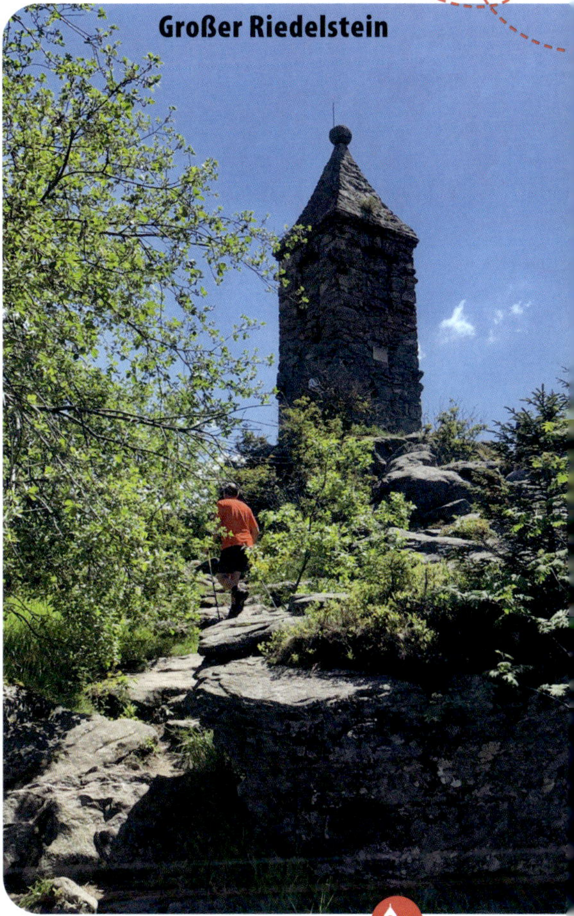
Großer Riedelstein

Genau am Ende dieser hohen Kluft mündet auch der Alternativweg wieder auf den Goldsteig, den wir immer noch abschreiten. 1,2 Kilometer trennen uns noch vom Tagesziel, dem **Großen Riedelstein 7**, der mit 1132 höchsten Erhebung des Kaitersbergs. Durch dunklen Nadelwald überwinden wir noch mal über 100 Höhenmeter. Eine hölzerne Schutzhütte hinter einer Gabelung weist uns kurz vorm Ziel den Weg. Wir gehen rechts an ihr vorbei, und schon erblicken wir links über uns den Gipfel nebst steinernem **Denkmal.** Bei diesem Blick schwenken wir zweimal links in den finalen Gipfelweg ein und lassen auf dem Höhepunkt unserer Tour letztmals die faszinierende Rundumsicht auf uns wirken.

*Das Denkmal auf dem Riedelstein ist dem Heimatdichter **Maximilian Schmidt** (1832–1919) gewidmet. Bayerns Prinzregent Luitpold wollte ihn in den Adelsstand berufen. Doch er lehnte ab. Dafür durfte er den Namenszusatz „Waldschmidt" führen. So war er in der Region seit jeher bekannt.*

Beim Abstieg können wir uns an der ersten Gabelung auf einem kleinen Steinplateau links halten, somit umrunden wir den Gipfel in seiner Gänze und gelangen über einen schmalen Pfad auf Höhe der Schutzhütte wieder auf den Goldsteig. Den müssen wir wieder bis zu den Rauchröhren zurückwandern. Vor den steilen Felswänden verlassen wir den Fernwanderweg sowie den Höhenkamm. Wir biegen rechts ab, der **Ar9-Markierung** folgend.

Sogleich geht's steil bergab, ehe wir nach rund 600 Metern eine Forststraße erreichen. In diese schwenken wir links ein – wie es der **Ho6-Wegweiser** vorschlägt. Die letzten 2,4 Kilometer verlaufen entspannend, eben und geradeaus über Hudlach zurück zum **Parkplatz.** Dank des breiten Weges müssen wir dem Untergrund nicht mehr viel Beachtung schenken und können nochmals an die Höhepunkte unserer Panoramatour zurückdenken.

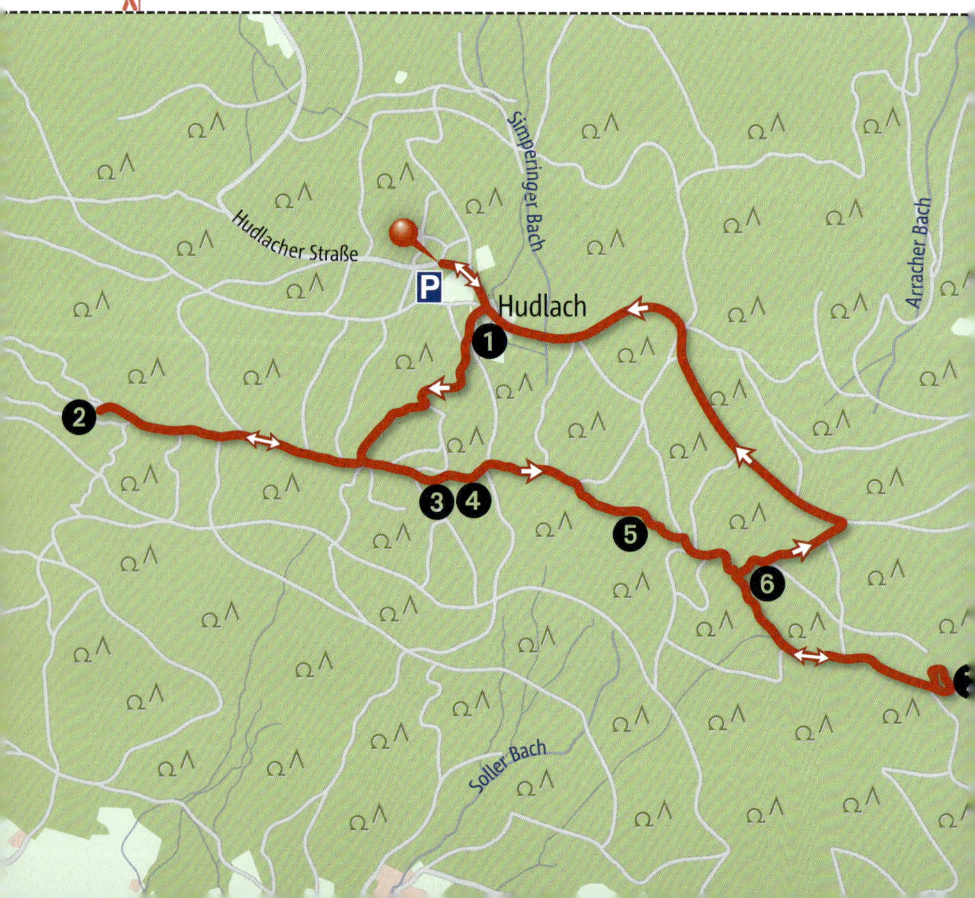

Alles auf einen Blick

WIE & WANN:

Meist schmale Waldsteige, in kurzen Abschnitten mit alpinem Charakter, gemischt mit Forstwegen; beste Zeit: Mai bis Oktober, im Winter nur mit Schneeschuhen begehbar

HIN & WEG:

Auto: Wanderparkplatz kurz vor Hudlach, 93480 Hohenwarth (GPS: 49.182154, 12.943065)
ÖPNV: Keine direkte Anbindung an die Strecke

Entspannung ✷✷✷✷✷ (3 von 5)
Genuss ✷✷✷✷✷ (3 von 5)
Romantik ✷✷✷✷✷ (5 von 5)

ESSEN & ENTSPANNEN:

Kötztinger Hütte ❹ Kötztinger Hütte 1, 93480 Hohenwarth, Tel. (0 99 46) 2 90, www.koetztinger-huette.de

ENTDECKEN & ERLEBEN:

Hudlach ❶
Kreuzfelsen ❷
Mittagstein ❸
Steinbühler Gesenke ❺
Rauchröhren ❻
Großer Riedelstein ❼

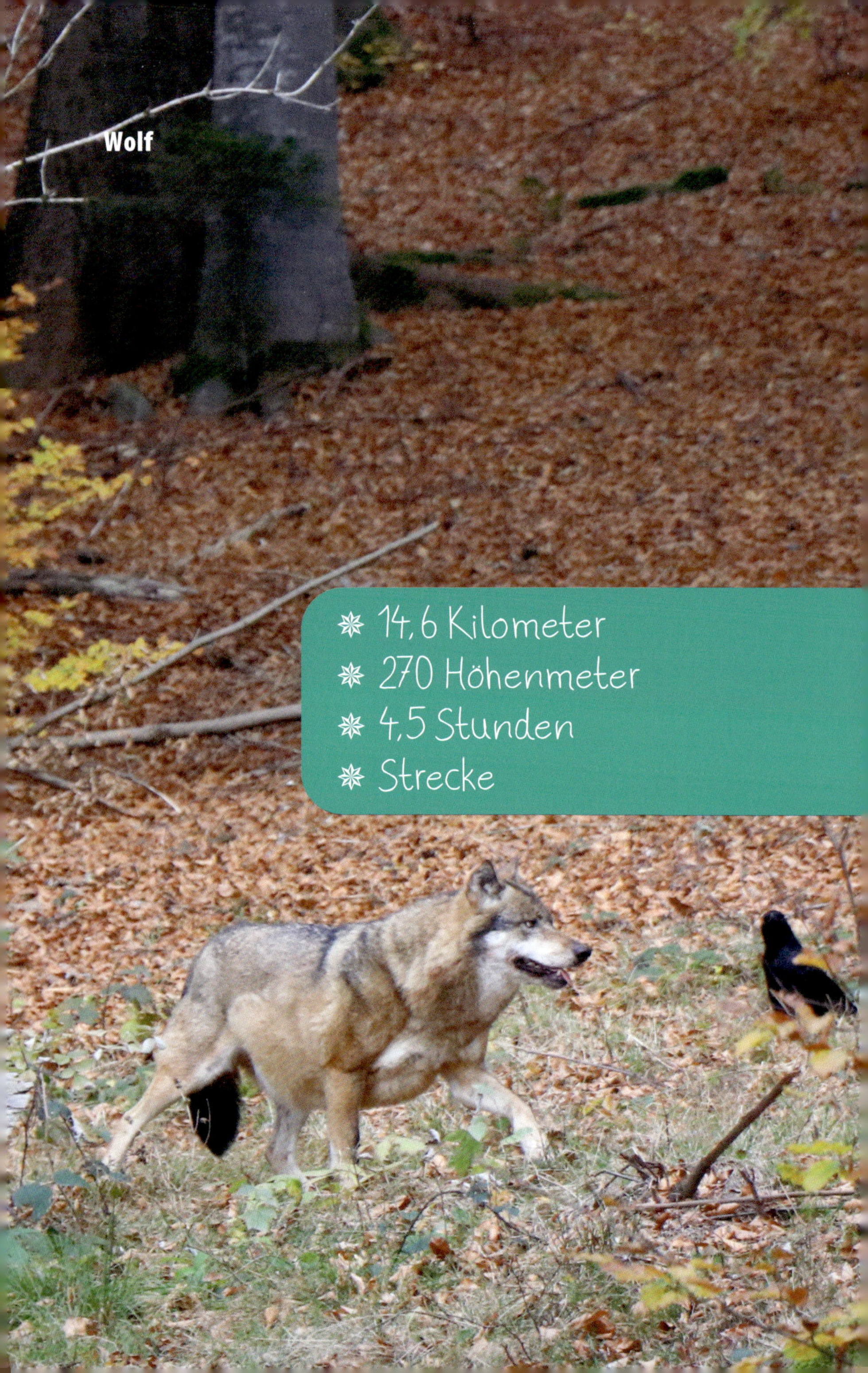

Wolf

- 14,6 Kilometer
- 270 Höhenmeter
- 4,5 Stunden
- Strecke

Wir machen uns an einem Wochentag am **Bahnhof von Bayerisch Eisenstein** auf, die nächste Waldbahn-Haltestelle zu erwandern. Dafür gehen wir über die Gleise auf den historischen Grenzbahnhof zu. Die deutsch-tschechische Grenze verläuft direkt durch das Gebäude, das heutzutage nicht nur ein Restaurant, sondern auch die **Naturparkwelten** ① beherbergt.

Wir gehen links am steinernen Bau vorbei und schwenken in derselben Richtung in die Bahnhofsstraße ein. Hinter der **Schmugglerhütte, der Kuns(t)räume-Galerie** und dem **Localbahnmuseum** biegen wir links in die **Güterhallenstraße** ab. Gleich danach überqueren wir die Bahngleise und erreichen den **fitalPARCOURS** mit pfiffigen Bewegungsgeräten.

*Kulturinteressierte halten sich in der Erlebnisallee am **Eisensteiner Bahnhof** stundenlang auf. Hier gibt's zum Beispiel Fledermaus-, Ski- und Großer-Arber-Infos in den Naturparkwelten, alte Züge im Localbahnmuseum und wechselnde Ausstellungen in den Kuns(t)räumen.*

Urwald-Genuss

Schwellhäusl und Haus zur Wildnis

Ein paar Meter weiter geht die Wanderung dann richtig los. Wir biegen rechter Hand in die **Hochbergstraße** und somit in den Nationalpark Bayerischer Wald ein, erst mal der Markierung **Bussard** auf gelbem Grund folgend. Ein paar Meter bleiben wir auf der breiten Forststraße, ehe wir uns rechts halten. Mitten durch den Wald geht's jetzt mäßig steil einige Höhenmeter bergauf. Nach 400 Metern überqueren wir eine andere Forststraße, tauchen wieder in den Fichtenwald ein und kommen kurz darauf an eine Weggabelung, an der wir dem Bussard nach links folgen. Nach einer kurzen Flachetappe queren wir die Hochbergstraße von vorher, um danach abermals einen aufwärts führenden Schwenk durch den Wald zu machen. Etwas später kommen wir zurück auf die Straße – am **Hochbergsattel ②,** dem mit 860 Metern über dem Meeresspiegel höchsten Punkt der heutigen Tour. In der Schutzhütte machen wir eine kurze Rast mit der Gewissheit, dass die restliche Tour keine nennenswerten Steigungen mehr mit sich bringt.

An der Wegspinne am Hochbergsattel orientieren wir uns wieder am Bussard, der uns kurz nach der großen Kreuzung bergab in einen schmucken Steig führt. 200 Meter nach dem Einstieg halten wir uns rechts und gehen weiter bergab. An zwei Stellen überqueren wir noch mal Forstwege, ehe wir am ersten kulinarischen Höhepunkt des Tages ankommen, dem **Schwellhäusl ③.** Auf einer großen Lichtung steht das hölzerne Gebäude direkt an einem künstlich angelegten See. Je

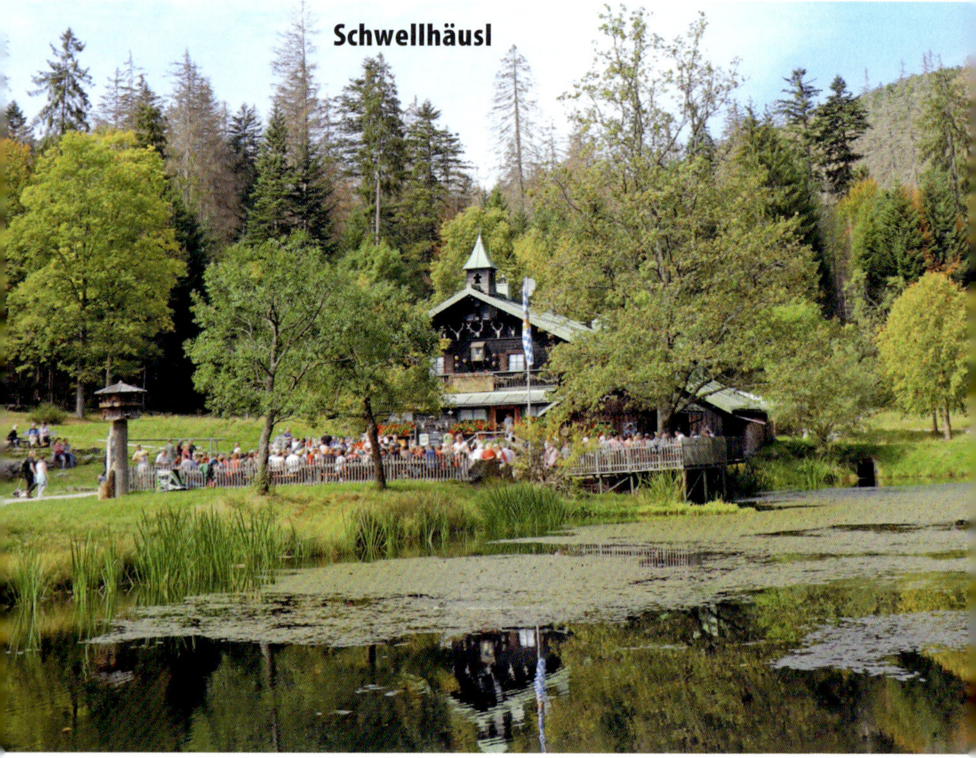
Schwellhäusl

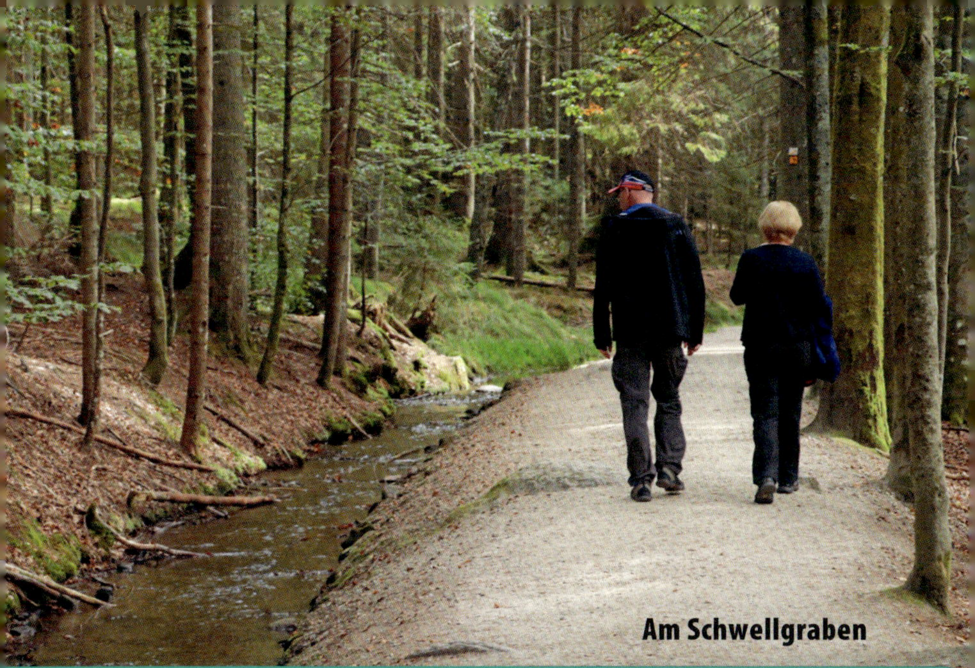

Am Schwellgraben

Für die Seele

Wir gönnen unserer Seele echte Leckereien. Deftig bayerisch wird's im Schwellhäusl, verführerisch süß im Haus zur Wildnis.

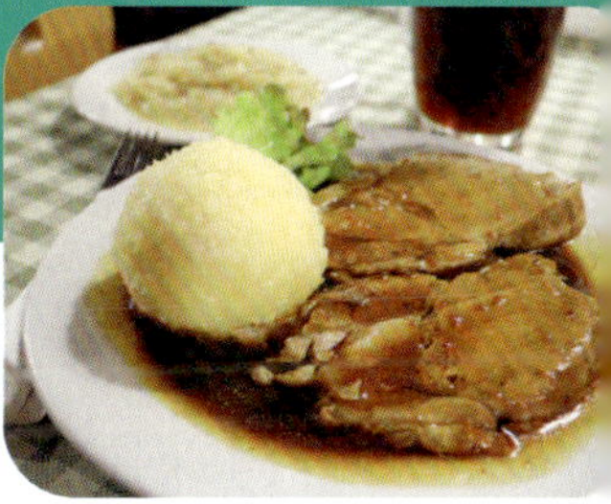

nach Lust und Laune suchen wir uns einen Platz im vor allem an Wochenenden sehr belebten Biergarten oder in einer der urigen Stuben. Bekannt ist das Lokal für seine hervorragende bayerisch-böhmische Küche – und für das dunkle Bier, das im Freien direkt aus einem Gesteinsbrocken gezapft wird.

Nach der Schlemmerei verlassen wir das Wirtshaus auf der Seite des Biergartens und biegen an einer steinernen **Sonnenuhr** links ab. Wir gehen über die Dammkrone des einst zur Holztrift angestauten Teichs und verschwinden wieder im Wald. Immer im Blick: die Markierung **Schwarzstorch.** Verdauungsfreundlich geht's nun für eineinhalb Kilometer am ebenen **Schwellgraben** 4 entlang. Mithilfe des engen Kanals wurde frü-

*Das Urwaldgebiet **Mittelsteighütte** steht schon länger unter Schutz als der Nationalpark rundherum. Deswegen leben hier noch Arten, die anderswo verschwunden sind. Besonders spannend ist der Duftende Feuerschwamm, ein Pilz, der Rosenduft verströmt.*

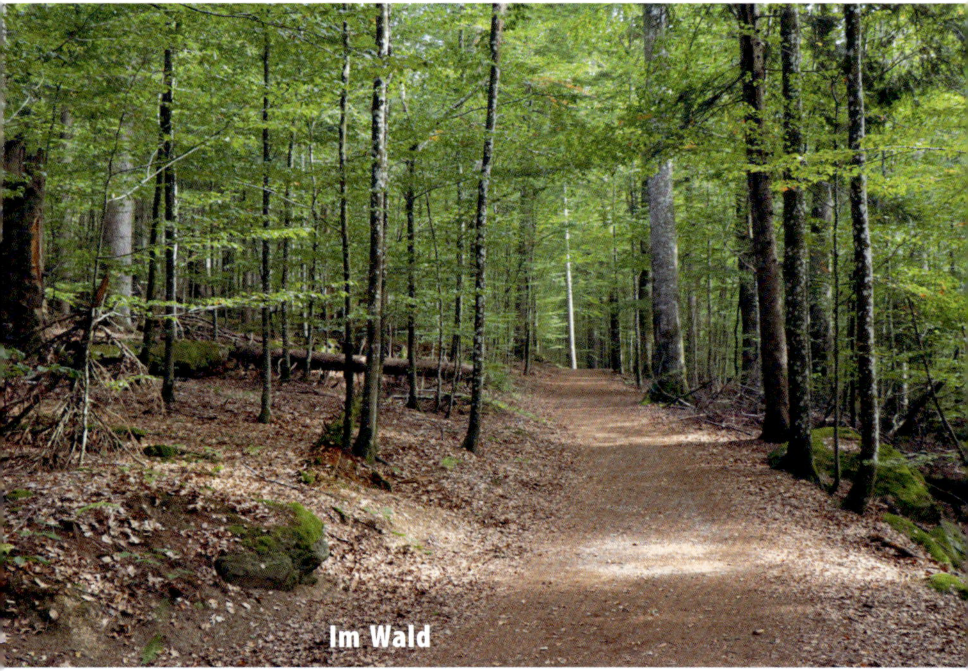

Im Wald

her zum Holztransport Wasser in Richtung Schwellhäusl umgeleitet. Heute wird er als Kulturdenkmal erhalten – und bietet an heißen Sommertagen die Gelegenheit, die Füße etwas abzukühlen.

Am Ende des Rinnsals können wir uns an einem Brunnen erfrischen, ehe wir geradeaus auf eine stabile Steinbrücke zugehen. Sie überspannt den Fluss **Deffernik** und bringt uns trockenen Fußes ans andere Ufer. Nun geht's auf der Teerstraße einige Meter bergauf bis zum **Parkplatz Brechhäuslau,** auf den wir links einbiegen, der **Siebenschläfer-Markierung** folgend. Ein gemütlicher Waldweg bringt uns zu einem der Höhepunkte des Tages. An der nächsten Straße, auf die wir stoßen, um sie zu überqueren, steht eine Infotafel am Einstieg des **Urwaldgebiets Mittelsteighütte ❺.**

Durch dieses romantische Waldgebiet am Ortsrand von **Zwieslerwaldhaus** gehen wir langsameren Schrittes, um die Natur um uns herum ausgiebig aufsaugen zu können. Zwischen jahrhundertealten Baumgiganten wächst hier eine Schar junger Bäumchen. Dazwischen liegen viele pilzbewachsene, morsche Stämme. Es ist ein wildes Bild, wie wir es nur noch an wenigen Orten in Deutschland sehen können. Deswegen lassen wir uns gleich auf einer Bank nieder und saugen die Urwald-Stimmung in uns auf. Später kommen wir an eine Vierer-Kreuzung, an der wir geradeaus gehen, nun der Markierung **Ameise** folgend. Bald darauf verlassen wir die Mittelsteighütte wieder und passieren einen kleinen **Parkplatz.**

Ein paar Meter hinter dem Parkplatz kehren wir der Ameise, die nach rechts abbiegt, den Rücken und gehen geradeaus mit dem **Böhmweg,** der durch ein Wagenkreuz auf weißem Grund gekennzeichnet ist. Wiederum ein paar Meter später kommen wir auf die Ortsdurchfahrtsstraße von Zwieslerwaldhaus, an der wir dem Böhmweg folgend links in eine Forststraße abbiegen. Nun durchschreiten wir eine Baumallee, die mitten durch eine saftige Wiese führt. Die Baumreihe bringt uns direkt ins **Wildniscamp am Falkenstein ⑥,** eine Umweltbildungseinrichtung des Nationalparks. Auf beiden Seiten des Weges tummeln sich neben einem

*Im abenteuerlichen **Wildniscamp** am Falkenstein schlafen meist nur Schulklassen. An Wochenenden und in den Ferien können hier aber auch Normalsterbliche absteigen. Dafür einfach eines der interessanten Angebote des Vereins Waldzeit buchen (www.waldzeit.de).*

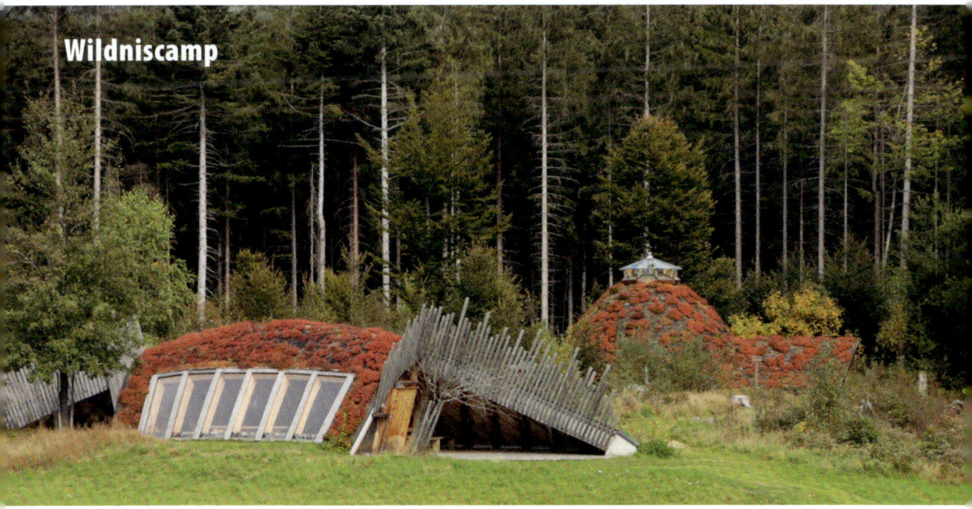

Wildniscamp

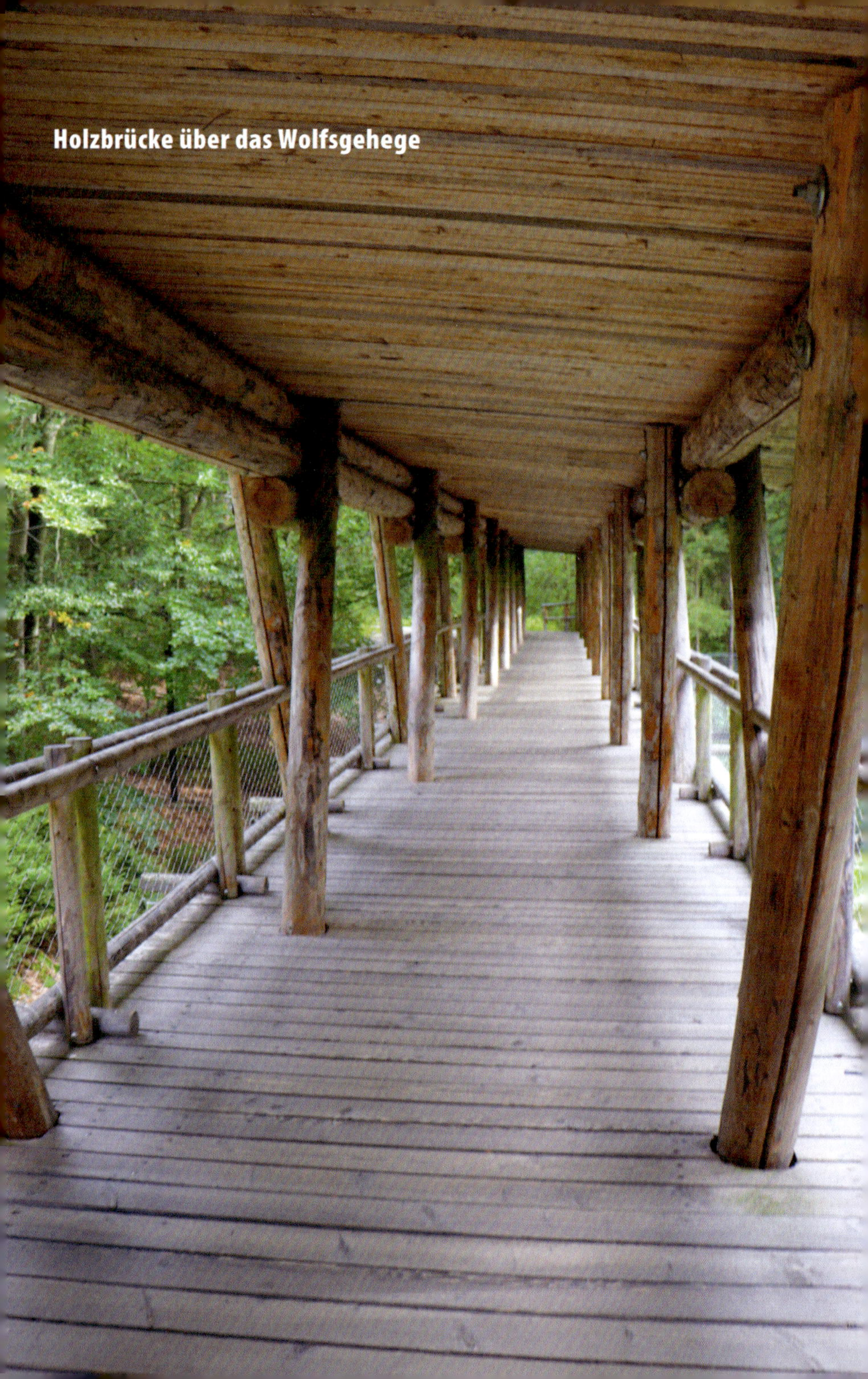

Holzbrücke über das Wolfsgehege

großen Zentralgebäude einige besondere Hütten und Zelte, zum Beispiel eine Erdhöhle im Hobbit-Stil oder ein sternförmiger Bau. Wir wandern direkt durch die Anlage und schreiten am Ende der Freifläche wieder hinein in den Wald.

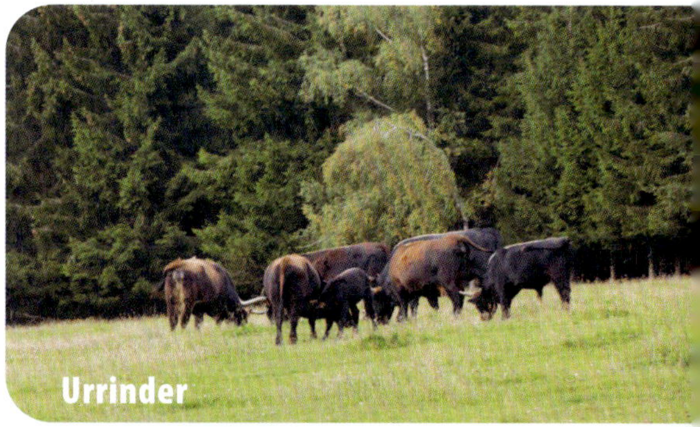

Urrinder

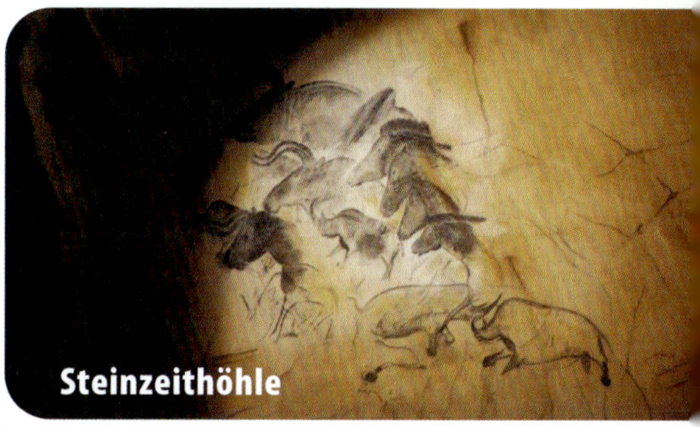

Steinzeithöhle

Nach einer Senke zweigt der Böhmweg links in einen Steig hinein ab. Hier geht's jetzt sanft bergab zum zweiten künstlichen See der Tour, der **Schleicher Schwelle,** die in früheren Zeiten ebenfalls zum Holztransport angelegt wurde. Nach dem See bleiben wir auf dem Waldweg, der uns nun ganz leicht ansteigend bis zu einem Holzpavillon bringt. Kurz dahinter treffen wir wieder auf eine breite Forststraße, an der uns ein großes Schild kundtut, dass wir das **Nationalparkzentrum Falkenstein** erreicht haben. Wir biegen links auf die Straße ein, kurz danach aber wieder rechts dem Böhmweg folgend in einen kleineren Schotterweg. Der bringt uns direkt zu einem weitläufigen **Luchsgehege 7.** Hier legen wir uns auf die Lauer, um mit etwas Glück die Pinselohren zu Gesicht zu bekommen.

Die frei zugängliche Aussichtskanzel verlassen wir später rechter Hand, der Beschilderung zum **Haus zur Wildnis 8** folgend. Keine fünf Minuten später betreten wir die Besuchereinrichtung des Nationalparks. Wir können die Ausstellung begutachten, uns ins 3D-Kino setzen oder in den Wurzelgang abtauchen. Auf alle Fälle aber nehmen wir in der **biozertifizierten Gastronomie 8** Platz. Nach der deftigen Leckerei im Schwellhäusl gönnen wir uns nun ein Stück Torte oder Kuchen.

*Bei **Konditormeister Bernhard Bachl** decken wir uns in der Haus-zur-Wildnis-Gastronomie mit handgemachten Bayerwald-pralinen ein. Die gibt's mit oder ohne hochprozentigen Inhalt und sind ein ideales Mitbringsel. Ein paar der Leckereien gönnen wir uns aber auch selbst.*

Verwöhntour 9

Danach folgen wir am Ausgang vom Haus zur Wildnis linker Hand der Markierung Rundgang Wildtiere, die mit drei Tiersymbolen versehen ist, durch das kleine Tier-Freigelände des Nationalparkzentrums. Eine überdachte Holzbrücke führt uns direkt über das **Wolfsgehege 9,** dahinter liegt ein Aussichtsturm. Es folgt ein Steg, der zwei Wiesen durchschneidet. Auf der einen Seite grasen Auerochsen, auf der anderen **Wildpferde 10.** Auch ein Blick in die **Steinzeithöhle 11** lohnt, die Besucher in die Altsteinzeit entführt. Jetzt sind es nur noch wenige Hundert Meter bis zum bestens ausgeschilderten **Waldbahn-Haltepunkt Ludwigsthal.** Wer mit dem Zug wieder zurück nach Eisenstein fährt, kann dort im **Naturpark Wirtshaus 12** eine Kulinarik-Verlängerung einlegen.

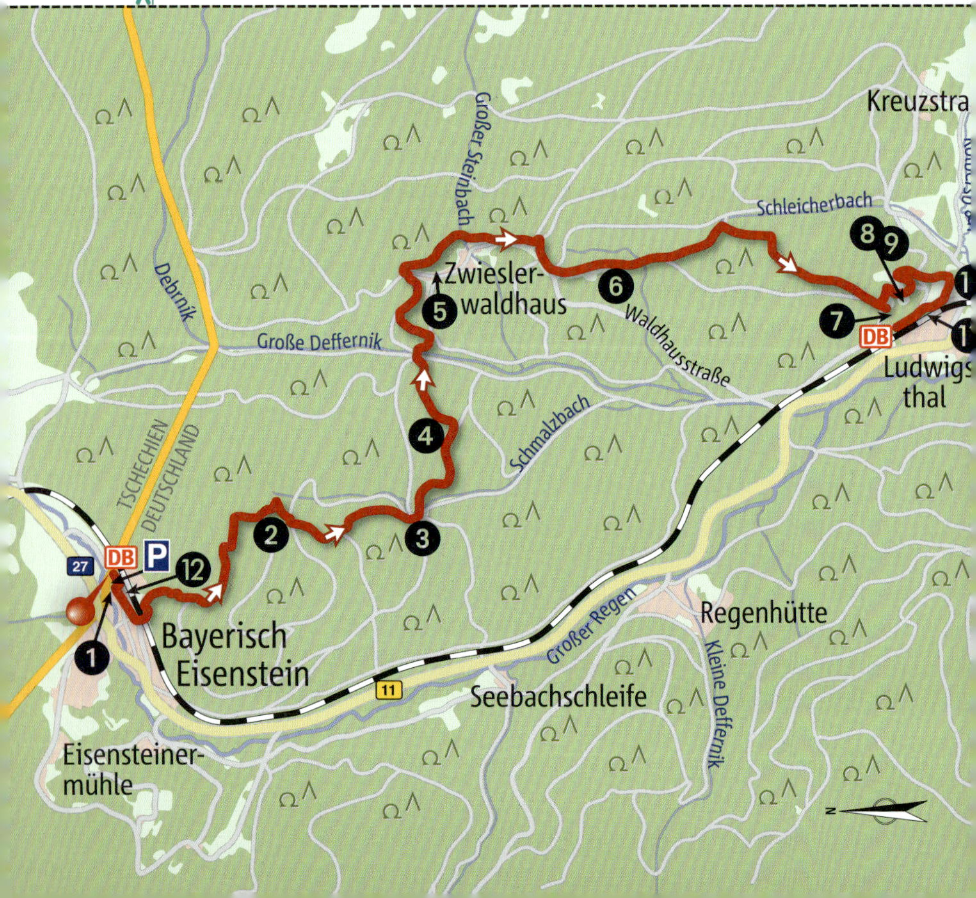

Alles auf einen Blick

WIE & WANN:
Schmale und breite Waldwege mit wenigen Steigungen; beste Wanderzeit: März bis November

HIN & WEG:
Auto: Parkplatz am Bahnhof, Bahnhofstraße, 94252 Bayerisch Eisenstein (GPS: 49.121335, 13.207903)
ÖPNV: Waldbahn-Linie 1, Bahnhof Bayerisch Eisenstein; Rückkehr zum Ausgangspunkt: Ab Ludwigsthal/Haus zur Wildnis mit der Waldbahn-Linie 1

ESSEN & ENTSPANNEN:
Trifterklause Schwellhäusl ❸ Schwellhäusl 310, 94252 Bayerisch Eisenstein, Tel. (0 99 25) 4 60, www.schwellhaeusl.de
Gastronomie im Haus zur Wildnis ❽ Ludwigsthal, 94227 Lindberg, Tel. (0 99 22) 5 00 21 33, www.gastronomie-hauszurwildnis.de

Entspannung ★★★☆☆
Genuss ★★★★★
Romantik ★★★★☆

Naturpark Wirtshaus im Grenzbahnhof ⓬ Bahnhofstraße 54, 94252 Bayerisch Eisenstein, Tel. (0 99 25) 1 82 97 66, www.naturparkwelten.de

ENTDECKEN & ERLEBEN:
Naturparkwelten ❶
Hochbergsattel ❷
Schwellgraben ❹
Urwaldgebiet Mittelsteighütte ❺
Wildniscamp am Falkenstein ❻
Luchsgehege ❼
Haus zur Wildnis ❽
Wolfsgehege ❾
Wildpferd- und Auerochsengehege ❿
Steinzeithöhle ⓫

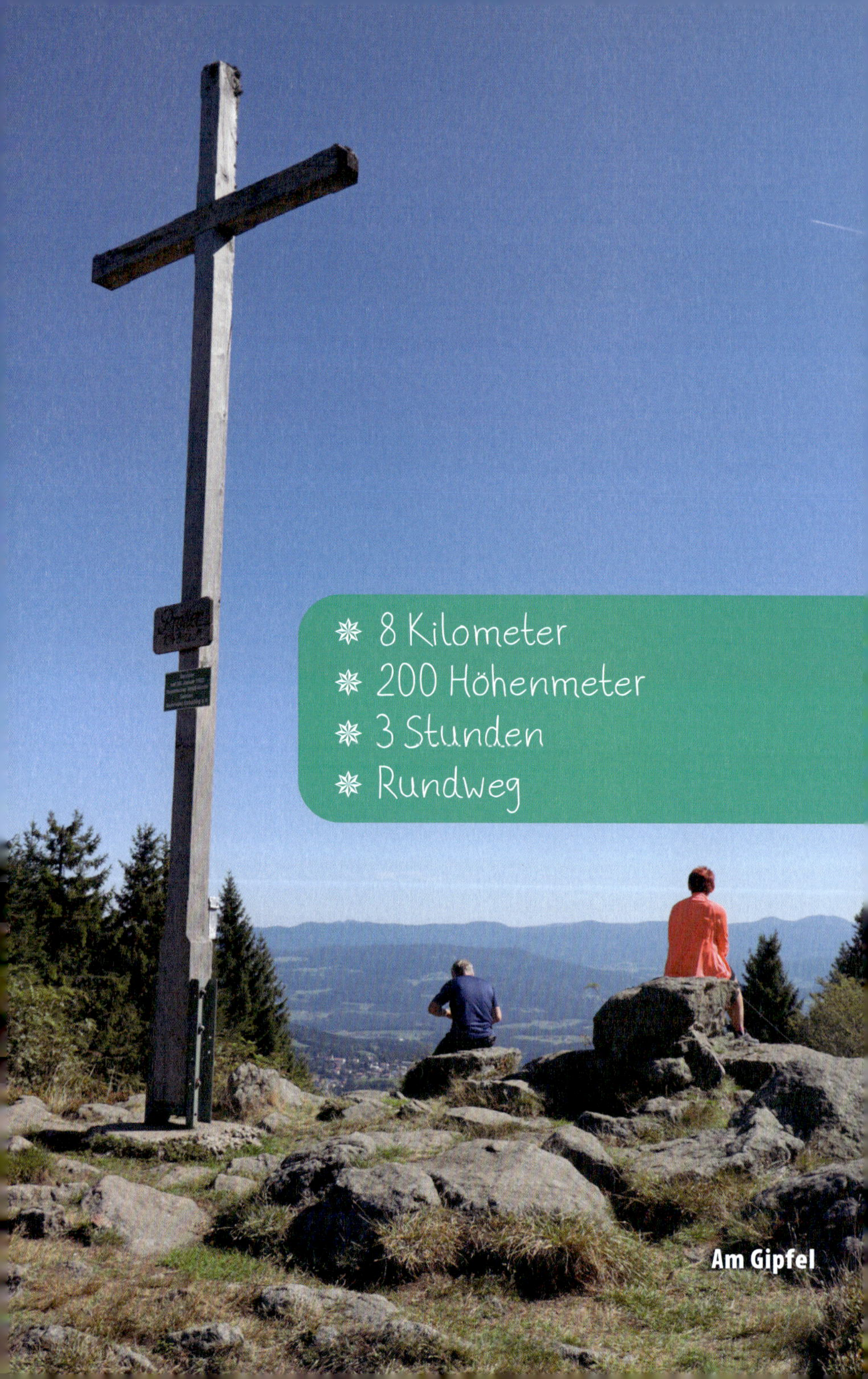

* 8 Kilometer
* 200 Höhenmeter
* 3 Stunden
* Rundweg

Am Gipfel

Voller Vorfreude schnüren wir am Wochenende die Wanderstiefel. Wir packen nur eine kleine Notfall-Brotzeit ein, da wir uns unterwegs verwöhnen lassen. Gespannt sind wir nicht nur auf die Einkehr, sondern auch auf den Gipfelsturm. Den Pröller besteigen wir über eine sanfte Variante, sodass auch Kinder ohne Probleme mitkommen können. Schlemmerei-Wandern macht mit der ganzen Familie sowieso am meisten Spaß.

Gestartet wird am **Wanderparkplatz Predigtstuhl** bei St. Englmar. Dort folgen wir dem **Goldsteig** bergauf und entfernen uns von der Staatsstraße 2139. Die gelbe, geschlungene Markierung begleitet uns bis etwa zur Hälfte der Strecke. Wir kommen an einem

Knackiger Gipfel

Über den Pröller zum Prellerhaus

Fahrradparcours vorbei und halten uns an der ersten Gabelung links, um auf der Forststraße zu bleiben. Der Straßenlärm ist nun schon nicht mehr zu hören.

Etwas über zwei Kilometer lang ist der Abschnitt zum höchsten Punkt des Tages, dem 1049 hohen Pröller. Auf dieser Strecke gilt es 140 Höhenmeter zu überwinden, also keine sonderlich anstrengende Steigung. Beste Voraussetzungen, um gemütlich durch die Landschaft zu spazieren. Das niedrige Tempo sorgt dafür, dass wir keinen der Hingucker im Nadelwald verpassen. Denn während wir den Goldsteig-Piktogrammen und Pröller-Wegweisern folgen, gibt's links und rechts des Weges einiges zu entdecken.

*Der Fernwanderweg **Goldsteig** begegnet Wanderern vielerorts – schließlich verlaufen seine beiden Routen nahezu über alle prägnanten Gipfel der Region. Wer den Steig am Stück bewältigt, ist über drei Wochen von Marktredwitz bis Passau unterwegs.*

Verwöhntour 10

Zunächst begegnen uns ein paar Männchen, hohe Baumstümpfe, die mit Hüten, Nasen, Augen und Mündern verziert sind. Danach hängt die „Pröller-Schnepfe“, ein filigran geformter Ast, an einer stolzen Fichte. Außerdem gibt’s inspirierende Täfelchen. Wir lesen Sprüche wie „Ein Herz kann man nicht verkaufen, nur verschenken“ oder „Und wenn die Sonne untergeht, wer weiß, wohin der Wind uns weht?“. Sonnen und Monde hängen unterhalb der Wipfel. Später lernen wir dank einem Schild an einem großen Felsen, dass Granit aus Feldspat, Quarz und Glimmer besteht. Und auch ein paar Totenbretter, Erinnerungen an Verstorbene, zieren den Pfad. Aufgrund der ganzen Abwechslung kommt uns der Aufstieg gleich noch einfacher vor.

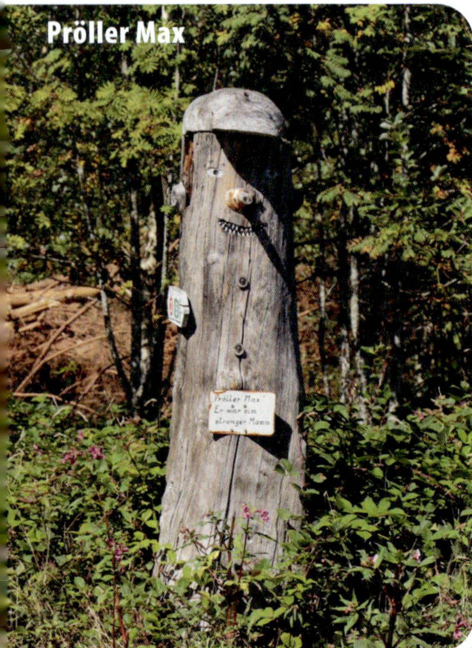

Pröller Max

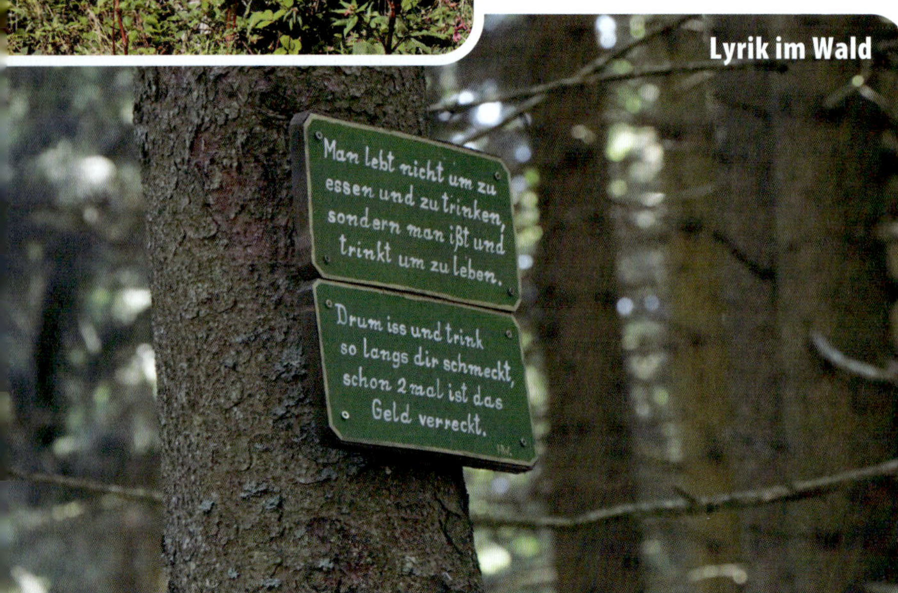

Lyrik im Wald

Ziemlich genau auf der 1000-Höhenmeter-Marke erreichen wir eine größere Felsformation, die sich linker Hand des Weges befindet. Ausgeschildert ist sie als **Räuber-Heigl-Höhle 1.** Wir wagen den kurzen Abstecher und bestaunen die fast gänzlich mit Moos überwucherten Steinbrocken. Danach geht's auf die finale Passage des Anstiegs. Noch mal an einer Baumfigur, dem Quellmann, vorbeigehend, erreichen wir das schlichte Gipfelkreuz am **Pröller 2.** Nach den schattigen Abschnitten im Wald können wir uns bei der wohlverdienten Rast erst mal die Sonne auf den Kopf scheinen lassen. Dafür nehmen wir auf einem der zu Bänken umfunktionierten Stämme, den warmen Felsen oder den hölzernen Sitzgarnituren Platz. Von hier aus genießen wir das Panorama, welches uns eine

Für die Seele

Erst schweifen unsere Blicke in die Ferne, dann in die Speisekarte. Denn Futter für die Seele ist nach einem Gipfelsturm die beste Medizin.

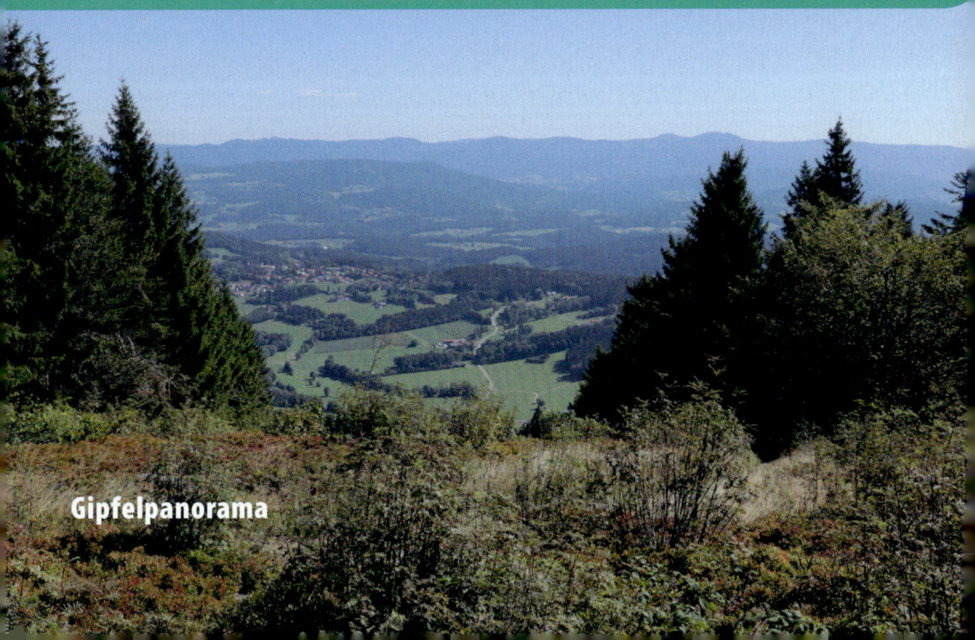

Gipfelpanorama

breite Schneise in Richtung Nordosten ermöglicht. In der Ferne erspähen wir etwa den Mühlriegel, den Großen Osser, den Großen Arber oder den Großen Rachel. Für alle, die nicht ortskundig sind, steht eine Orientierungstafel bereit.

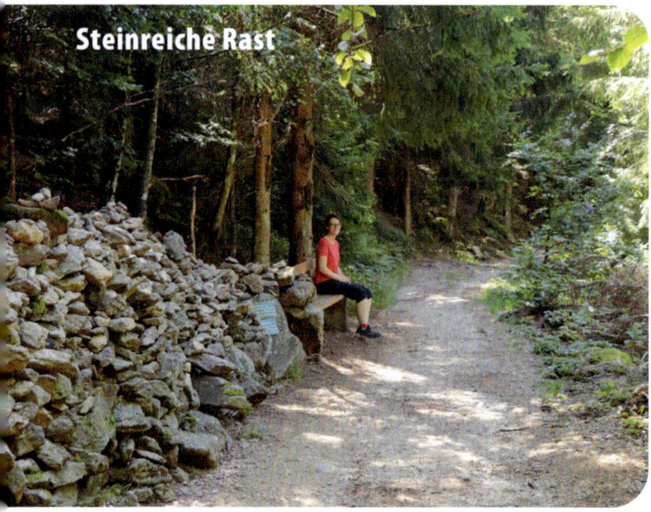
Steinreiche Rast

Später schwenken wir wieder in den Goldsteig ein. Kurz darauf erreichen wir zwei **Skipisten ③.** Wir folgen dem Weg geradeaus und gehen auf der linken Seite der Hinterwies bergab. Nach etwas mehr als der Hälfte des Hangs erreichen wir die **Viechtacher Hütte ④,** auf deren Terrasse wir uns ein erfrischendes Getränk genehmigen. Nachdem das Glas geleert ist, setzen wir den Abstieg auf dem geschotterten Weg fort und stehen wenig später auf einem **Parkplatz.** Hier verlassen wir den Goldsteig und biegen nach links in den Wald ein, von nun an den Schildern zum Prellerhaus folgend. Nach einer Rechts-Links-Kombination erreichen wir einen schmalen, weichen Waldweg, der uns circa 1,8 Kilometer geradeaus begleitet. Wir schreiten dabei auf etwa 900 Höhenmetern stets an einer Geländekante entlang, überwinden vorerst keinerlei Steigungen.

Entspannt erreichen wir bald wieder eine der beiden Skipisten von vorher, den **Hang Klinglbach.** Direkt am Rand der Piste lassen wir uns auf einer Bank nieder. Von dort schweift unser Blick in die Ferne gen Westen. Nach der Überschreitung der lichten Wiese tauchen wir erneut in den dunklen Wald ein. Auf dem ebenen Steig zur Einkehr passieren wir einen Gedenkstein für verunglückte Holzhauer und lassen uns gemächlich vorwärtstreiben.

Entschleunigt erreichen wir eine stattliche Berghütte. Rote Schindeln auf dem Dach, holzverkleideter Dachstuhl und blühende Blumen vor den Fenstern: Das **Prellerhaus** ⑤ schaut aus wie aus dem Bilderbuch. Wir suchen uns jedoch keinen Platz im Inneren, sondern nutzen das tolle Wetter für einen Ausflug in den sonnigen Biergarten. Wir schmökern in der Karte, die viele regionale Schmankerl der Saison bereithält, und schlagen kräftig zu. Wer nach der Hauptspeise noch Luft hat, gönnt sich noch ein Stück selbst gemachten Kuchen oder ein fruchtiges Eis.

*Im **Prellerhaus** gönnen wir uns eine kühle Erfrischung. Und in Bayern muss das natürlich ein süffiges Helles sein. Das kommt hier vom mehrfach prämierten Familienbetrieb Bucher Bräu aus Grafenau. Lasst euch den „Schluck Hoamat" schmecken!*

Gestärkt machen wir uns schließlich auf, um die letzten zweieinhalb Kilometer des Tages zu bewältigen. Dafür halten wir uns nach dem Verlassen des Biergartens geradeaus auf dem breiten Fahrweg. An der nächsten Gabelung biegen wir links ab, passieren den Pröller-Max, eine weitere Baumfigur, und ein mannshohes Feldkreuz. Links und rechts der Jesus-Figur reihen sich über 20 **Totenbretter** ⑥ auf, mit denen die Waldvereinssektion St. Englmar ihrer verstorbenen Mitglieder gedenkt.

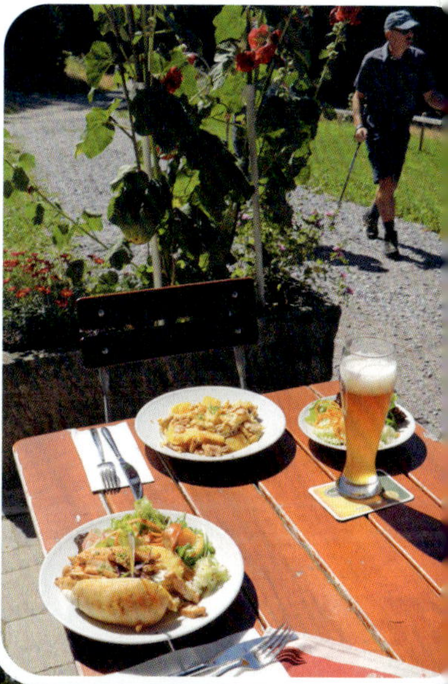

Kurz dahinter erspähen wir eine Straße.

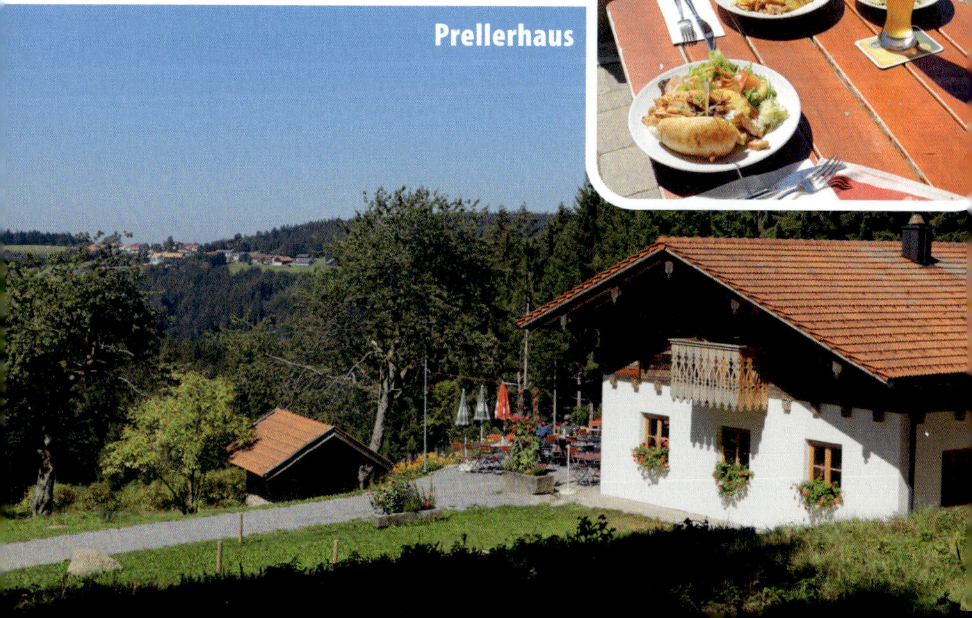

Prellerhaus

Verwöhntour 10

Nach der Wanderung lohnt noch ein Besuch des nahen Luftkurorts ***St. Englmar.*** *Gerade Kinder kommen dort voll auf ihre Kosten – zum Beispiel auf dem Waldwipfelweg nebst Haus am Kopf, im Bayerwald Xperium oder auf der Sommerrodelbahn.*

Wir biegen bereits davor links ab und wandern auf einer Wiese, der roten **4er-Markierung** folgend, bergauf. Nachdem wir noch einmal ein paar Totenbretter entdeckt haben, erreichen wir den **Weiler Hügelhof 7**. Wir betreten kurz eine Straße, verlassen diese aber sogleich nach rechts an einer markierten Holzhütte. Erneut geht's in den Wald. Ein letztes Mal kommen wir an einem Baummann und ein paar Spruchtafeln vorbei. Auf den kleinen Wegen biegen wir im Zickzack-Stil ein paarmal der 4 folgend ab, steigen dabei gemächlich empor. Und bald haben wir den Ausgangspunkt unserer kulinarischen Wanderung erreicht. Wir packen den Rucksack ins Auto und machen uns schon mal Gedanken, wann wir die nächste schmackhafte Gipfeltour in Angriff nehmen.

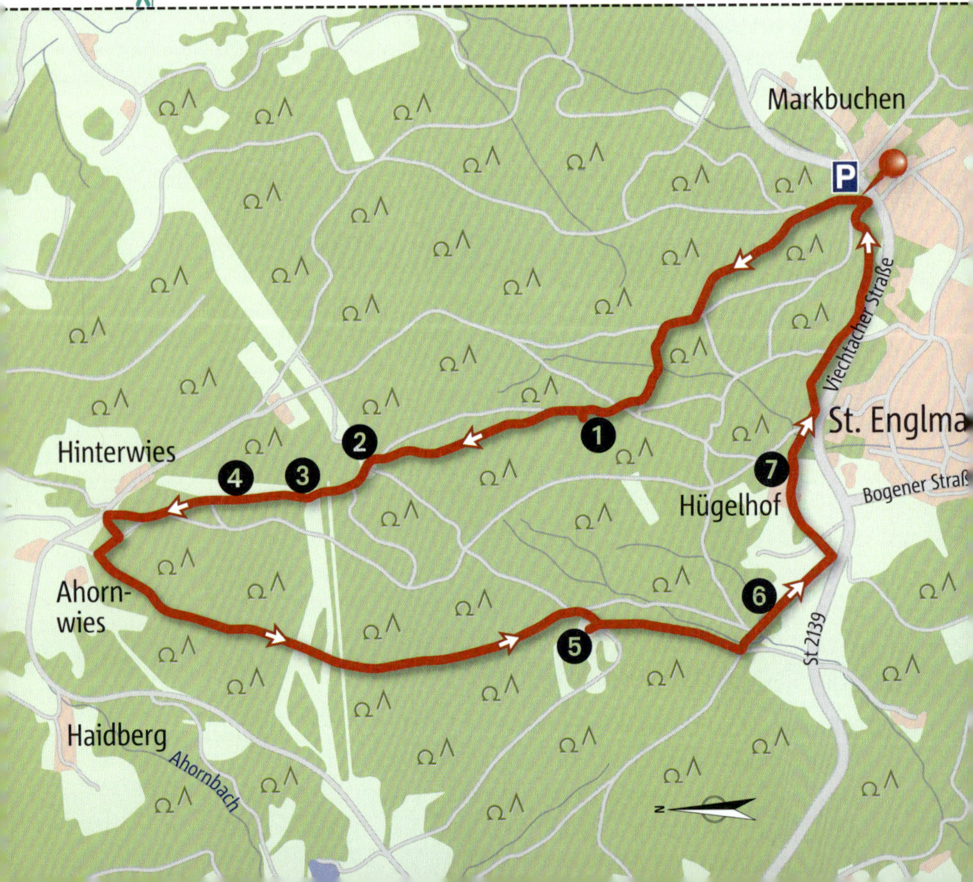

Alles auf einen Blick

WIE & WANN:
Einfache Waldwege; beste Zeit: Mai bis Oktober

HIN & WEG:
Auto: Wanderparkplatz an der Staatsstraße 2139, Ortsteil Predigtstuhl, 94379 St. Englmar (GPS: 49.006068, 12.833626)
ÖPNV: Keine direkte Anbindung an die Strecke

ESSEN & ENTSPANNEN:
Viechtacher Hütte der Naturfreunde Regensburg ❹
www.naturfreunde-regensburg.de (Sa./So.)
Prellerhaus ❺ Tel. (0 99 65) 5 97,
www.prellerhaus.de (Sa./So., sonst Getränkeautomat)

Entspannung ✸✸✸✸✸
Genuss ✸✸✸✸✸
Romantik ✸✸✸✸✸

ENTDECKEN & ERLEBEN:
Räuber-Heigl-Höhle ❶
Pröller ❷
Skigebiet ❸
Feldkreuz mit Totenbrettern ❻
Hügelhof ❼

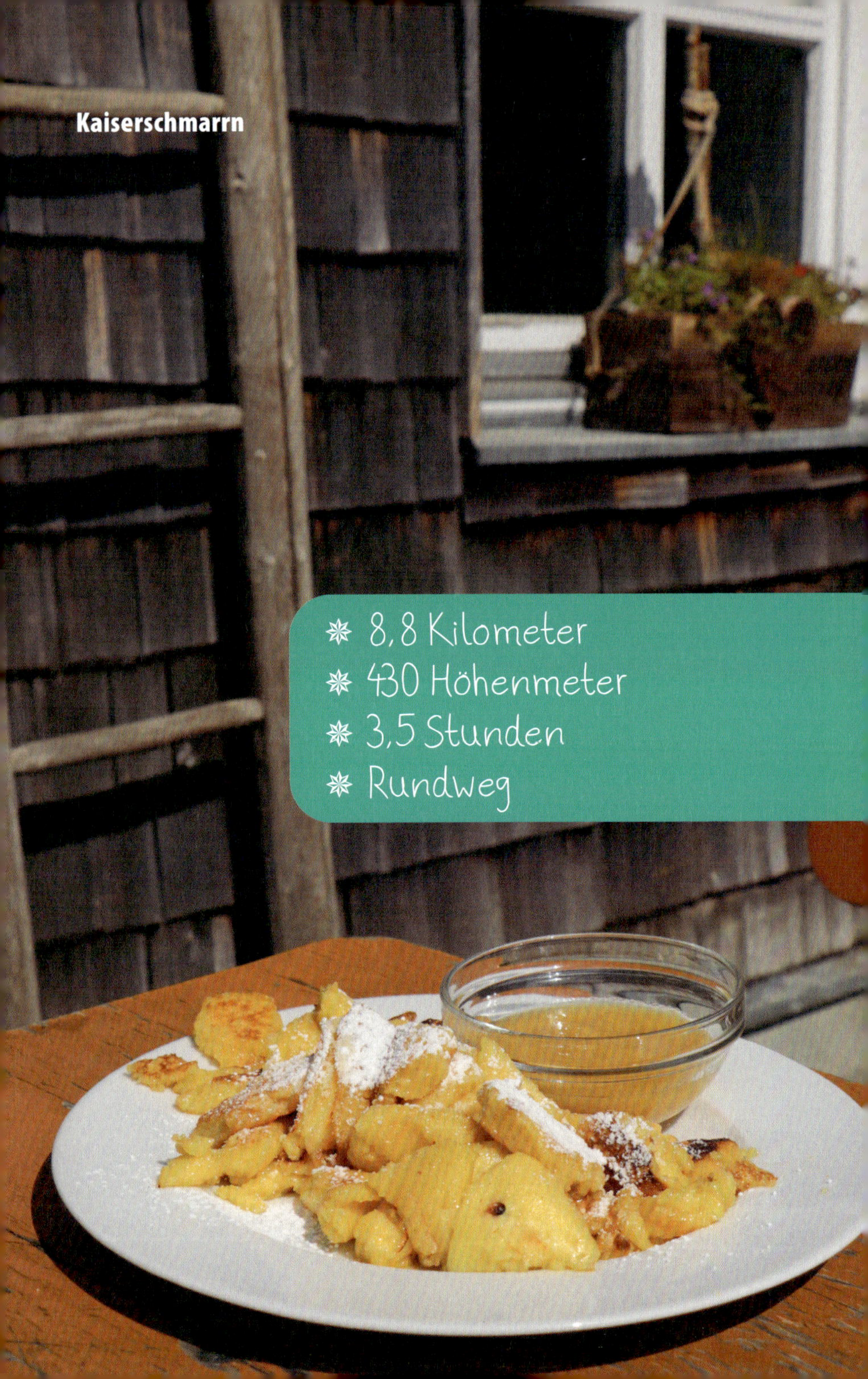

Kaiserschmarrn

- 8,8 Kilometer
- 430 Höhenmeter
- 3,5 Stunden
- Rundweg

Der Genuss ist das Ziel! Dieses Motto geben wir auf dieser Tour hoch über dem Zellertal aus. Schließlich wartet mit der Berghütte Schareben eine der beliebtesten Einkehrmöglichkeiten der Region darauf, ausgiebig getestet zu werden. Damit wir uns die Brotzeit dort redlich verdienen, überwinden wir zunächst gut 400 Höhenmeter, denn ohne Fleiß kein Preis!

Los geht's am Wanderparkplatz bei **Poschingerhütte** ① nahe Arnbruck. Wir gehen direkt auf den kleinen Weiler mit seinem grünen „Ortsschild" zu. Der zweite Teil des Namens sagt uns, dass hier einmal eine Glashütte gestanden haben muss. Heutzutage schlendern wir auf der schmalen Straße nur an ein paar schmucken Wohnhäusern und einer Zimmerei vorbei. Am

> !
>
> *Wem diese Wanderung nicht fordernd genug ist, der kann sich von Eck aus auf eine* ***Tour über acht Tausender*** *begeben. Letzter Gipfel dabei ist der König des Bayerwalds, der Große Arber. In die Route lässt sich ein kurzer Abstecher zur Schareben-Einkehr einbauen.*

Hüttenfeeling pur

Rund um die Berghütte Schareben

Ende der Ortschaft ist für Autos kein Weiterkommen mehr, wir jedoch wechseln einfach von geteerten auf geschotterten Untergrund und folgen der Forststraße. So bleiben wir parallel zum schmalen **Waldwiesbach.** Den ersten Teil der Strecke weist uns stets die **9 auf blauem Grund** die Richtung. Bei den Einheimischen heißt diese Route **Arnbrucker Steig.**

Schon bald biegen wir rechter Hand in einen Waldweg ein, und das Plätschern des nahen Wassers verstummt. Um uns herum wird es ruhig. Es wachsen hauptsächlich Fichten, die mit ihrem Nadelmeer gerade an sonnigen Tagen einen wohltuenden Schattenspender abgeben. Schließlich führt der Pfad nun beständig bergauf, sodass ein wenig Abkühlung guttut.

An vielen Stellen schneidet sich der breite Steig direkt in die Landschaft ein, wirkt wie ein trockengefallener Kanal. Wir lassen uns darauf geradeaus immer höher treiben, bis wir eine Forststraße erreichen. In diese biegen wir links ein.

Etwa 700 Meter bleiben wir dem breiten Wirtschaftsweg treu. Dann kommen wir auf eine **Wendeplattform,** die das Ende der Forststraße bedeutet. Für uns geht's aber ohne Probleme weiter, denn nun beginnt wieder ein einladender Steig. Wir achten besonders darauf, wo wir unsere Füße hinsetzen, da der Untergrund phasenweise recht steinig ist. Nachdem wir eine weitere Forststraße überschritten haben, ergeben sich bisher ungewohnte Ausblicke. Das Gelände wird insgesamt steiler, sodass der Hang linker Hand nun recht schnell abfällt. Erstmals registrieren wir, dass wir uns am Rand eines eng eingeschnittenen Tals

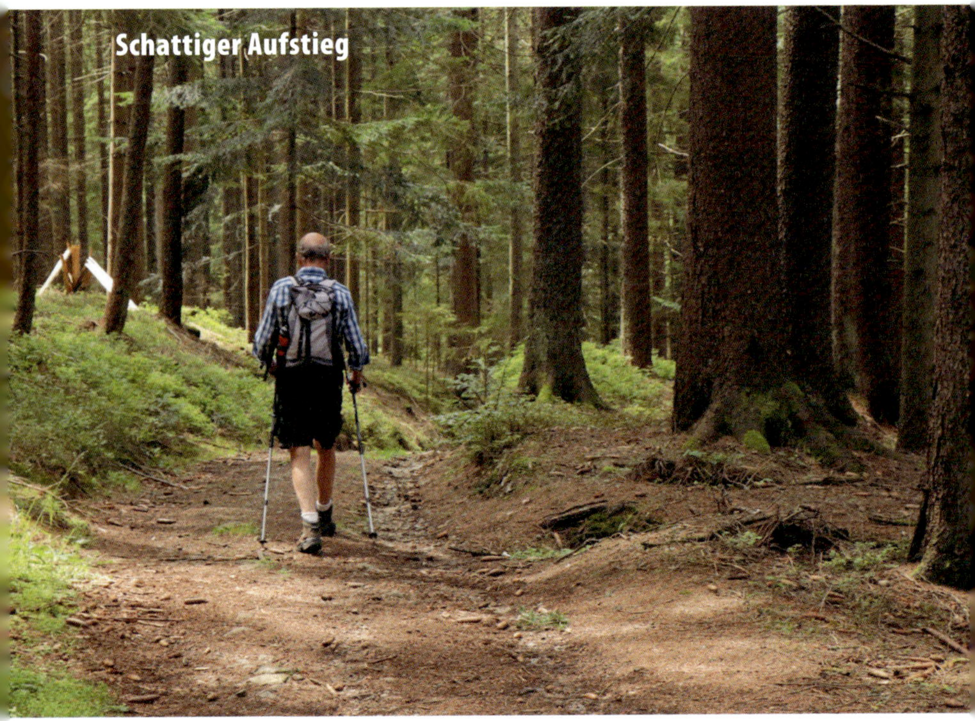
Schattiger Aufstieg

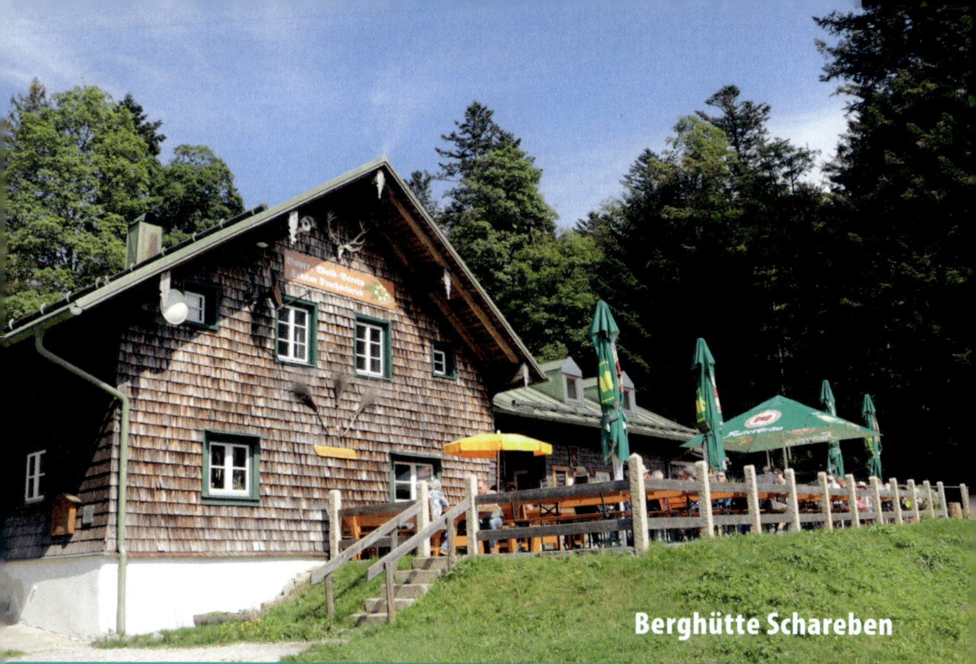

Berghütte Schareben

Für die Seele

Bayerische Bergeinkehr in ihrer reinsten Form genießen wir in einer der urigsten Hütten der Region. Allein der Kaiserschmarrn ist ein Gedicht.

befinden. Der Blick auf den durchwegs bewaldeten Gegenhang verdeutlicht dies eindrucksvoll. Lang währt dieser Weitblick aber nicht, da der Pfad nun vom Talgrund weg verläuft.

Erneut müssen wir eine Forststraße überqueren. Auf dem darauffolgenden Abschnitt gilt es die letzten Kraftreserven zu mobilisieren. Die finale Steigung verlangt uns noch mal etwas Anstrengung ab. Sobald wir aber Licht am Ende des Waldtunnels sehen, wissen wir, dass wir es gleich geschafft haben. Kurz nachdem wir die 1000-Höhenmeter-Marke durchbrochen haben, erreichen wir eine große, sonnige Lichtung. Auf der liegt unser Tagesziel, die **Berghütte Schareben** 2. Wir steuern direkt auf die mit etlichen Schirmen be-

*Die **Berghütte Schareben** entstand Mitte des 19. Jahrhunderts als Forststützpunkt. Seit 1989 gehört sie der Waldvereins-Sektion Drachselsried, die sich um den Erhalt des historischen Gebäudes kümmert. Neben einer Einkehr sind auch Übernachtungen möglich.*

stückte Terrasse zu und lassen uns zufrieden auf einer der Bänke nieder. Die anstrengendste Aufgabe, die wir hier erledigen müssen, ist es, die Speisekarte ausgiebig zu studieren und eine Wahl zu treffen. Egal ob deftig oder süß, wir lassen uns die Stärkung genüsslich munden. Wenn das Wetter nicht ganz so gut mitspielt, nehmen wir im Inneren der mit Holzschindeln beschlagenen Hütte Platz.

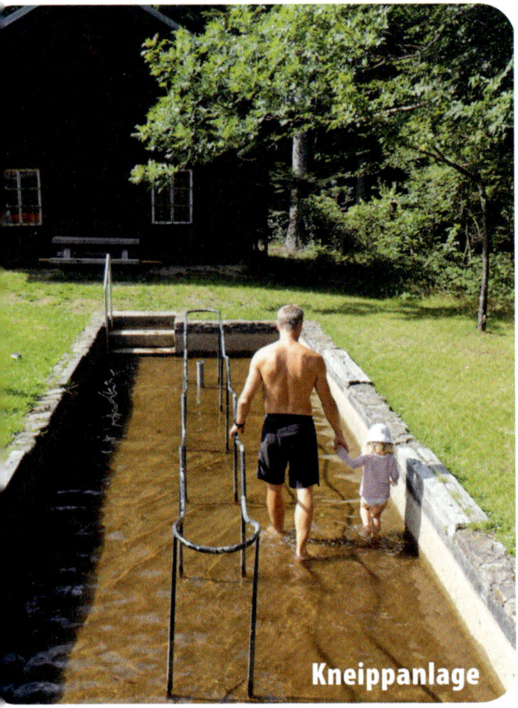
Kneippanlage

Ansonsten steht nach dem fordernden Anstieg Regeneration auf der Tagesordnung. Wie passend, dass sich neben der Hütte eine **Kneippanlage** ③ befindet. Im kühlen Wasser gönnen wir unseren Füßen etwas Abkühlung. Kinder können noch auf dem Spielplatz herumtoben. Und von der hölzernen Auerhuhn-Skulptur müssen wir auch noch ein Erinnerungsfoto machen. Dann kann's schon wieder weitergehen.

Wir spazieren wieder an die Stelle zurück, wo wir aus dem Wald auf die Lichtung gekommen sind, halten uns an der dortigen Gabelung jedoch links – den Wegweisern zur Spitzwaldkanzel folgend. Fast bis zum Parkplatz gibt uns nun die **4 auf blauem Grund** Orientierung. Zunächst geht's seicht bergab durch lichten Wald. Hier lässt sich das Tal von vorher aus einer erhöhten Position noch mal unter die Lupe nehmen. Bald schon können unsere Blicke jedoch noch ungestörter in die Ferne schweifen. Denn etwa 700 Meter nach der Hütte kommen wir an eine markante Felsformation, die **Spitzwaldkanzel** ④. Wir klettern auf den seilgesicherten Aussichtspunkt. Um die Landschaft aufzusaugen, bietet sich auf dem höchsten Punkt der Kanzel eine Bank an. Von hier aus erspähen wir nicht nur das unter uns liegende Zellertal, sondern auch eine Vielzahl umliegender Hügel. Waldwoge steht hinter Waldwoge, wie es Heimatdichter Adalbert Stifter ausdrücken würde.

Doch auch der schönste Ausblick muss enden, so klettern wir wieder vom Fels und folgen der 4 bergab. Der Wald ist auf dieser Route nicht mehr so dunkel wie am Anfang der Tour. In regelmäßigen Abständen erhaschen wir durch Baumlücken Ausblicke auf die Tallagen unter uns. Dabei wandeln wir zunächst über schmale Pfade. An der ersten Forststraße, die wir beim Abstieg überqueren, können wir unserem Wanderpass einen **Zellertal-Wanderstempel** hinzufügen. Danach geht's wieder hinein auf einen federnden Steig.

Erst weiter unten wird der Waldweg breiter und kanalartiger, um schließlich komplett in eine Forststraße überzugehen. Der folgen wir, bis vor uns der

*Das **Zellertal** ist eine weite Senke, die sich zwischen Bodenmais und Bad Kötzting im Süden des Bayerwald-Hauptkamms erstreckt. Im Zentrum der Niederung liegen die beiden staatlich anerkannten Erholungsorte Arnbruck und Drachselsried.*

Spitzwaldkanzel

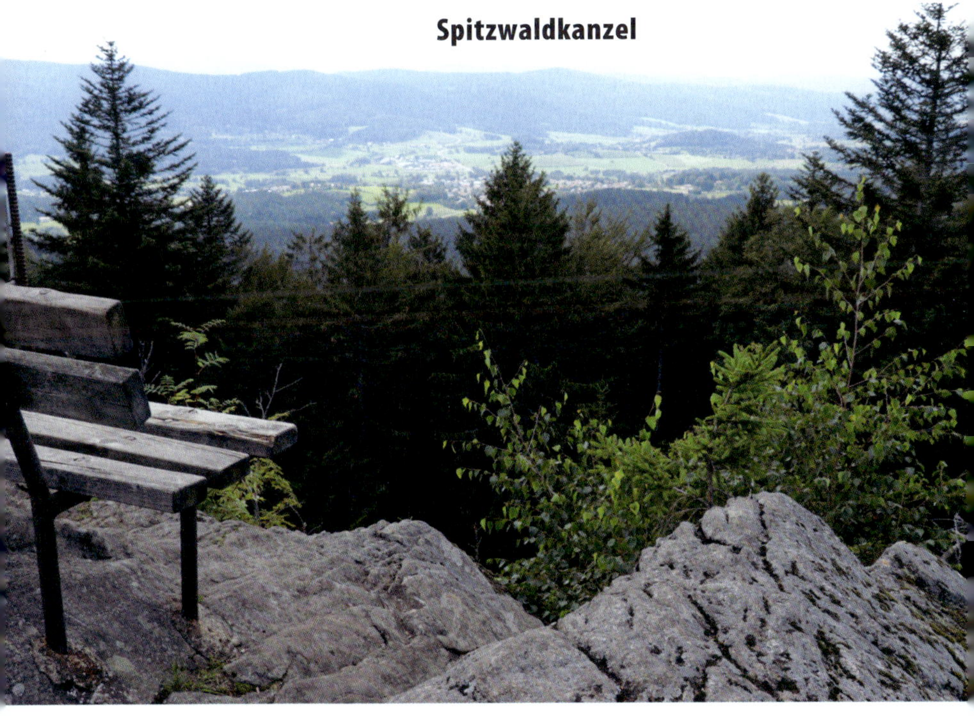

Wald saftigen Feldern Platz macht. Wenige Meter davor biegen wir am Mühlgraben rechts ab. Ein Wegweiser nach Poschingerhütte, markiert mit einer **blauen 3,** weist uns dabei die Richtung. Die letzten 1,3 Kilometer werden zur entspannenden Auslaufrunde ohne jegliche Steigung. Rechter Hand begleitet uns dabei stets der von Menschenhand geschaffene Bachlauf. Ab und zu laden noch mal Bänke zum Verweilen ein. Und kurz vorm Parkplatz passieren wir noch das in einer unscheinbaren Holzhütte versteckte **Mini-Wasserkraftwerk Trautmannsmühle 5.** Ein kleines Stück hinter dem Energieproduzenten erreichen wir unser Auto. Und auch wir treten voller Energie die Rückreise an. Schließlich durften wir eine ausblickreiche und zugleich äußerst schmackhafte Tour genießen.

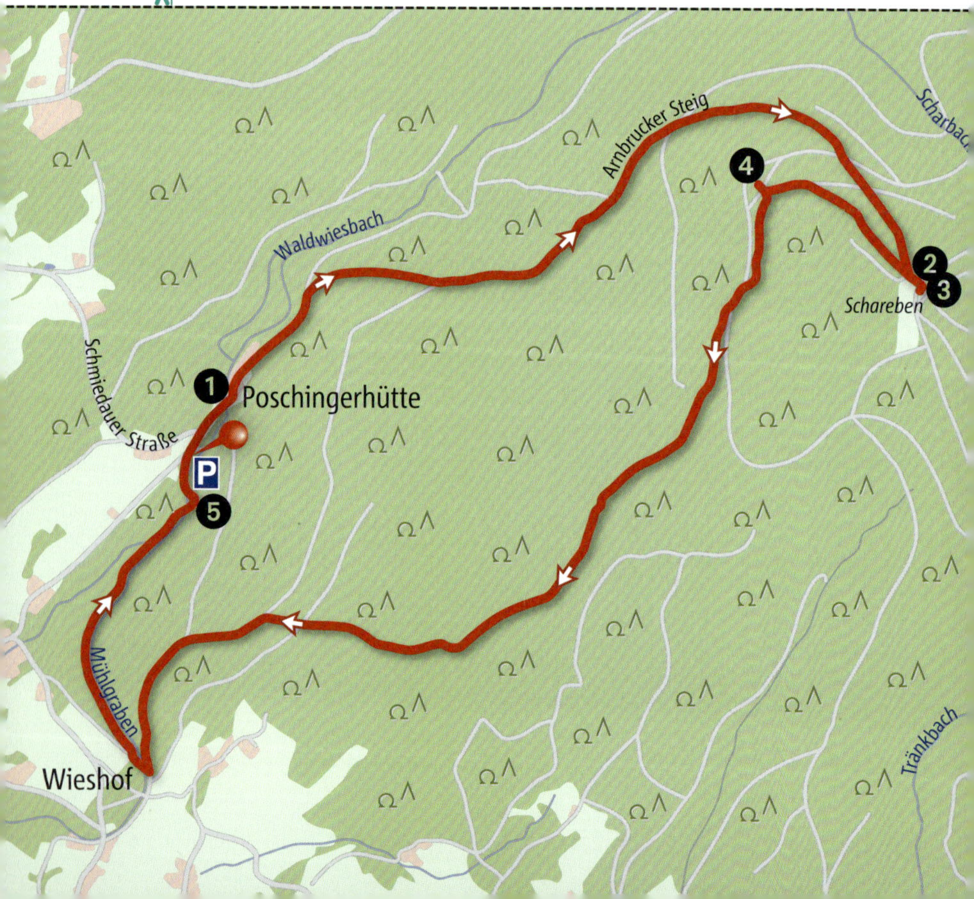

Alles auf einen Blick

WIE & WANN:
Zum Großteil breite Waldwege; beste Wanderzeit: April bis Oktober

HIN & WEG:
Auto: Wanderparkplatz bei Poschingerhütte, 93471 Arnbruck
(GPS: 49.124808, 13.018753)
ÖPNV: Keine direkte Anbindung an die Strecke

ESSEN & ENTSPANNEN:
Berghütte Schareben ❷ Schareben 2, 94256 Drachselsried,
Tel. (0 99 45) 10 37, www.berghuette-schareben.de

ENTDECKEN & ERLEBEN:
Poschingerhütte ❶
Kneippanlage ❸

Entspannung ✸✸✸✸✸ (2 von 5)
Genuss ✸✸✸✸✸ (5 von 5)
Romantik ✸✸✸✸✸ (3 von 5)

Spitzwaldkanzel ❹
Kraftwerk Trautmannsmühle ❺

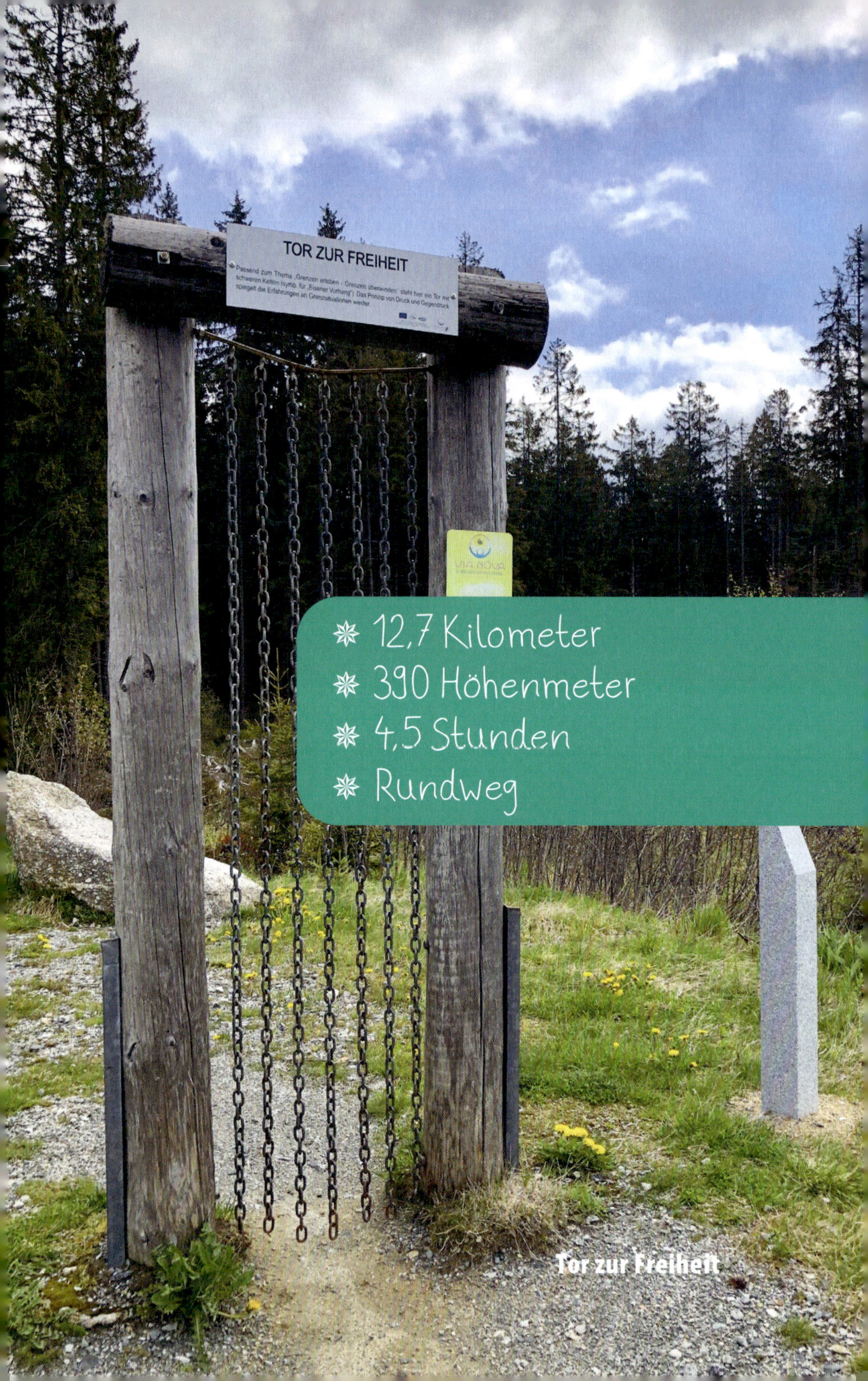

- 12,7 Kilometer
- 390 Höhenmeter
- 4,5 Stunden
- Rundweg

Tor zur Freiheit

Heute werden wir zum Grenzgänger! Dabei tauchen wir nicht nur in die Geschichte, sondern auch in die Kulinarik der Region ein. Los geht's am **Parkplatz Wistlberg.** Dort werfen wir einen Blick in den Infopavillon, in dem uns eine Karte als Orientierungshilfe dient. Danach starten wir in Richtung tschechische Grenze, bis dahin der **Via-Nova-Markierung** folgend. Der Pilgerweg verläuft als schmaler Pfad zunächst parallel zur **Buchwaldstraße,** auf der wir gekommen sind. In diesem Bereich ist sie bereits für den Privatverkehr gesperrt.

Nach gut 400 Metern biegen wir rechts in eine Schotterstraße ab, um nur wenige Meter dahinter links in einen Waldweg einzuschwenken. Kurz wandeln wir durch saftigen Mischwald, ehe sich der Weg

Leckere Historie

Im Grenzgebiet zum Freilichtmuseum

verengt und weiße Birken die Oberhand gewinnen. Der Übergang des Bewuchses bedeutet für uns, dass wir das schmucke **Finsterauer Filz** ❶ erreicht haben. Wir erspähen nicht nur Birken, sondern auch einige Latschenkiefern – und natürlich dunkle Tümpel. Es ist der erste Platz, an dem wir innehalten, schon allein, weil die Moorstimmung so besonders ist.

Spätestens an der nächsten Kreuzung dominieren wieder Fichten und Buchen. Wir biegen hier rechts auf die Forststraße ein. Von nun an wandeln wir fast einen Kilometer auf dem harten Untergrund. Dabei halten wir uns an der ersten Gabelung links, an der zweiten Gabelung rechts. Und kurz dahinter nimmt der Weg wieder romantischere Formen an. Immer

Der **Schwellgraben** wurde angelegt, um Wasser vom Reschbach umzuleiten. Die Erbauer nutzten auf rund 2,5 Kilometern Länge einen Höhenunterschied von nur 75 Metern. So konnten an der Teufelsbachklause gefällte Bäume auf dem Wasser bis nach Passau getriftet werden.

noch der Via-Nova-Markierung folgend, schwenken wir links in den Wald. Von nun an geht's vollkommen eben am **Schwellgraben** entlang. Der schmale Kanal führt uns zur **Teufelsbachklause** ❷. Die Überbleibsel des winzigen Stausees liegen als Kulturdenkmal wie ein verwunschener Ort inmitten hoher Bäume.

Nach der Klausen-Rast müssen wir ein paar Höhenmeter überwinden. Dafür gehen wir auf die Schutzhütte zu und folgen dem daran vorbeiführenden Weg bergauf. Während sich der **Teufelsbach** auf diesem Abschnitt gen Tal stürzt, müssen wir das Gelände entgegengesetzt erklimmen. An der Stelle, wo der Waldweg in eine Forststraße mündet, in die wir rechts einschwenken, haben wir das steilste Stück hinter uns. Aber auch die nächste Etappe, für die wir an der folgenden Gabelung den linken Ast einschlagen, führt uns weiter bergauf – nun durch lichtere Waldbestände. Der Weg bringt uns direkt zurück zur Buchwaldstraße und somit zur **Landesgrenze** ❸.

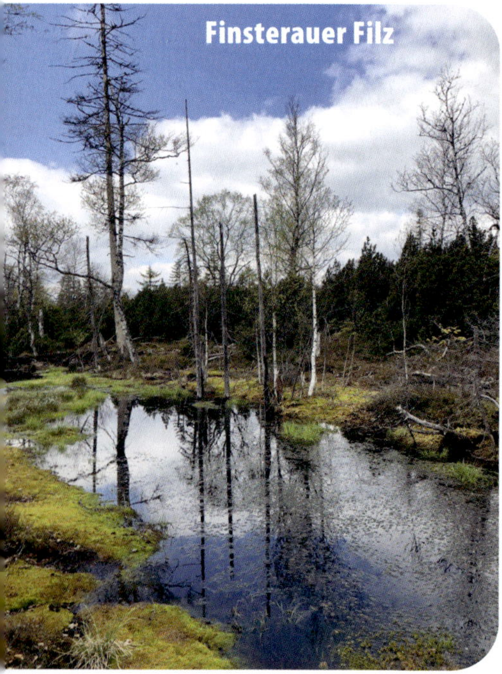
Finsterauer Filz

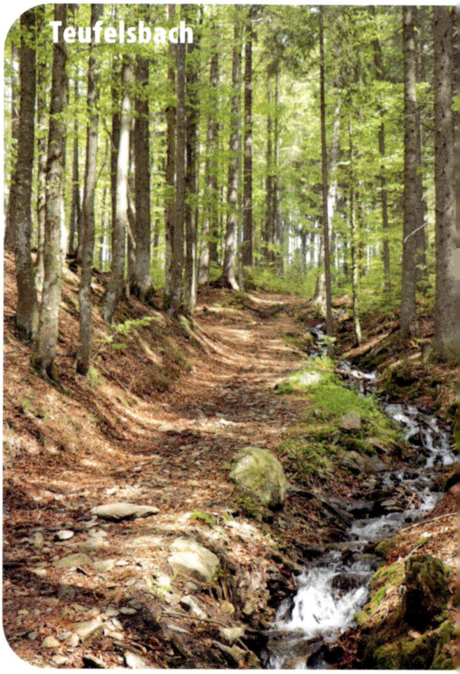
Teufelsbach

Wir durchschreiten das symbolische **Tor zur Freiheit,** einen mit Eisenfäden verhangenen Holzrahmen, und treten auf die Fußgängerbrücke. Sie markiert die Grenze zwischen Bayern und Böhmen, die wir nun für einen kurzen Abstecher hinein in den **Nationalpark Šumava** überqueren. Auf tschechischer Seite gehen wir die Straße bergauf, schreiten an einer Buswendeplatte und einem Infopavillon vorbei, um einen **rekonstruierten Grenzbefestigungsstreifen** ❹ zu erreichen. Gleich hinter Stacheldraht und Co. nehmen wir auf der Terrasse vom **Hotel Alpská vyhlídka** ❺ Platz. Bei guter Sicht lassen wir uns mit Alpenblick ein kühles Blondes schmecken – schließlich ist Bier in Tschechien Nationalgetränk.

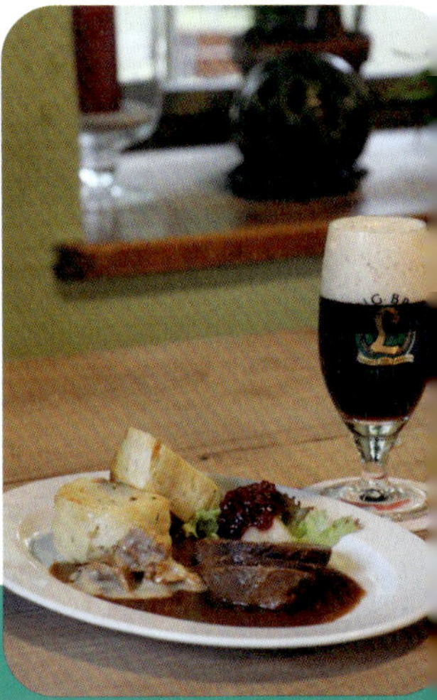

Nach der Erfrischung marschieren wir zurück zur

Für die Seele

Diese Tour lässt unsere Seele in der Vergangenheit schwelgen – und unseren Gaumen in besten bayerisch-böhmischen Spezialitäten.

Grenze. Zunächst folgen wir für rund 250 Meter der Buchwaldstraße, um dann rechts auf einen Wanderweg abzubiegen. Jetzt betreten wir das Gebiet des Nationalparks Bayerischer Wald. Die Buchwaldstraße bildet nämlich die Grenze des Schutzgebiets. Fast bis zum Freilichtmuseum weist uns die Markierung des **Nationalpark-Hauptwanderwegs,** symbolisiert durch Silhouetten von Fichte, Buche und Tanne, den Weg. Das nächste Zwischenziel ist aber der **Siebensteinkopf** ❻.

Bis zum Fall des Eisernen Vorhangs war die ***Grenze*** *vor allem auf tschechischer Seite lückenlos befestigt. Zäune, Stacheldraht und Wachtürme zogen sich durch den Wald. Ein Teil dieser Grenzbefestigung wurde rekonstruiert.*

Über felsige Pfade, einmal rechts abbiegend, benötigen wir eine knappe halbe Stunde für den Aufstieg. Da wir durch junge Wälder wandern, bieten sich uns viele Ausblicke in die Ferne – aber auch in

Mit seinen 1263 Metern gehört der ***Siebensteinkopf*** *zu den markantesten Bergen der Region. Seinen Namen verdankt er sieben auffälligen Gesteinsformationen, die über die Gipfelregion verstreut liegen.*

die nähere Umgebung. So können wir etwa der Ortschaft Finsterau direkt auf den Kopf schauen.

Am **Gipfelkreuz** angekommen, haben wir den höchsten Punkt des Tages erreicht. Eine Pause zum Verschnaufen haben wir uns redlich verdient. Gut, dass sich einige liegende Baumstämme als Sitzgelegenheit anbieten. Später geht's auf der anderen Seite des Plateaus wieder bergab. Durch eine Allee jugendlicher Fichten erreichen wir erneut die deutsch-tschechische Grenze, der wir nach links folgen. Bald macht die Grenze einen Rechtsknick, wir halten uns jedoch geradeaus und entfernen uns nun immer mehr von der böhmischen Seite.

Beim Abstieg erblicken wir den markanten Lusengipfel, der durch seine steinerne Kuppe gut erkennbar ist. Bei all der Fernsicht sollten wir aber auch die nähere Umgebung im Auge behalten, denn rechter Hand ist schon bald eine mächtige Wasserfläche zu sehen. Zum Ufer dieses künstlichen Sees führt unser Weg. Die **Reschbachklause** 7 ist die größte noch erhaltene Triftklause der Region. Auf seiner meist ruhig schimmernden Oberfläche spicgelt sich der entstehende Urwald.

Welche Kräfte die Natur entfalten kann, erfahren wir direkt unterhalb der Klause. Dafür schreiten wir die Kaimauer ab und schwenken dahinter links in den Nationalpark-Hauptwanderweg. Neben uns ergießt sich der **Reschbach** talwärts. Sein emsiger Fluss wurde von einer noch emsigeren Biberfamilie jedoch verlangsamt. Die Nager haben eine faszinierende Auenlandschaft angelegt, die eine ganz besondere Aura versprüht. Erst weiter unten zeigt der Bergbach wieder seine ganze Kraft. Das liegt auch daran, dass das Gewässer früher zur Holztrift mit steinernen Befestigungen begradigt wurde. Inmitten dieser Mauern erkennen wir auch die Stelle, an der der **Schwellgraben** abgeleitet wurde. Dort halten wir uns geradeaus und merken, wie der Reschbach mit jedem Höhenmeter gen Tal wieder rauer und wilder wird.

Vor der **Alten Klause,** von der fast nichts mehr übrig ist, überqueren wir den Bach, um direkt an den Klausenresten abermals ans rechte Flussufer zu wechseln. Jetzt tauchen wir in immer dichter werdenden Mischwald ein. Oft liegt totes Holz wie Mikado-Stäbchen über dem Wasser. Das Rauschen des Bergwassers und den Hauptwanderweg lassen wir erst an der **Reschbachstraße** hinter uns. In sie biegen wir links ein, der Waldschaf-Markierung folgend. Leicht ansteigend geht's nun an ein paar Häusern und Wiesen vorbei zum **Freilichtmuseum** ⑧. An der Kasse begleichen wir den Eintritt und machen uns erst mal auf, um in der **Ehrn** ⑧, einem echten Wirtshaus alter Schule, zu speisen. Gestärkt mit bayerisch-böhmischen Spezialitäten bestaunen wir nun noch die alten Bauernhäuser, die im Gelände verteilt sind.

*Um Hirschbraten, Apfelstrudel, Saibling und Co. kümmern sich in der **Ehrn** Ulrike und Thomas Kröber mit ihrem Team – und das schon seit 1987. Das Ehepaar war gerade mal 18 und 25 Jahre alt, als sie den Schritt in die Selbstständigkeit wagten.*

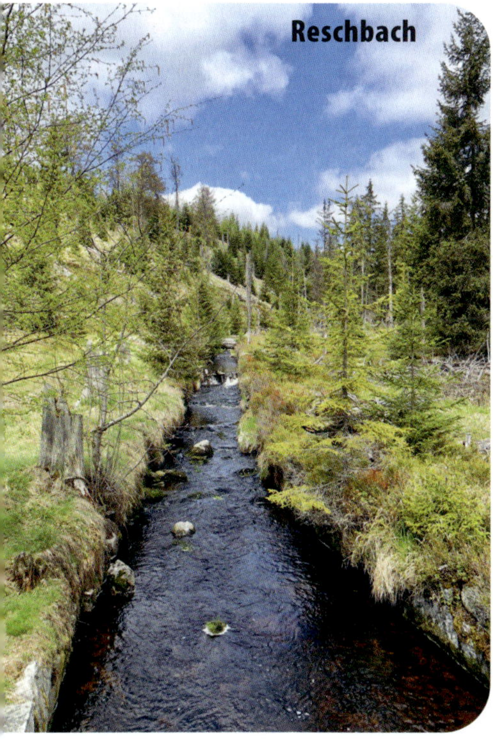

Reschbach

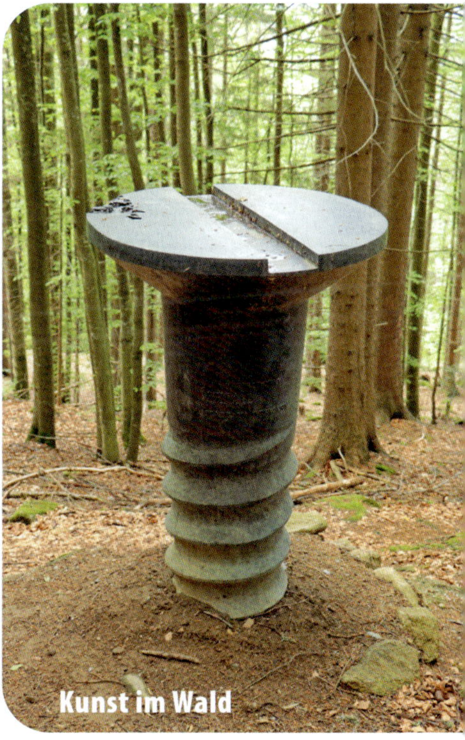

Kunst im Wald

Verwöhntour 12

Wer mit dem Bus gekommen ist, kann sich die letzten knapp 150 Höhenmeter sparen und gleich an der **Haltestelle** des Museums die Rückfahrt antreten. Ansonsten überqueren wir die Straße und schwenken in den blau markierten **Jugendsteig** ein. Gleich zu Beginn machen wir einen kurzen, markierten Schlenker über einen **Lesesteinwall.** Danach geht's dem Steig folgend bergauf. An der einzigen Gabelung halten wir uns geradeaus. Nach insgesamt fast 13 Kilometern erreichen wir schließlich eine Wiese. Nur 100 Meter links davon, hinter einem schmalen Waldstück, ist schon der Startpunkt der Tour zu sehen, zu dem uns ein Trampelpfad führt. Mit vielen Eindrücken von der Waldarbeit, der einst unüberwindbaren Grenze und der Kulinarik beenden wir unsere Wandertour.

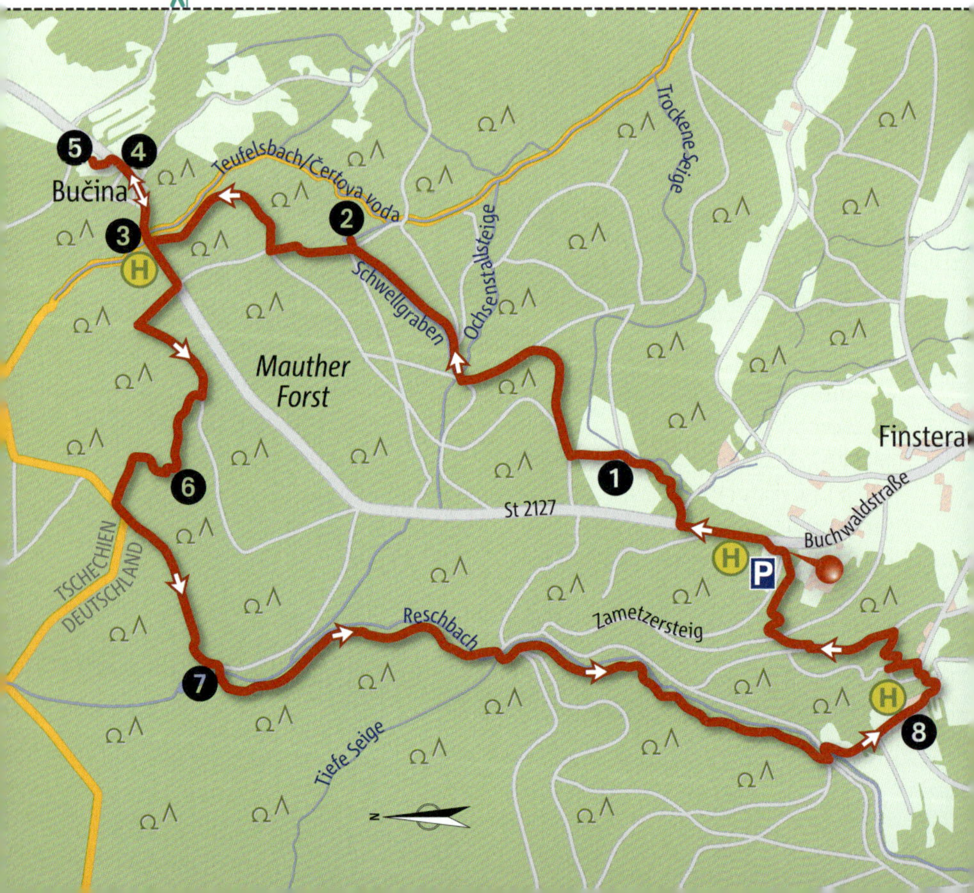

Alles auf einen Blick

WIE & WANN:
Hauptsächlich Waldwege, einige Passagen über Teer- und Schotterstraßen; beste Zeit: Mai bis Oktober, im Winter nur mit Schneeschuhen begehbar. Wegen des Grenzübertritts sollte der Personalausweis im Rucksack sein.

HIN & WEG:
Auto: Parkplatz Wistlberg, Buchwaldstraße 51, 94151 Mauth
(GPS: 48.941548, 13.570875)
ÖPNV: Linie 603 (Finsteraubus), Haltestelle Wistlberg

ESSEN & ENTSPANNEN:
Hotel Alpská vyhlídka ❺ Bučina 149, 384 93 Kvilda,
Tschechische Republik, Tel. +4 20 (3 80) 42 88 88, www.alpskavyhlidka.cz
(Es kann in Euro gezahlt werden.)

Entspannung ★★★☆☆
Genuss ★★★★★
Romantik ★★★☆☆

Radizierte Tafernwirtschaft D'Ehrn im Freilichtmuseum Finsterau ❽
Museumsstraße 51, 94151 Finsterau, Tel. (0 85 57) 3 77, www.ehrn.de

ENTDECKEN & ERLEBEN:
Finsterauer Filz ❶
Teufelsbachklause ❷
Deutsch-tschechische Grenze ❸
Rekonstruierte Grenzbefestigung ❹
Siebensteinkopf ❻
Reschbachklause ❼
Freilichtmuseum Finsterau ❽ siehe Essen & Entspannen,
Tel. (0 85 57) 9 60 60, www.freilichtmuseum.de

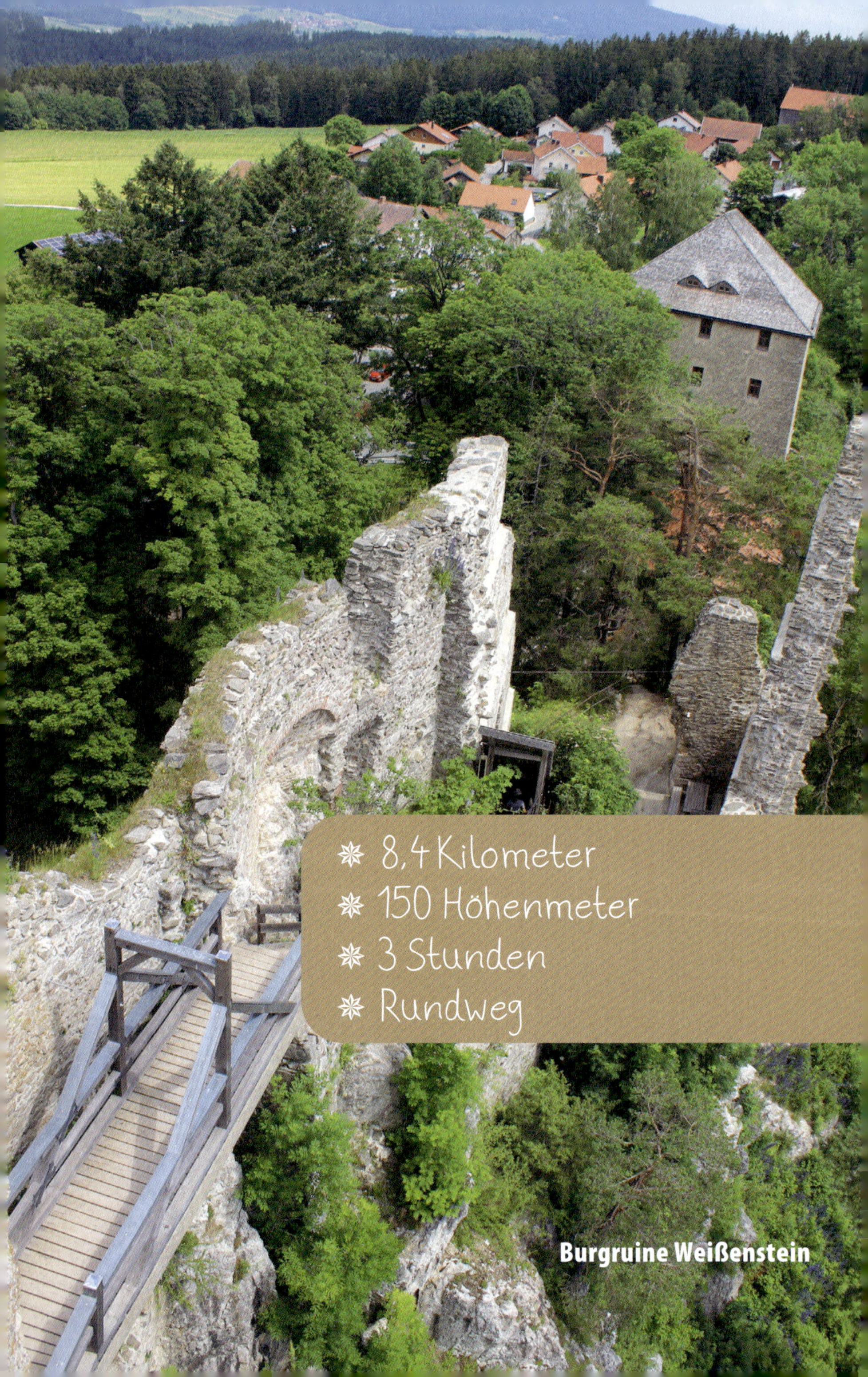

Burgruine Weißenstein

Diese Wanderung verbindet auf einer entspannten Route eine der außergewöhnlichsten geologischen Besonderheiten des Bayerischen Waldes mit mittelalterlicher Burghistorie. Gestartet wird an der **Kapelle** des zur Gemeinde Rinchnach gehörigen Örtchens Kandlbach. Am Gotteshäuschen schlagen wir auf der kleinen Durchfahrtsstraße den Weg bergab in Richtung Bundesstraße 85 ein. Am Ende der Siedlung biegen wir links in einen Feldweg ein, zunächst der **roten 8** als Markierung folgend. Vorbei an blühenden Wiesen und dichten Wäldern geht's leicht bergan. Auf der Kuppe wartet die erste Bank des Tages, schließlich ist heute Entschleunigung angesagt. Im Schutz der Bäume genießt man einen Blick in die Weite der Bayerwald-Landschaft. Wer im Sitzen nach links blickt, entdeckt etwa das zweigipflige Rachelmassiv, das aus der Weite wie der Rücken eines Kamels ausschaut.

Danach tauchen wir, immer noch der roten 8 folgend, in den Wald ein. Nach wenigen Metern verlassen wir jedoch diesen Pfad und biegen nach links ab, so wie es der Wegweiser nach Weißenstein nebst **blau-**

Steinerne Festung

Zur Burgruine Weißenstein

er 2 vorschlägt. Gemütlich wandern wir nun über leicht wurzelige Waldböden zur Ortschaft **Falkenstein.** An dessen Anfang verläuft der offizielle Weg quasi am Rand der Gärten der Bewohner zu einer schmalen geteerten Straße, auf die wir nach rechts einbiegen. An der **Dorfkapelle** vorbei bleiben wir einige Meter auf dem harten Untergrund. Nachdem wir die

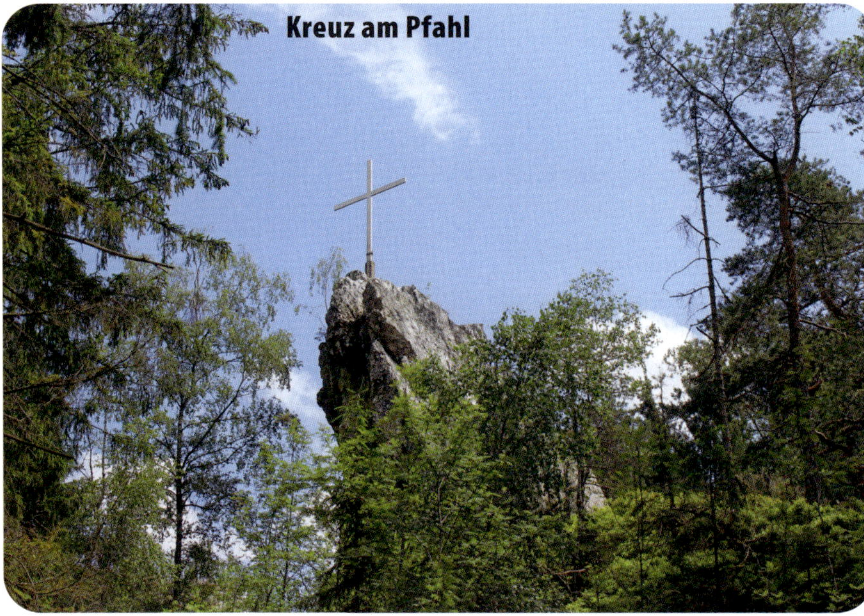

Staatsstraße 2134 vorsichtig überschritten haben, bringt uns die 2er-Markierung wieder in unbefahrenes Waldgelände.

Nach etwa 500 Metern erreichen wir eine größere Kreuzung mit drei möglichen Folgestrecken. Zwei davon führen laut Schildern zur Burg Weißenstein, wir entscheiden uns zunächst für den Weg ganz rechts. Von hier an begleitet uns nun der **Pfahl 1**.

Die uralte Quarz-Formation ragt auf einmal wie aus dem Nichts aus dem Untergrund und bildet eine natürliche Mauer. Das schroffe, raue Gestein ist von Flechten und Moosen überwuchert. Ein kleines Stück später bietet sich die Möglichkeit, nach links auf die andere Seite der Felsflanke zu wechseln, die wir sogleich ergreifen. An dieser sonnigen Stelle an einem Feldrand bietet sich die nächste Bank zur Rast an. Bei dieser Gelegenheit lässt sich das besondere geologische Schauspiel noch einmal in aller Ruhe bestaunen.

Weiter geht's der **blauen 6** nach auf der Südwestseite des Pfahls, um den herum an dieser Stelle ein

*Der **Pfahl** entstand vor 250 Millionen Jahren nach tektonischen Aktivitäten auf einer Linie, die über 150 Kilometer von der Oberpfalz bis ins deutsch-österreichische Grenzgebiet reicht. Jedoch ist die Formation nur an wenigen Stellen oberirdisch sichtbar.*

Naturschutzgebiet ausgewiesen ist. Wer genau in den Wald sieht, merkt, dass die Bäume hier so wachsen dürfen, wie sie wollen. Krumm, krüppelig, alt und jung – alles ist vertreten. In diese Szenerie eingebettet hängen am Wegesrand die Totenbretter des Schriftstellers Siegfried von Vegesack sowie seiner Frau Gabriele, die Mitte des 20. Jahrhunderts den ehemaligen **Getreidespeicher der Burganlage** bewohnten.

Gleich gegenüber den hölzernen Tafeln befindet sich das **Grab des Dichters** ②. Noch zu Lebzeiten schaffte er es durch eine List, die Bestattung an seinem Lieblingsplatz von den Behörden genehmigt zu bekommen.

Ein paar Meter hinter der letzten Ruhestätte blinzelt der steinerne Turm der mittelalterlichen Festungsanlage durch die Baumkronen hindurch, auch die Wohnhäuser der Dorfes **Weißenstein** kommen immer näher. Erneut an ein paar **Totenbrettern** vorbeigehend, kommen wir in den Ort, auf dessen kleinen Straßen wir uns zunächst links und dann gleich wieder rechts halten. Und schon stehen wir vor dem Biergarten des **Almwirts Weißenstein** ③, der uns erst mal zur zünftigen bayerischen Brotzeit einlädt. Noch im

*Oft filigran verzierte **Totenbretter** erinnern vor allem im nördlichen Teil des Bayerischen Waldes an Verstorbene. Meist sind die Gedenkstücke direkt an Wegesrändern platziert.*

Für die Seele

Lasst die Zeitreise beginnen! Dafür schließen wir auf der Aussichtsplattform am Burgturm die Augen und träumen uns zurück ins Mittelalter!

Blick auf Weißenstein

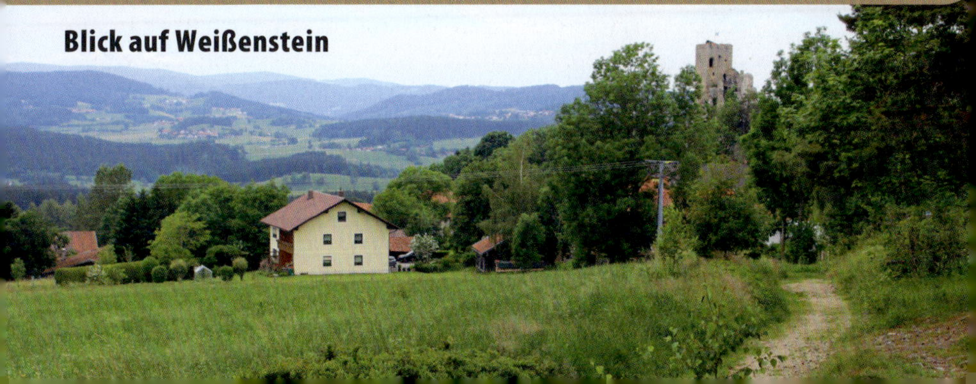

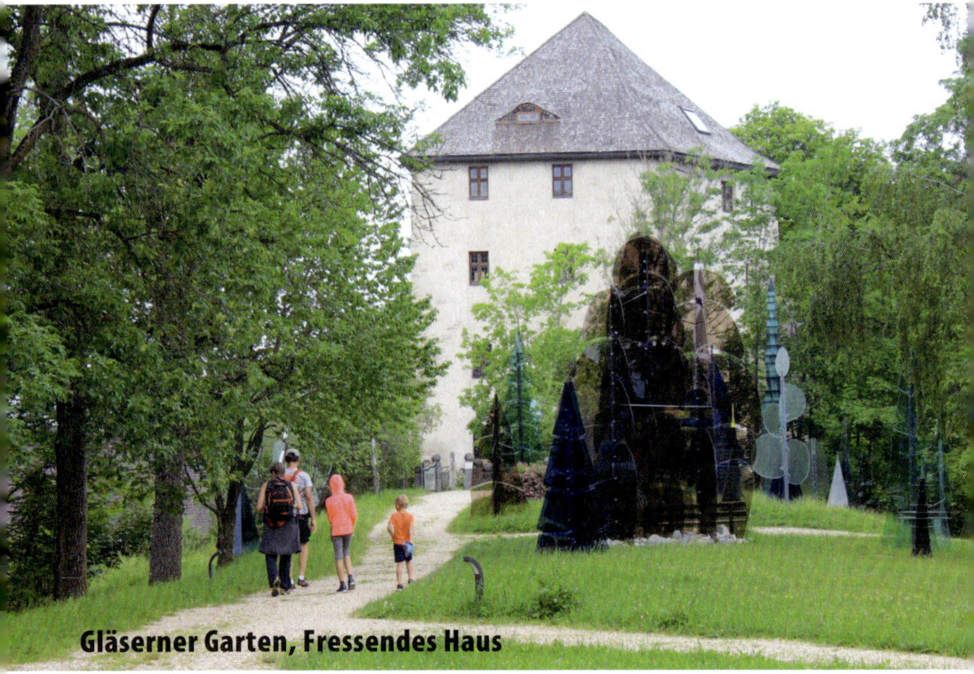

Gläserner Garten, Fressendes Haus

Sitzen bestaunen wir die kunstvollen, meterhohen Glasskulpturen, die im **Gläsernen Wald** ④ zwischen Wirtshaus und Dichterturm darauf warten, näher betrachtet zu werden. Nach der Stärkung nehmen wir uns ausgiebig Zeit dafür, dieses Open-Air-Museum genauer unter die Lupe zu nehmen. Wer Lust hat, kann auch einen Blick in die Ausstellung im **„Fressenden Haus"** ⑤ werfen, wie das Gebäude, in dem die Vegesacks wohnten, genannt wird. Die Bezeichnung geht darauf zurück, dass der Unterhalt des Hauses so viel Geld verschlang, dass der Dichter diesen Beinamen kreierte.

*Die **Grafen von Bogen** ließen die Burg um 1100 erbauen. Lange bot sie ihren Bewohnern ausreichend Schutz. Im österreichischen Erbfolgekrieg wurde sie 1742 jedoch fast komplett zerstört. Nur wenige Gebäude haben den Angriff unbeschadet überstanden.*

Der Pfad durch die eigentümlichen Bäume aus Flachglas bringt uns direkt zum **Bergkiosk,** an dem wir die Straße überqueren und schnurgerade auf die **Burgruine** ⑥ zugehen.

Ein paar Dutzend in den Felsen gehauene Stufen bringen uns zum Eingang, an dem wir den günstigen

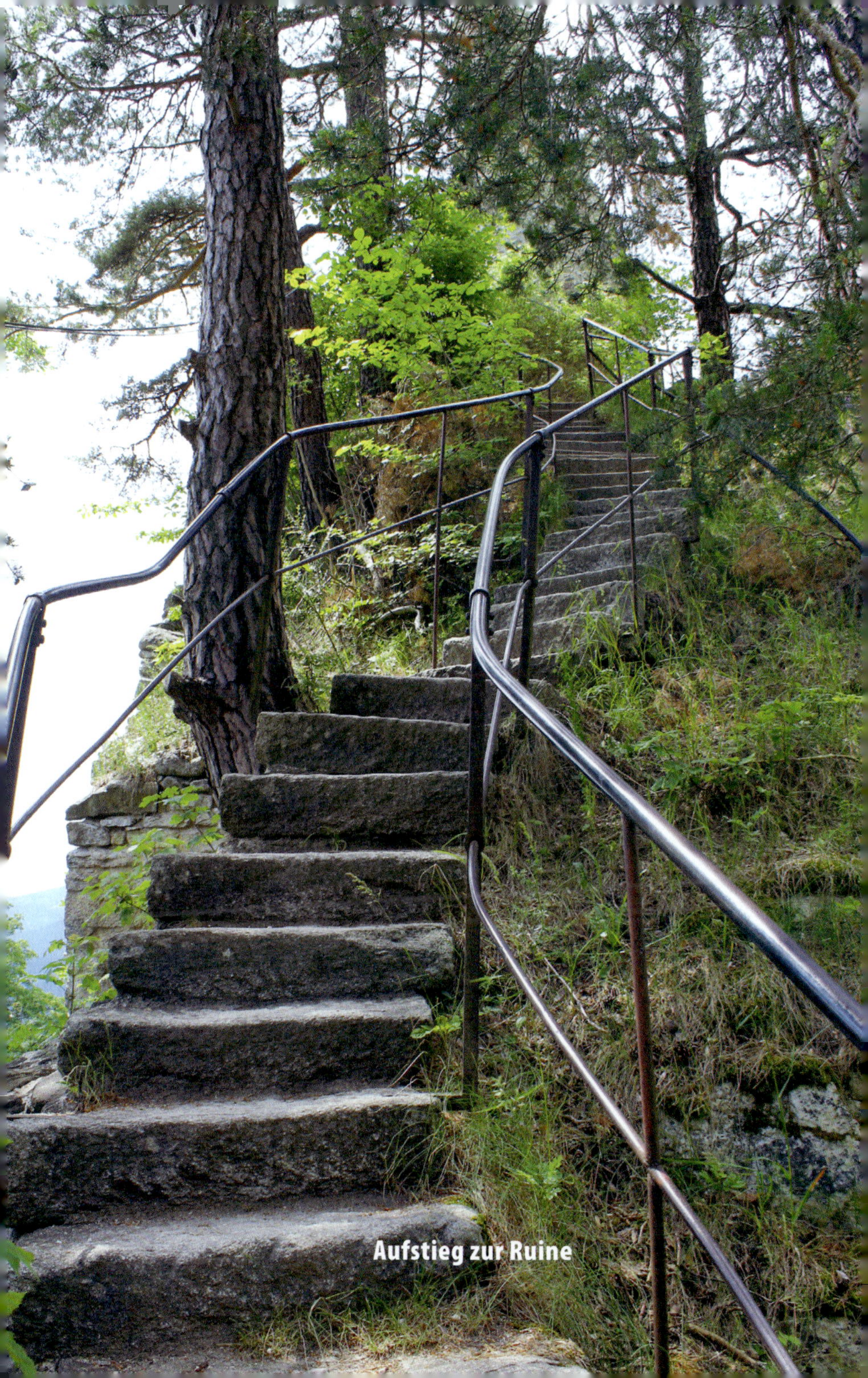

Aufstieg zur Ruine

Alle zwei Jahre findet rund um die Burgruine ein großes ***Ritterspektakel*** *statt. Dabei schlagen nicht nur Kämpfer, Knappen, Mägde, Markttreibende, Burgfräulein und Balladensänger ihre Zelte in Weißenstein auf (www.ritterspektakel-weissenstein.de).*

Eintritt entrichten. Nun geht's über eine Holztreppe und eine rekonstruierte Zugbrücke in den gut erhaltenen **Turm.** Im Inneren gilt es ein paar weitere Stufen zu überwinden, bis wir die Aussichtsplattform erreichen. Hier können wir kräftig durchatmen, die frische Luft genießen und unseren Blick ausgiebig in alle Himmelsrichtungen schweifen lassen. Es lohnt aber auch, direkt nach unten zu schauen: Auf den einst stolzen, mittlerweile abgebrochenen Mauern erobert sich die Natur ihren Lebensraum zurück. Überall sprießen Blumen aus den Ritzen, Eidechsen genießen die Sonne, und Büsche sorgen für grüne Farbkleckse.

Nachdem wir die Ruine auf demselben Weg wieder verlassen haben, biegen wir nach rechts in den **Burglehrpfad** ein. Der bringt uns an den Fuß des Pfahl-

Blick von der Ruine Weißenstein

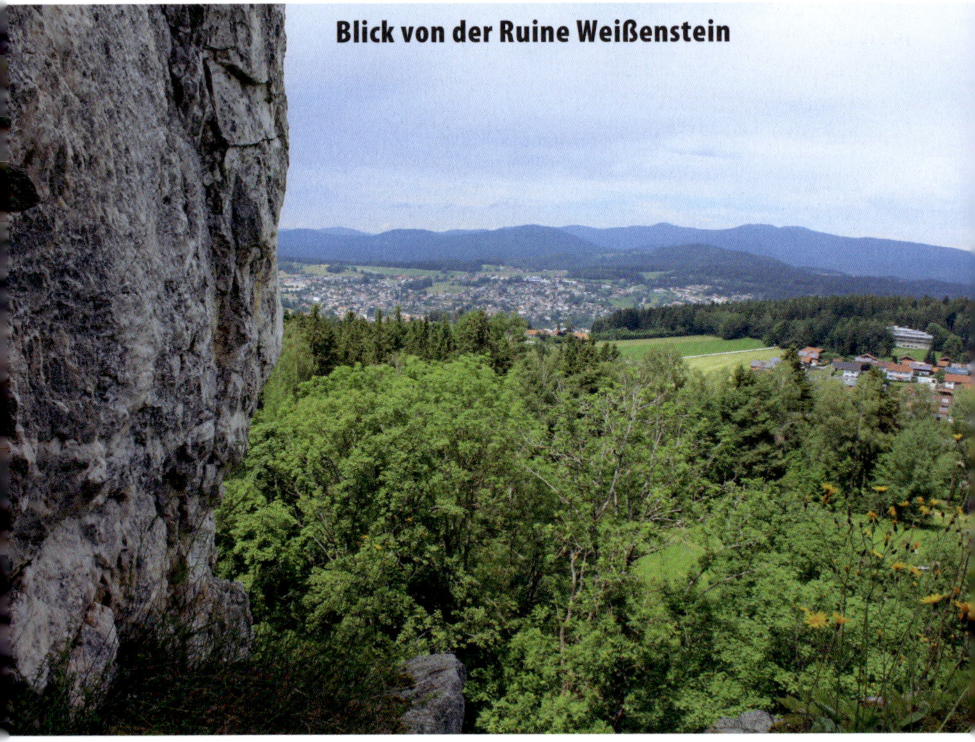

rückens, auf dessen höchster Stelle die Burg einst errichtet wurde. Gerade hier wirkt das Bauwerk nahezu monströs. Wir lassen es zunächst trotzdem hinter uns und folgen dem kurzen Rundweg um die Weißensteiner Pfahl-Formation. Dort, wo die Felsen wieder im Boden verschwinden, folgen wir der 180-Grad-Kurve und wandern auf der anderen Seite der Felsen zurück zur Burg. Entlang des Lehrpfads gibt es nicht nur ein paar Ruhemöglichkeiten, sondern auch interessante Infotafeln zur Geologie, zur Pflanzen- und Tierwelt sowie zur Geschichte der Gegend. Und auf einem der hervorstehenden Felsen wacht sogar ein schimmerndes Gipfelkreuz.

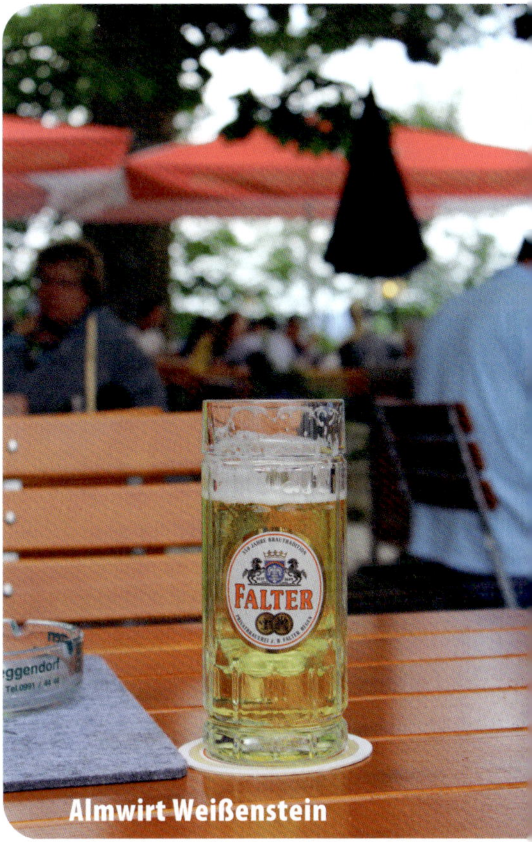

Almwirt Weißenstein

Wieder an der Burg angelangt, schlagen wir den Weg zum Almwirt ein, an dem wir diesmal linker Hand vorbeigehen – es sei denn, Hunger und Durst machen sich schon wieder bemerkbar. An der nächsten Straßengabelung halten wir uns rechts und spazieren direkt auf das **Feuerwehrhaus** zu. Daran gehen wir schließlich links vorbei. Nun geht's wieder hinein in dichten Wald. Oft hängen **Markierungen mit einer Sonne,** die über einem Regenbogen scheint, an den Bäumen und weisen uns den Weg entlang des Pfahls. Nach ein paar Hundert Metern erreichen wir wieder die Stelle, an der die Quarzformation überschritten werden kann, die wir schon vom Hinweg kennen. Abermals passieren wir diese Stelle und machen noch mal an derselben Bank Rast. Nun gehen wir jedoch bergab, halten uns einmal links und kommen zur großen Viererkreuzung, die wir schon beim Anmarsch passiert haben. Dort halten wir uns rechts, die einzige Richtung, in die kein Wegweiser blickt. Trotzdem können wir uns nicht verlaufen. Der Waldweg mündet nach etwa einem Kilometer in eine Straße, die wir vorsichtig überqueren. Über einen kleinen, ganz kurzen Trampelpfad gelangen wir schnurgerade auf den nächsten Feldweg, in den wir rechts einbiegen. Von nun an geht's noch ein paar Meter weiter bergab, direkt auf den Ausgangspunkt unserer Tour zu. Bald erreichen wir das Ortsschild von **Kandlbach,** dann müssen wir nur noch einmal links abbiegen, und schon sind wir wieder im Dorfkern an der Kapelle. Hier nehmen wir noch mal auf der hölzernen Sitzgarnitur Platz und lassen die Wanderung in die Vergangenheit Revue passieren.

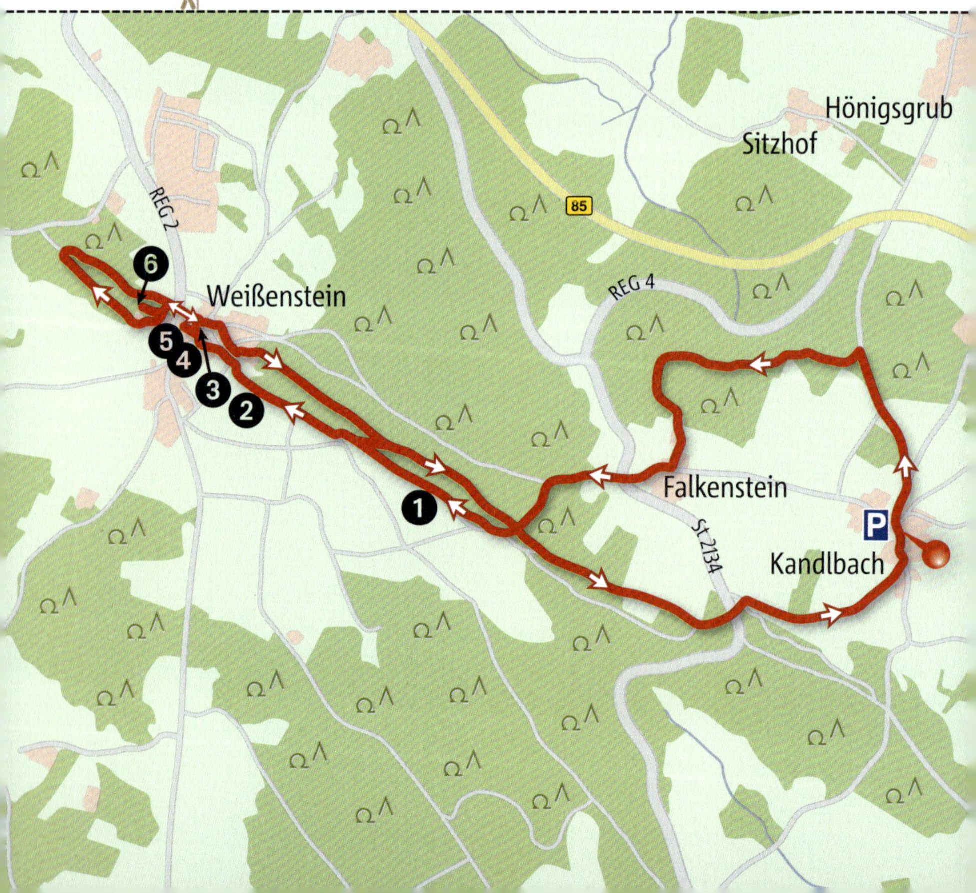

Alles auf einen Blick

WIE & WANN:
Hauptsächlich breite (Forst-)Wege, nur in Teilen wurzelige Stücke, beim Burgaufstieg längere Treppenpassage; beste Wanderzeit: April bis Oktober

HIN & WEG:
Auto: Dorfzentrum von Kandlbach, 94269 Rinchnach (GPS: 48.944305, 13.175721)
ÖPNV: Keine direkte Anbindung an die Strecke

ESSEN & ENTSPANNEN:
Almwirt Weißenstein ❸ Weißenstein 121, 94209 Regen, Tel. (0 99 21) 9 71 10 35

ENTDECKEN & ERLEBEN:
Pfahl ❶
Grab des Dichters Siegfried von Vegesack ❷
Gläserner Wald ❹
Museum im Fressenden Haus ❺ Weißenstein 16, 94209 Regen, Tel. (0 99 21) 6 04 26, www.regen.de
Burgruine Weißenstein ❻ Weißenstein 18, 94209 Regen, Tel. (0 99 21) 60 44 50, www.regen.de (Touristinfo der Stadt Regen)

Entspannung ★★★★★
Genuss ★★★☆☆
Romantik ★★★★☆

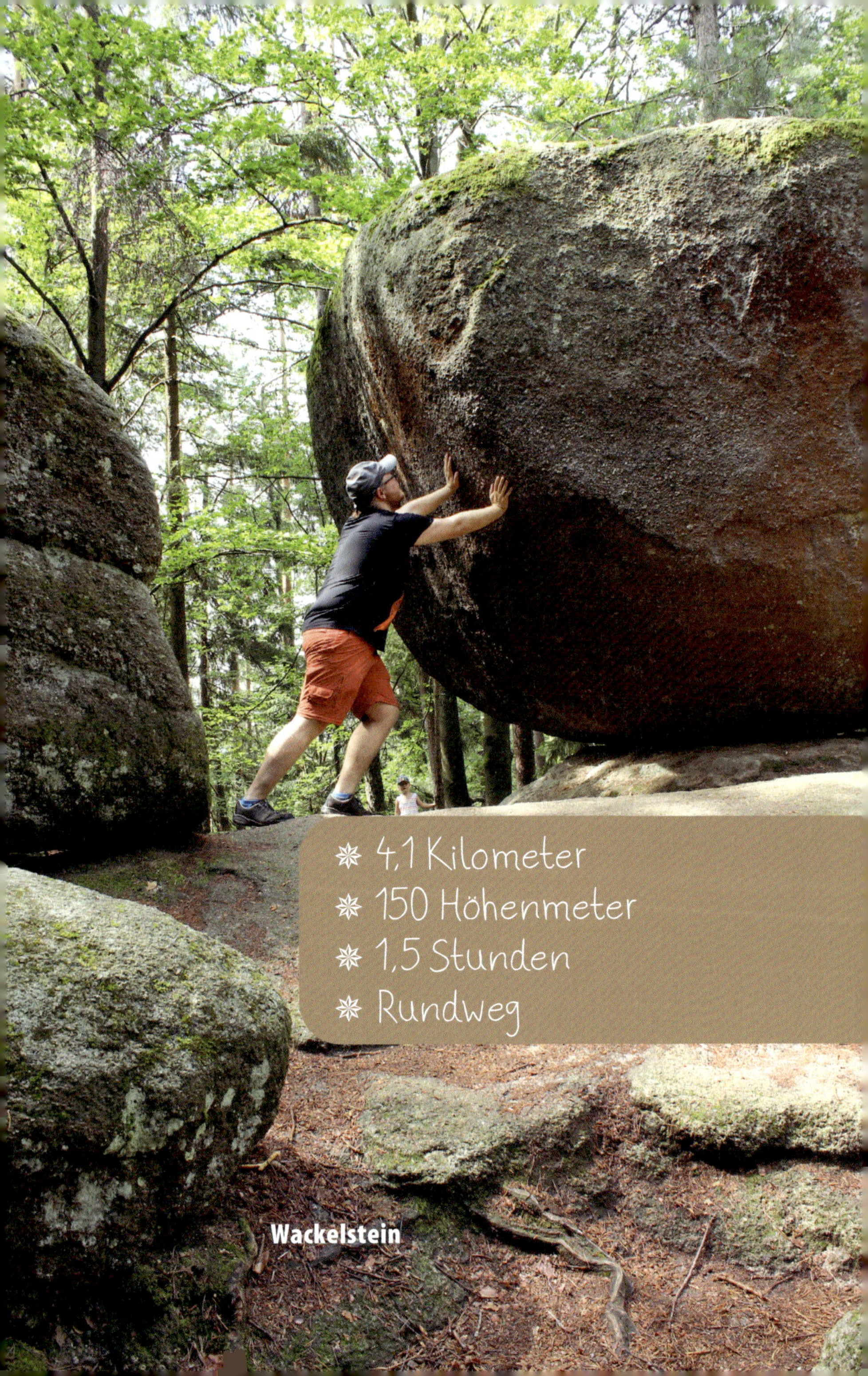

- 4,1 Kilometer
- 150 Höhenmeter
- 1,5 Stunden
- Rundweg

Wackelstein

Diese kurze Tour ist für jede Altersgruppe geeignet und hält zudem noch zwei ganz besondere Kraftorte bereit. Los geht's am ausgeschilderten **Wanderparkplatz** im Dorf Entschenreuth, das zur Gemeinde Saldenburg gehört. Für Orientierung sorgt dort sogleich der erste Wegweiser mit der **Markierung 84 auf rotem Grund.** Die ganze Wanderung über wird uns diese Wegmarke begleiten. Wir starten auf breiten Feldwegen, nehmen an der ersten Gabelung die rechte Variante. Anfangs begleitet uns ein Mix aus saftigen Wiesen und kleinteiligen Wäldern. Doch nach der nächsten Gabelung, an der wir uns links halten, geht's langsam hinein in einen teils märchenhaften Wald.

Kurz vor dem Eintauchen in den Baumbestand halten wir uns an einem nächsten Wegweiser rechts, der Beschilderung zum Wackelstein folgend. Nun geht's in eine kleine Senke, nach der wir den breiten Weg verlassen und rechter Hand in einen weichen Pfad einbiegen. Von nun an führt uns der Weg beständig bergauf, jedoch nicht allzu steil. Zunächst verläuft der wurzeldurchzogene Steig noch parallel zum Wirtschaftsweg von vorher, kreuzt diesen immer wieder. Zwischendurch lädt auch eine schmucke Holzbank zur Rast ein. Doch nach ein paar

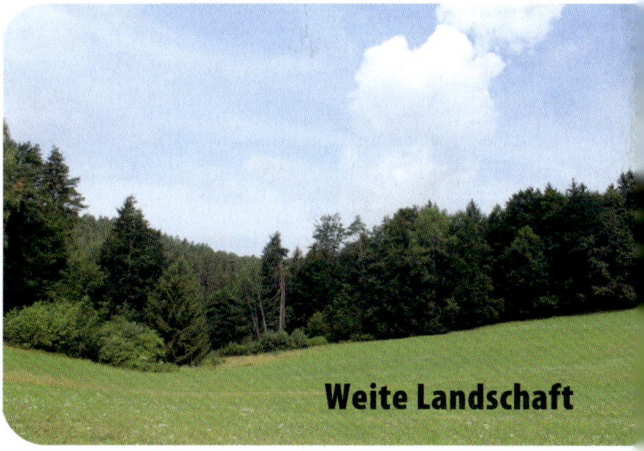

Weite Landschaft

Riesenstark

Am Wackelstein ruckeln

Hundert Metern ist die breite Fahrstraße verschwunden, und wir machen mehr und mehr Höhenmeter, der 84er-Markierung weiter folgend. Der Pfad wird jetzt stellenweise kanalartig, gräbt sich als Furche direkt durch den Untergrund. Später erscheinen immer mehr **Felsformationen** am Wegrand. Meist sind die Brocken mit dicken Moosschichten überzogen, als ob sie zu einem Nickerchen einladen würden.

Fast am Ende des Aufstiegs kommen wir noch mal zu einer Kreuzung, an der wir uns, wie von den Schildern angewiesen, rechts halten. Nun gilt es nur noch gut 100 Meter zurückzulegen, bis wir den ersten Höhepunkt der Tour erreicht haben: den etwa 50 Tonnen schweren **Wackelstein** 1.

*Der **Wackelstein** hat eine Millionen Jahre währende Entwicklung hinter sich. Entstanden aus flüssiger Gesteinsschmelze, ist der Fels später erkaltet. Gleichzeitig wurde das Areal angehoben, sodass er vom Erdinneren ans Tageslicht befördert wurde.*

Der fast quadratische Fels mit einer Kantenlänge von bis zu vier Metern ruht auf einer fast ebenen Felsplatte. Jahrtausende währende Verwitterung hat dafür gesorgt, dass der Wackelstein an der Unterseite mittlerweile gewölbt ist. An der richtigen Stelle angepackt,

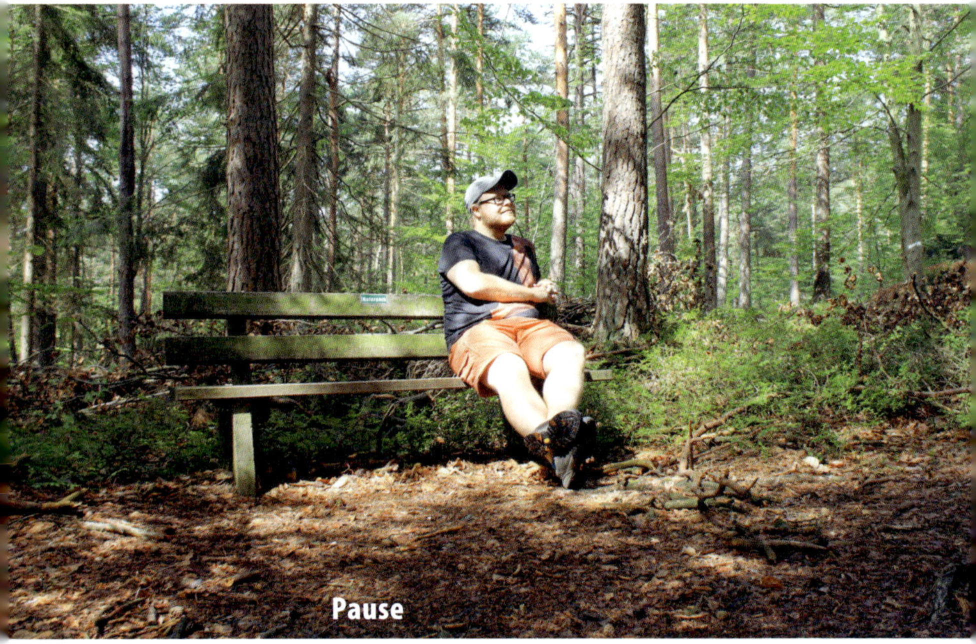

Pause

kann ein starker Erwachsener den Felsen von selbst in Bewegung versetzen. Wer es nicht allein schafft, holt sich Verstärkung. Den richtigen Ansatzpunkt zu finden bedarf meist sowieso ein paar Anläufen.

Nach der riesigen Kraftanstrengung lassen wir uns nieder und packen die mitgebrachte Brotzeit aus. Denn: Von nun an geht's nur noch eben oder bergabwärts dahin, also ist die Zeit für eine leckere Stärkung gekommen. Bevor wir wieder aufbrechen, lesen wir noch die Infotafel zum seltenen Naturschauspiel und folgen dann wieder der 84. Nach einer kurzen Schleife erreichen wir die Kreuzung von vorher, an der wir uns abermals rechts halten, diesmal orientieren wir uns an der Beschilderung zum „Steinernen Kirchlein". Auf der folgenden Flachpassage verzaubern uns noch mal ein paar monströse Gesteinsbrocken und mit Flechten behangene Bäume. An einer etwas erhöhten Stelle kann man sogar etwas Weitblick genießen, da sich im Kronendach eine kleine Lücke aufgetan hat. Im Anschluss folgt ein relativ steiler Abschnitt gen Tal, an dessen Ende sich die nächste Gabelung befindet.

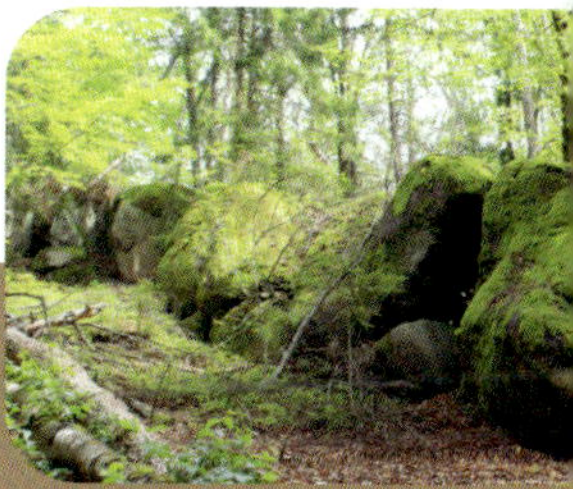

Für die Seele

Unser Wille kann Berge versetzen! Spätestens beim Wackeln am tonnenschweren Felsen sind wir davon voll und ganz überzeugt.

Wir bleiben der 84 treu und biegen links in den erneut flachen Weg ein. Die nächsten 500 Meter bis zum zweiten Höhepunkt der Tour verlaufen durch einen mystischen Mischwald. Etwa auf der Hälfte der Strecke befindet sich der unscheinbare **Zigeunerbrunnen,** an dem ein kleines Rinnsal zum Vorschein kommt. An der nächsten auffälligen Wegmarke heißt

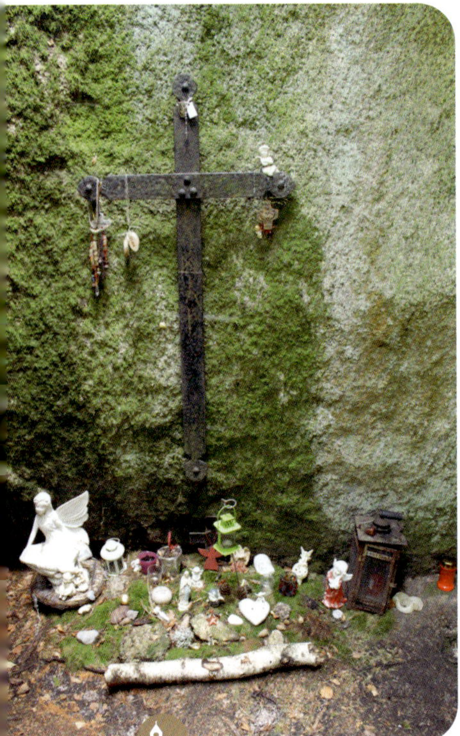

es schließlich aufpassen! Hier weisen sowohl die altbekannte 84 als auch die 61 den Weg. Um das **Steinerne Kirchlein** ② zu finden, müssen wir den beschilderten Pfad jedoch etwas verlassen.

Wir halten leicht links direkt auf den Anfang der großen Felsformationen zu. Hier suchen wir eine nicht allzu große Spalte zwischen den Felsen, durch die wir hindurchschlüpfen können. Dahinter befindet sich eine kleine Höhle, in die durch mehrere Schlitze etwas Sonnenlicht fällt. Neben etwas Licht ist im Inneren auch noch ein eisernes Kreuz zu finden, an dem Einheimische regelmäßig Verstorbener gedenken. Es ist ein Platz zum Innehalten oder sogar zum Beten. In stiller Andacht legen wir eine Ruhepause ein.

Nachdem wir uns wieder durch den Spalt nach draußen gekämpft haben, können wir den Rest des natürlichen **Steinlabyrinths** erkunden – gerade für Kinder ein wahrer Traum. Hier kann man in meterhoch eingeschnittene Felsgänge eintauchen, versteckte Nischen entdecken oder auf die bewachsenen Oberflächen der Felsen kraxeln. Die Zeit vergeht wie im Flug. Wenn wir uns genug ausgetobt haben, machen wir uns auf zum Wegweiser von vorher und folgen wie gewohnt der 84er-Markierung.

*In einigen Karten ist an der Stelle des **Steinernen Kirchleins** ein Kapellensymbol eingezeichnet. Ein gemauertes Bauwerk gibt es hier jedoch nicht. Der höhlenartige Kraftort wurde wohl von einem Heimkehrer aus dem Zweiten Weltkrieg erstmals mit einem Kreuz bestückt.*

Der abwärts verlaufende Pfad wird jetzt langsam breiter, teilweise abermals in den Boden eingeschnitten. Am Ende des steilsten Stücks gilt es, sich nochmal links zu halten, so wie es die Wegweiser vorschlagen. Kurz bevor wir den dichten Wald wieder verlassen, bietet sich eine Bank als Rastmöglichkeit an. Hier haben wir die Chance, uns niederzulassen und uns die bisherigen Erlebnisse der Tour noch mal ins Gedächtnis zu rufen. Hektik gibt's heute schließlich nicht.

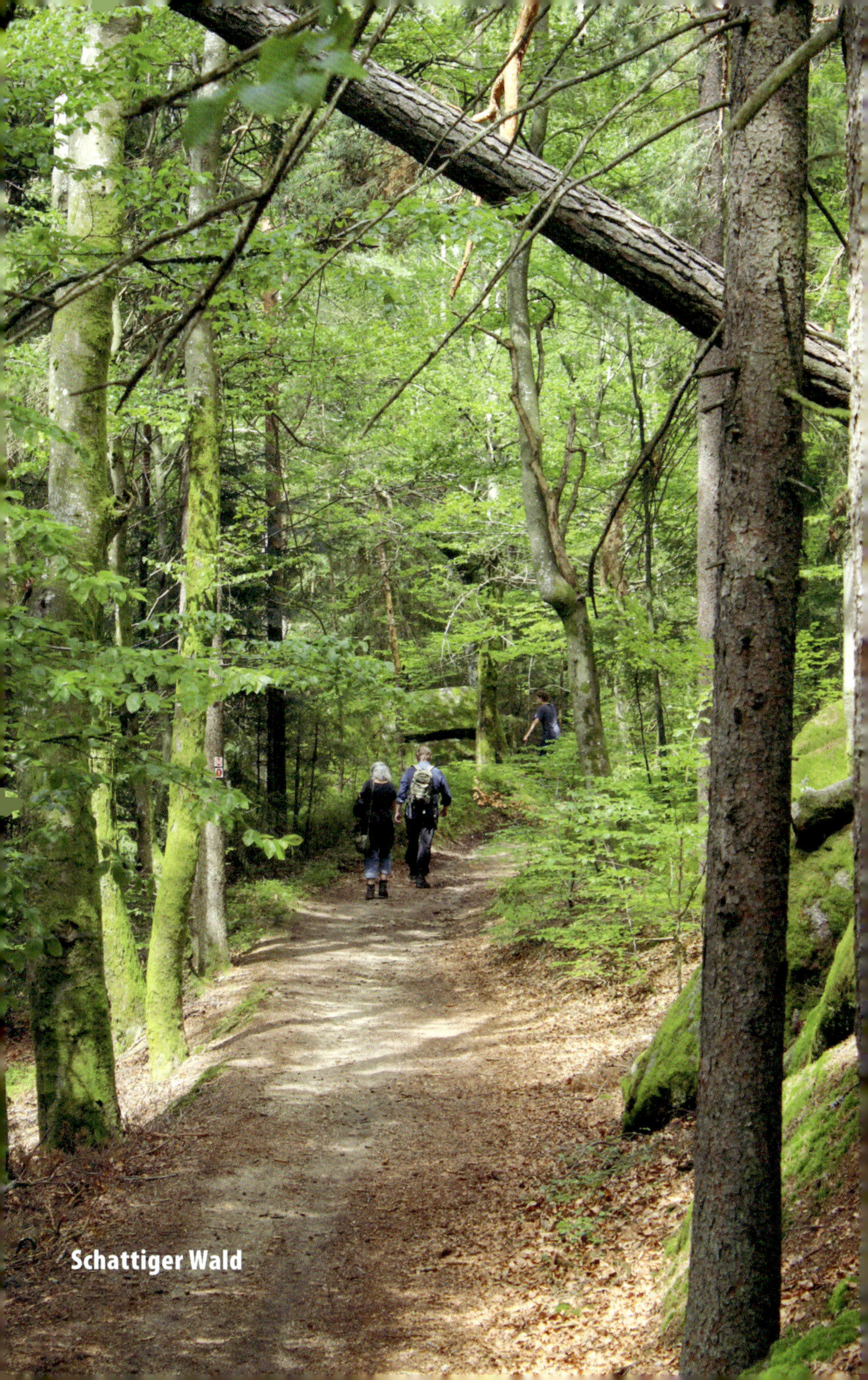
Schattiger Wald

Die letzten Meter im Wald verlaufen nach der Pause gleich entspannter. Kurz nachdem wir auf die **Lichtung** treten, kommen wir wieder zum Wegweiser, den wir vom Anfang der Tour kennen. Hier biegen wir diesmal rechts ab und schlendern durch Wiesen und Felder. Dabei können wir noch mal etwas Weitblick genießen auf die hügelige Landschaft des Vorderen Bayerischen Waldes. An der nächsten Gabelung halten wir uns abermals rechts, ehe wir, den **Parkplatz** bereits in Sichtweite, die letzte Kreuzung des Tages geradeaus überschreiten. Zurück am Auto reift langsam die Erkenntnis: Auch eher kurze Wanderungen können wahrlich riesige Erfahrungen ermöglichen.

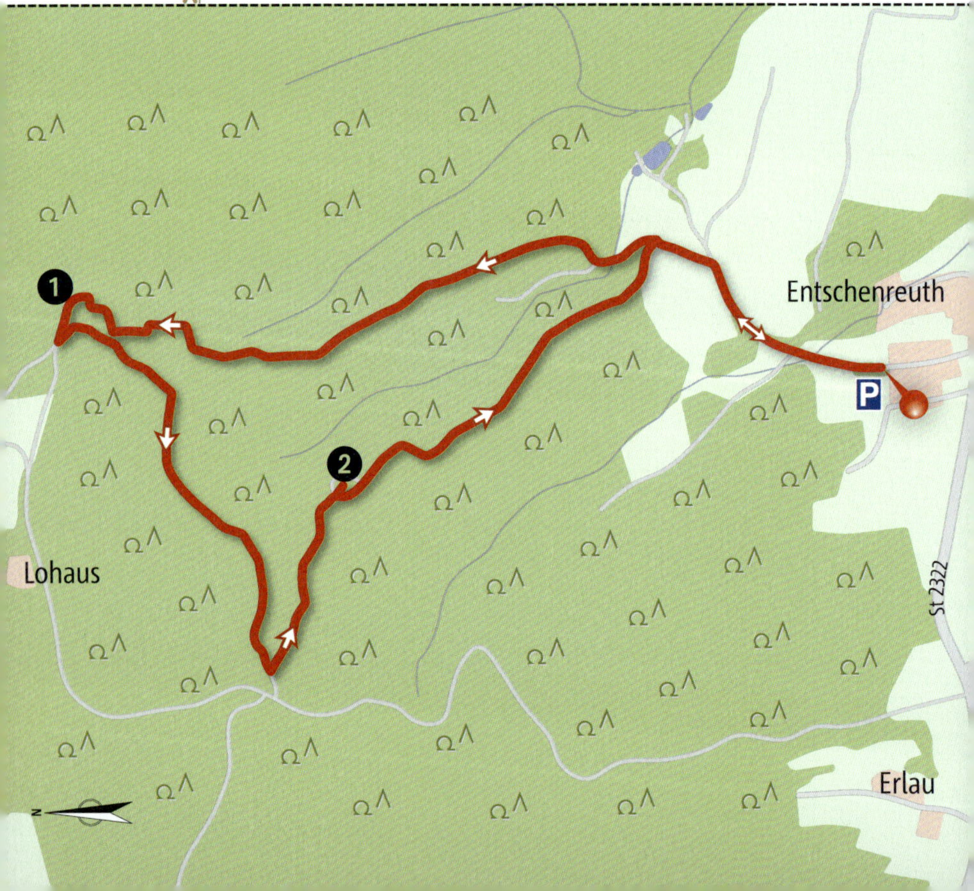

Alles auf einen Blick

WIE & WANN:
Wald- und Wiesenwege; beste Zeit: April bis November

HIN & WEG:
Auto: Wanderparkplatz am Ende der Straße Zum Wackelstein in Entschenreuth, 94163 Saldenburg (GPS: 48.786074, 13.315909)
ÖPNV: Keine direkte Anbindung an die Strecke

ESSEN & ENTSPANNEN:
Eine stärkende Brotzeit kommt in den Rucksack und wird nach der Schubserei am Wackelstein genussvoll verdrückt.

ENTDECKEN & ERLEBEN:
Wackelstein ❶
Steinernes Kirchlein ❷

Entspannung ★★★★☆
Genuss ★★☆☆☆
Romantik ★★★★☆

Schwendreut

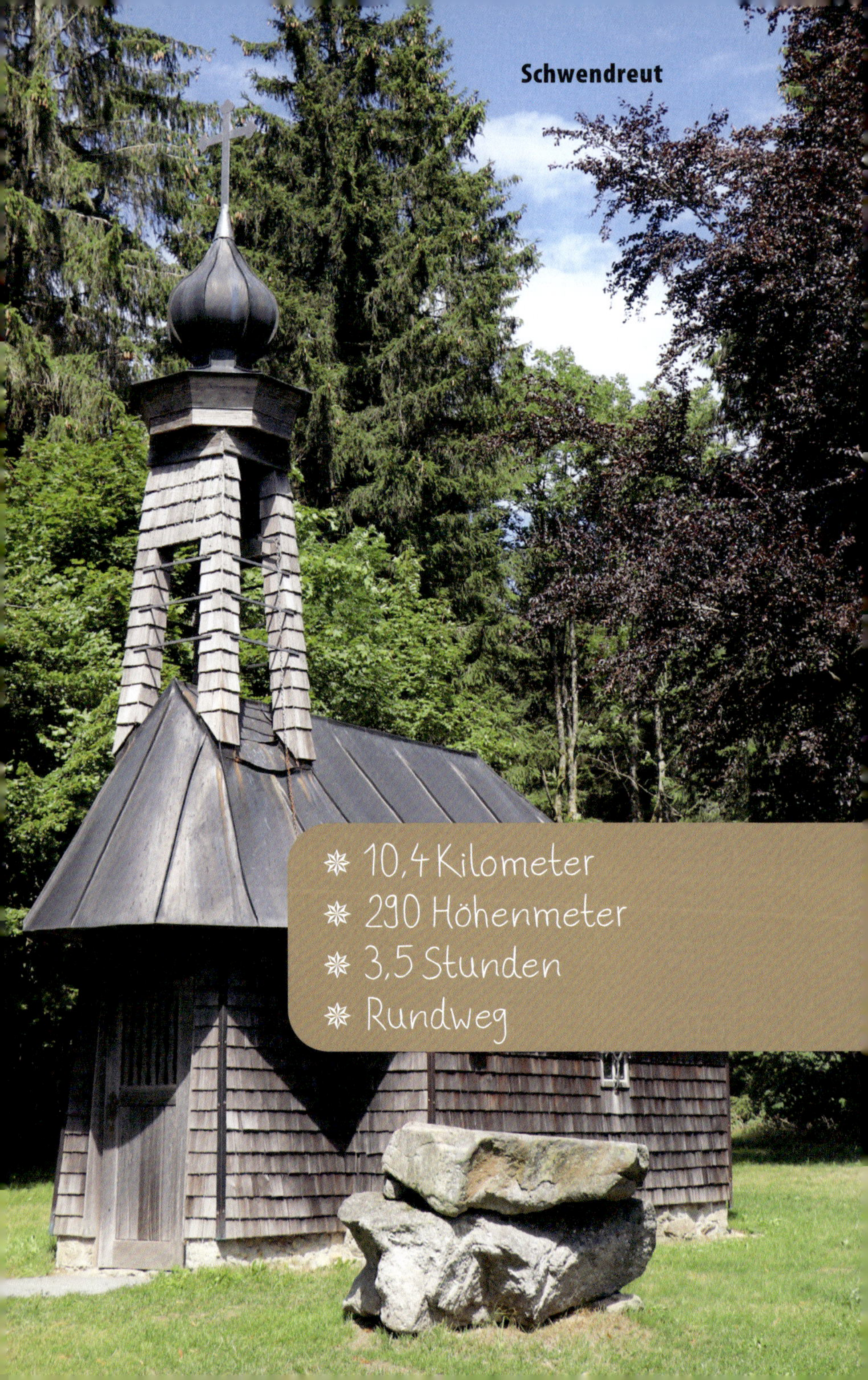

- 10,4 Kilometer
- 290 Höhenmeter
- 3,5 Stunden
- Rundweg

Wir reisen in die Vergangenheit! Auf der heutigen entschleunigenden Runde wandern wir zu zwei ehemaligen Ortschaften, von denen nur noch Reste zu besichtigen sind. Außerdem gibt es phänomenale Ausblicke vom Haidelturm zu genießen. Wir starten dafür am **Wanderparkplatz** innerhalb der Ortschaft Obergrainet. An der Kreuzung vorm Parkplatz verschaffen wir uns an der Infotafel einen Überblick und wenden uns der aufwärts führenden Straße zu, wie es die Schilder in Richtung Haidel-Aussichtsturm vorschlagen.

Entlang der Wiese, die uns vom Ort in Richtung Wald führt, passieren wir die **1000-Höhenmeter-Marke** ❶. Ein großer, bemalter Steinbrocken markiert diese Grenze. Nachdem wir ins Fichtenmeer eingetaucht sind, kommen wir an einem weiteren **Parkplatz** vorbei, den wir geradeaus überschreiten. Für Orientierung sorgt das **Goldsteig-Piktogramm,** ein gelber, geschlungener Weg auf weißem Grund. Bis nach Leopoldsreut wird uns dieses Zeichen begleiten.

Der Weg zu unserem ersten Zwischenziel hat es teilweise in sich. Rund 190 der insgesamt 290 Höhen-

Das Gebiet rund um das Haidelmassiv gehört den Bayerischen Staatsforsten. Betreut wird es vom ***Forstbetrieb Neureichenau,*** *der vor allem ein riesiges zusammenhängendes Gebiet im Nordosten des Landkreises Freyung-Grafenau bewirtschaftet.*

Verlassene Orte

Leopoldsreut und Schwendreut

meter des Tages überwinden wir bereits auf den ersten 2,2 Kilometern. Deswegen lassen wir es vom Tempo her zunächst etwas ruhiger angehen. Nach der ersten Teilstrecke auf dem breiten Fahrweg biegen wir relativ schnell linker Hand in einen Waldweg ein. Der weiche Untergrund macht den Anstieg gleich leichter. Für zwischenzeitliches Luftholen stehen ab und zu einla-

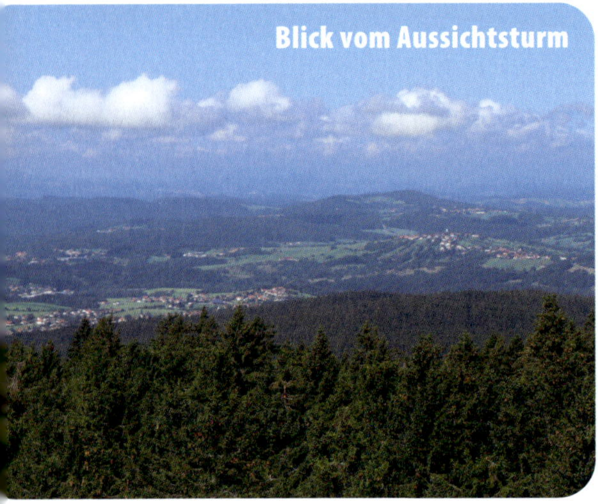

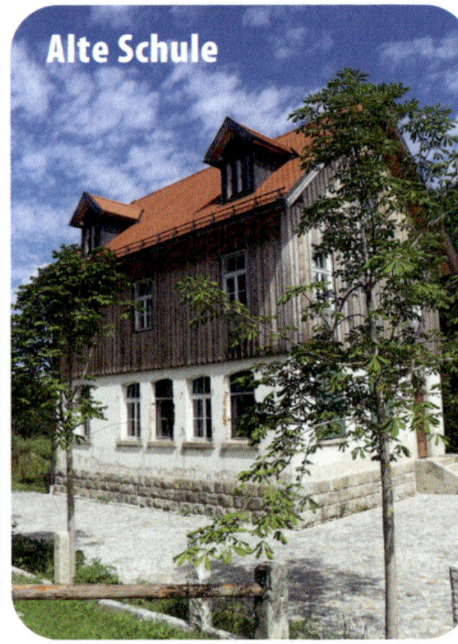

dende Bänke am Wegesrand. Zweimal müssen wir den Waldweg kurzzeitig verlassen, um Forststraßen zu überqueren – immer dem Goldsteig folgend.

Das steilste Stück meistern wir ganz am Schluss, als der Wald immer lichter wird. An dem Punkt, wo wir einen **Sendeturm** zwischen den Baumkronen sehen, haben wir es fast geschafft. Wenige Meter später erreichen wir das Gipfelplateau und biegen rechts zum nahen **Aussichtsturm** ② ab. Am Fuße der stabilen Holzkonstruktion werfen wir einen kleinen Obolus zur Instandhaltung der Anlage in die Spendenbox und beginnen, die 158 Stufen emporzusteigen.

Oben angekommen nehmen wir den Rucksack von den Schultern, holen je nach Windlage eine Jacke hervor, trinken einen Schluck und lehnen uns an die Brüstung. Jetzt ist Erholung angesagt. Dabei lassen wir unsere Blicke über die Landschaft schweifen, die sich in jeder Himmelsrichtung ohne Hindernisse offenbart. Panoramabilder an den Querbalken verraten uns sogar, auf welche Berge und Orte sich unser Blick richtet. Und auch dem nahen Sendeturm, der der Mobilfunk- und TV-Versorgung dient, begegnen wir nun auf Augenhöhe.

*Der 35 Meter hohe **Turm am Haidel**, auf 1167 Metern über dem Meeresspiegel, entstand 1998 unter der Regie der Waldvereinssektion Leopoldsreut. Es ist bereits der dritte Aussichtsturm an dieser Stelle.*

Nach dem Abstieg vom Turm marschieren wir noch nicht gleich wieder los, sondern schlendern noch an den ringsherum aufgereihten **Infopavillons** vorbei. Darin präsentieren sich alle Anliegergemeinden. Wer Ausflugstipps für die nächsten Tage braucht, wird hier sicher fündig. Nun aber nehmen wir die nächste Etappe in Angriff. Dafür biegen wir in einer Links-Rechts-Kombination wieder auf den Goldsteig ein. Leicht abfallend geht's nun auf einem breiten Forstweg auf dem Rücken des Haidelmassivs dahin. Der Wald ist in diesem Bereich oftmals recht jung, sodass wir reichlich Sonne abbekommen und viele bunte Blümchen erspähen.

Einmal müssen wir eine andere Forststraße geradeaus überschreiten, später kommen wir auf eine größere Wegespinne. Dort halten wir uns immer noch dem Goldsteig folgend rechts, und wie im Nu stehen wir auf einer weiten Lichtung, auf der sich nicht nur die **Sankt Johannes Nepomuk Kirche** ③ befindet, sondern auch ein massives, teilweise mit Holz verkleidetes Steinhaus, die **alte Schule** ④.

Dies war bis zur Stilllegung das höchstgelegene

*Die **Sankt Johannes Nepomuk Kirche** ist nicht nur das höchstgelegene Gotteshaus im Bistum Passau, sondern im ganzen Bayerischen Wald. Im Inneren des frei zugänglichen Gebäudes hängen viele alte Fotografien, die das einst rege Treiben im Dorf zeigen.*

Für die Seele

In der rauen Abgeschiedenheit tauchen wir in die Vergangenheit ein. Dörfer von einst sind zu Besinnungsorten von heute geworden.

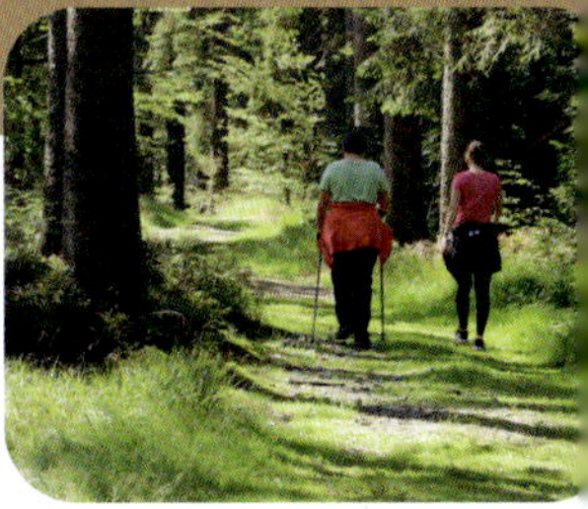

Klassenzimmer Deutschlands. Beide Anwesen sind zwar in gutem Zustand, in Betrieb ist hier auf über 1100 Metern aber nichts mehr. Es sind nur noch die Reste der 1618 gegründeten Ortschaft **Leopoldsreut.**

In den 1960er-Jahren wanderten die letzten Bewohner ab, seitdem wurde der Großteil der einst über 20 Häuser abgerissen. Ein Grund für den Rückzug:

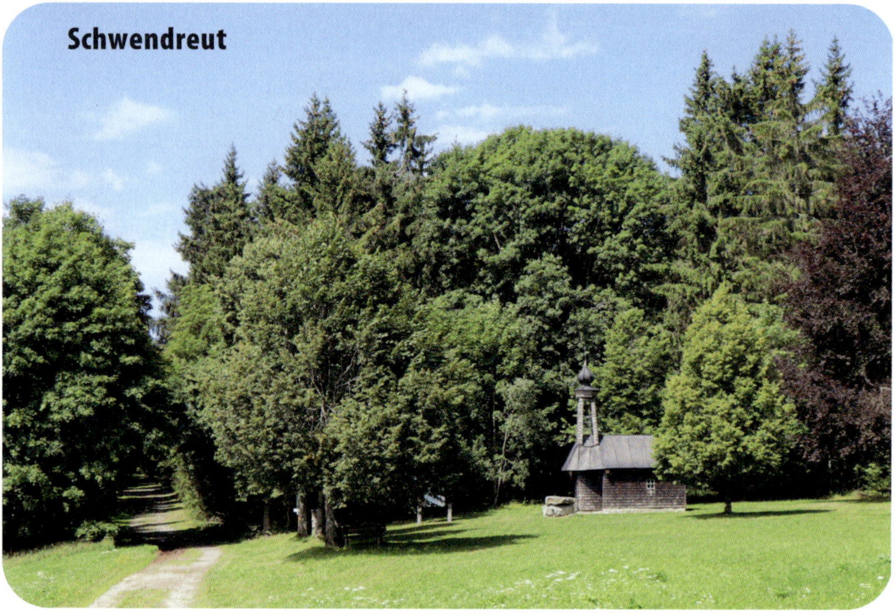

Die schneereichen Winter sorgten für vielerlei Entbehrungen. Regelmäßig war Leopoldsreut für mehrere Tage von der Außenwelt abgeschnitten. Diese Weite und Einsamkeit spüren wir noch heute, wenn wir uns auf einer der Sitzgarnituren niederlassen und uns vorstellen, welch hartes Leben es in der rauen Höhenlage einst zu meistern galt. Der Ausblick war dafür gigantisch. Davon können wir uns selbst überzeugen, indem wir an der Kirche vorbei in einen kleinen Stichweg hineinschreiten, der mit **Lusenblick** ⑤ beschildert ist. Von dieser Stelle aus sehen wir nicht nur den 1373 Meter hohen Lusen, sondern eine breite Phalanx grüner Bayerwald-Berge. Wir gehen zurück zur Sankt Johannes Nepomuk Kirche, der wir auch noch einen kurzen Besuch abstatten.

Danach starten wir in die vorletzte Etappe des Tages. Dafür gehen wir zunächst ein paar Hundert Meter zurück zu der großen Wegespinne. Hier verlassen wir nun den Goldsteig und folgen den **grünen Wegweisern** nach Schwendreut. Stets bergab schreiten wir auf einer breiten, oftmals sonnigen Forststraße durch dunkelgrünen Fichtenwald. An mehreren Abzweigungen halten wir uns stets geradeaus, den Schwendreut-Wegweisern folgend. Am Ende der entschleunigenden Bergab-Passage wartet erneut eine weite Lichtung. Wir sind am niedrigsten Punkt der Tour angekommen: Auf etwa 960 Höhenmetern liegt die ehemalige Ortschaft **Schwendreut.**

Die Reste der Besiedlung sind hier noch spärlicher als beim großen Bruder in Leopoldsreut. Nur eine kleine **Kapelle** ⑥ zeugt noch von der über 300 Jahre währenden Besiedlung. Vor dem kleinen Holzgebäude mit seinem charakteristischen offenen Zwiebelturm nehmen wir im Schatten auf einer Bank Platz und packen unsere Wegverpflegung aus. Das haben wir uns so lange aufgespart, weil sich hierher nur wenige Leute „verirren". So beißen wir genüsslich in unsere Brote und blicken abermals in die Ferne. Schließlich tut sich auf der gegenüberliegenden Seite des kleinen Gotteshauses die entgegengesetzt liegende Hügelkette auf. Gestärkt schlendern wir zum erfrischenden Brunnen, den Infotafeln, die viel zur Siedlungsgeschichte verraten, und zur Kapelle selbst, in der sich ein spärlich ausgestatteter Altarraum befindet.

Nach dem Rundgang satteln wir wieder die Pferde und brechen auf in Richtung Ausgangspunkt. Um dorthin zu gelangen, müssen wir 100 Meter auf dem Weg, den wir gekommen sind, zurückgehen und rechts in Richtung Grainet abbiegen. Wir bewegen uns abermals

*Einmal im Jahr erwacht das ehemalige Walddorf Schwendreut aus dem Dornröschenschlaf. Immer am letzten Sonntag im Juli veranstaltet der Waldverein hier ein **Waldfest** mit Gottesdienst, gemütlichem Beisammensein und Musik.*

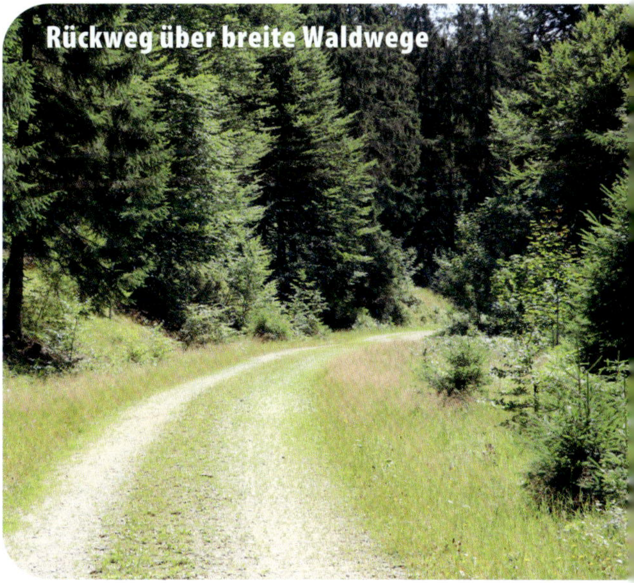

Rückweg über breite Waldwege

durch dichte Fichtenbestände auf einem breiten Kiesweg. An der nächsten Kreuzung halten wir uns geradeaus, anschließend geht's noch mal ein paar Höhenmeter bergauf. Nach dem kleinen Anstieg folgt eine Gabelung der Forststraße, bei der wir trotz fehlenden Wegweisers rechts abbiegen. Etwa 700 Meter später betreten wir wieder den zweiten **Parkplatz,** den wir vom Start der Tour kennen. Hier biegen wir rechts ab und verlassen den Wald. An der **1000-Höhenmeter-Markierung** vorbeigehend erreichen wir wenig später unseren Startpunkt. Wir sind zurück in der Gegenwart. Mit imposanten Eindrücken der Vergangenheit freuen wir uns jetzt erst mal auf eine warme Dusche, die es wohl weder in Schwendreut noch in Leopoldsreut je gegeben haben wird.

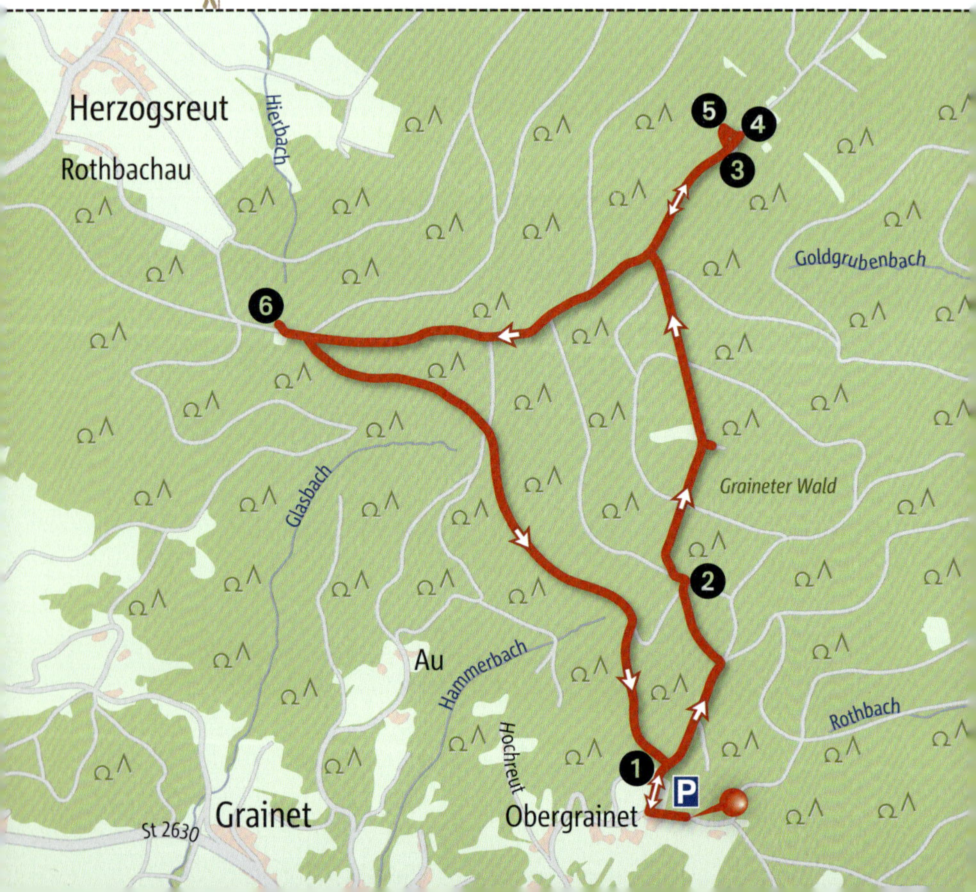

Alles auf einen Blick

WIE & WANN:
Fast nur breite Schotterstraßen; beste Zeit: Mitte April bis Ende Oktober, im Winter nur mit Schneeschuhen begehbar

HIN & WEG:
Auto: Wanderparkplatz in Obergrainet, 94143 Grainet (GPS: 48.802722, 13.675137)
ÖPNV: Keine direkte Anbindung an die Strecke

ESSEN & ENTSPANNEN:
Wir packen Brot, Käse und Wurst in den Rucksack und genießen alles an der Kapelle Schwendreut. Demnächst kann man vielleicht auch im alten Schulhaus von Leopoldsreut einkehren. Ein Unternehmer der Region will dort ein Brotzeitstüberl eröffnen.

ENTDECKEN & ERLEBEN:
1000-Höhenmeter-Marke ❶
Aussichtsturm am Haidel ❷
Sankt Johannes Nepomuk Kirche ❸
Altes Schulhaus von Leopoldsreut ❹
Lusenblick ❺
Kapelle Schwendreut ❻

Entspannung ★★★★☆
Genuss ★★☆☆☆
Romantik ★★★☆☆

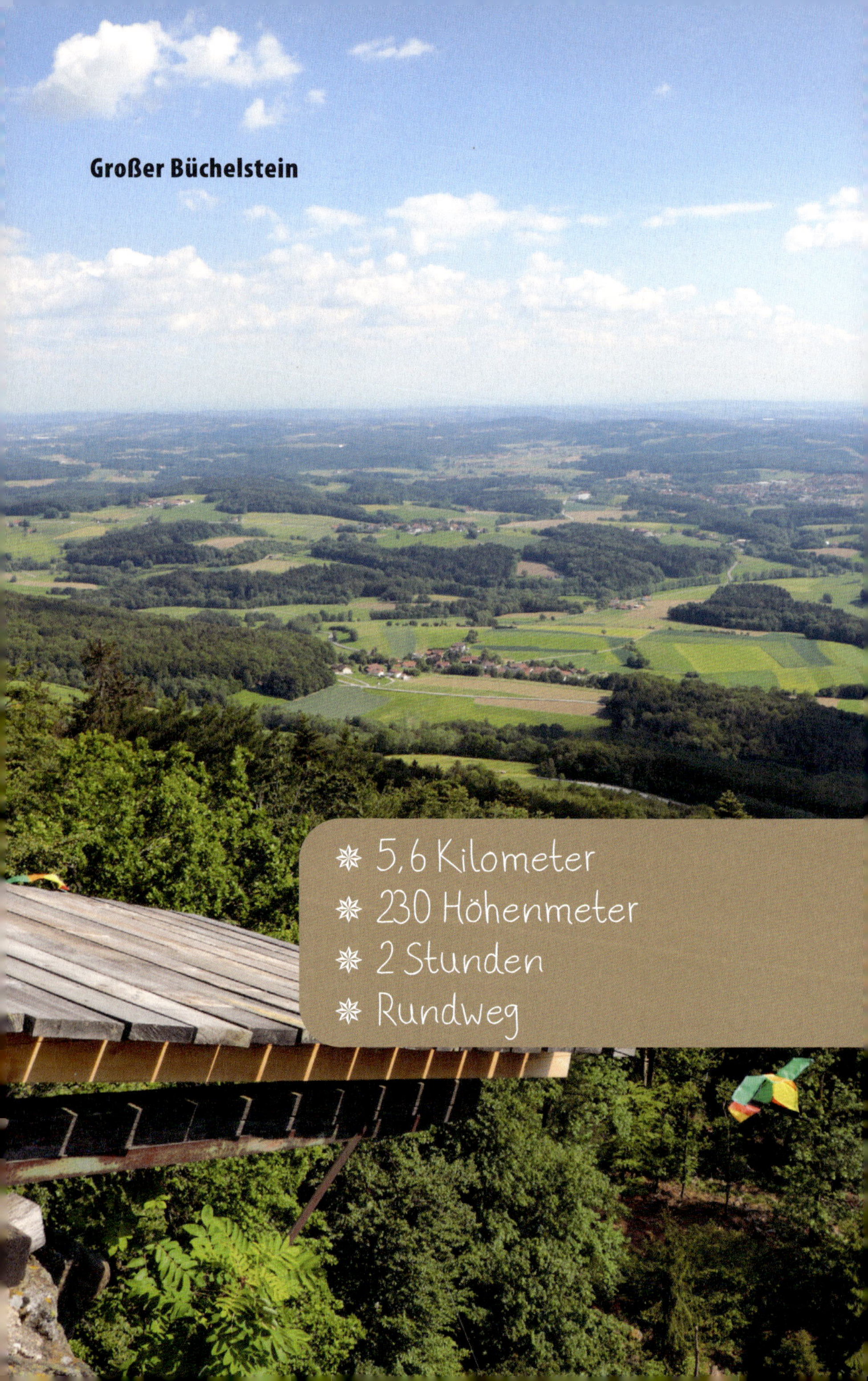

Großer Büchelstein

- 5,6 Kilometer
- 230 Höhenmeter
- 2 Stunden
- Rundweg

Im Vorwald

Donaublick vom Büchelstein

Heute steht eine absolut gemütliche Runde im Vorderen Bayerischen Wald auf dem Programm – ideal für all jene, die keine allzu fordernde Wanderung in Angriff nehmen wollen. Dafür parken wir am Rand des Dorfes Kerschbaum. Am oberen Ende des Parkplatzes an einer Skipiste mit Blick auf den Brotjacklriegel überqueren wir die Kreisstraße DEG 9, über die wir angereist sind, und gehen geradeaus auf das Ortsschild nebst dazugehöriger Dorfstraße zu. Nur gut 100 Meter später erreichen wir bereits den ersten Höhepunkt des Tages, die **Leonhardi-Kapelle in Kerschbaum** ①. Wir werfen einen Blick ins Innere, um unsere Tour mit einem Moment der Besinnung zu starten.

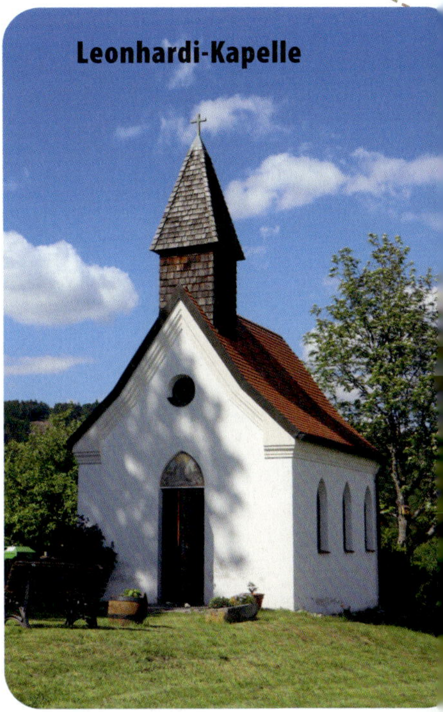

Leonhardi-Kapelle

Hinter dem schmucken Gotteshaus schlendern wir am **Gasthof zum Büchelstein** ② vorbei. Am **Feuerwehrhaus** angekommen, halten wir uns links in eine noch schmalere Straße abbiegend, dem Straßenschild nach **Oberaign** folgend. Hinter dem letzten Haus des Dorfes zweigt ein Schotterweg ab, den wir jedoch ignorieren, um auf dem geteerten Untergrund zu bleiben. Dabei weist uns die rote **54er-Markierung** den Weg. Am Rand einer saftigen Wiese geht's nun beständig bergauf. Dabei können wir linker Hand erste Ausblicke in die Do-

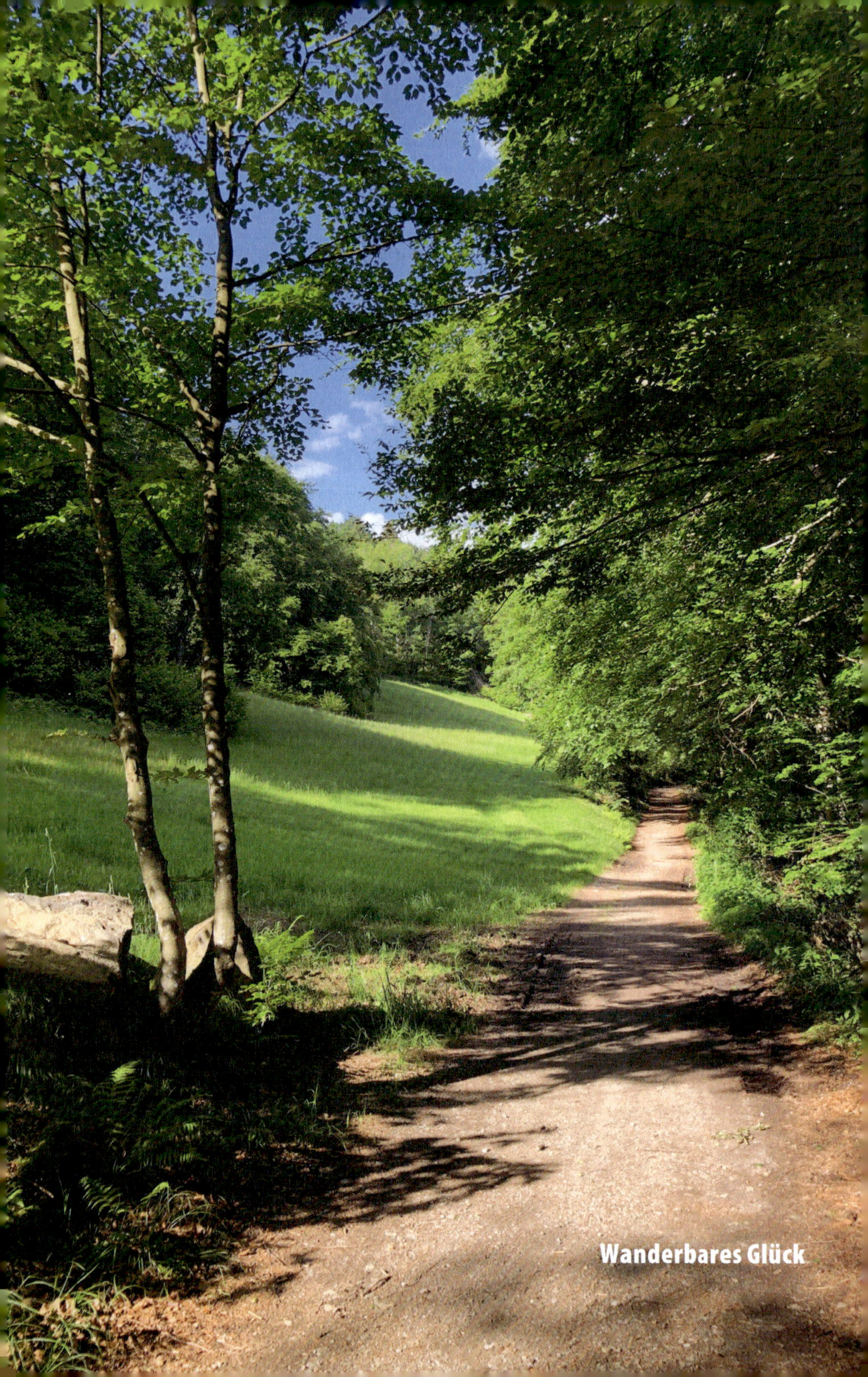
Wanderbares Glück

nauebene genießen, ehe uns der Wald umschließt. 250 Meter nach dem Eintauchen in Nadel- und Laubbäume steht am rechten Straßenrand ein Schild in Richtung „Büchelstein (Teerstraße)". Für uns bedeutet dies: Links in den Waldweg abbiegen, um unseren Füßen einen weicheren Untergrund zu gönnen.

Nachdem wir ein Rinnsal überschritten haben, erblicken wir links eine **Waldwiese.** Wir halten uns jedoch kurz vorher rechts und folgen einem schmalen Pfad bergauf. Keine 10 Minuten später kommen wir wieder

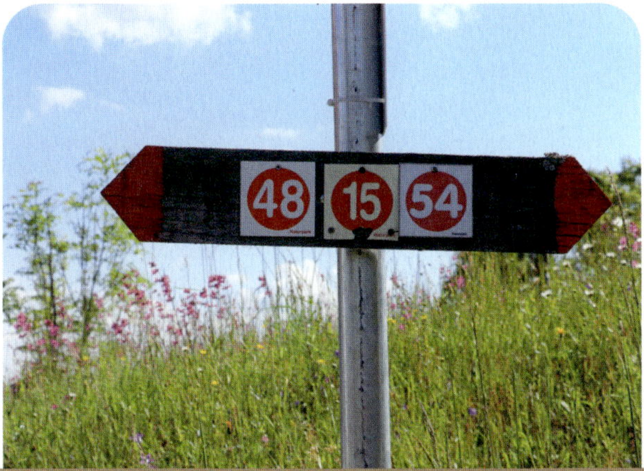

Für die Seele

Seelenglück im Doppelpack! Ohne Hast schlendern wir zu zwei Kapellen und zwei Aussichtshügeln.

auf die Teerstraße von vorhin, die an dieser Stelle jedoch in eine Forststraße mündet. In diese schwenken wir linker Hand ein. Bald darauf halten wir uns an einer Gabelung ebenfalls links und betreten sogleich eine offene **Lichtung.** An deren Rand liegt der erste Aussichtshügel des Tages, der 832 Meter hohe **Große Büchelstein ③.** Wir lassen uns auf einer der Bänke mit

Gipfelkreuzblick nieder. Unsere Augen schweifen dank der breiten Felsformation über die Donauebene. Bei guter Thermik stürzen sich vielleicht sogar ein paar Drachenflieger von der Rampe aus über die steile Klippe in die Tiefe.

Wenn unser Entschleunigungsakku es wieder zulässt, machen wir uns auf zum nächsten Etappenziel. Dafür gehen wir die wenigen Schritte zurück zur Wiese und halten uns dort links. Relativ eben stolzieren wir durch dichte Waldbestände immer etwas unterhalb einer Forststraße. Wenn der Pfad schließlich auf den breiten Schotterweg trifft, halten wir uns links. Der abwärts führende Waldweg erspart uns einen Umweg – und ist zugleich schöner als die Alternative. Dabei gilt es eine rund 400 Meter lange, recht steile Abwärtspassage zu absolvieren. So kommen wir direkt an die Wendeplattform der vorherigen Forststraße, die an dieser Stelle endet. Am Kiesrondell schreiten wir links vorbei. Dabei orientieren wir uns am Wegweiser zum Kleinen Büchelstein.

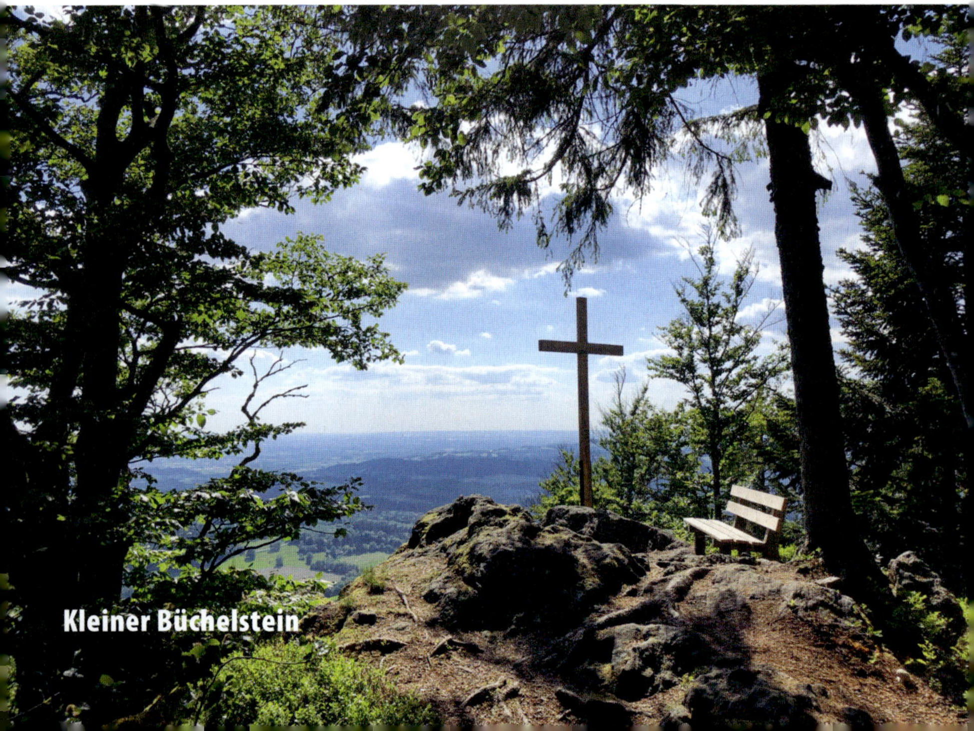
Kleiner Büchelstein

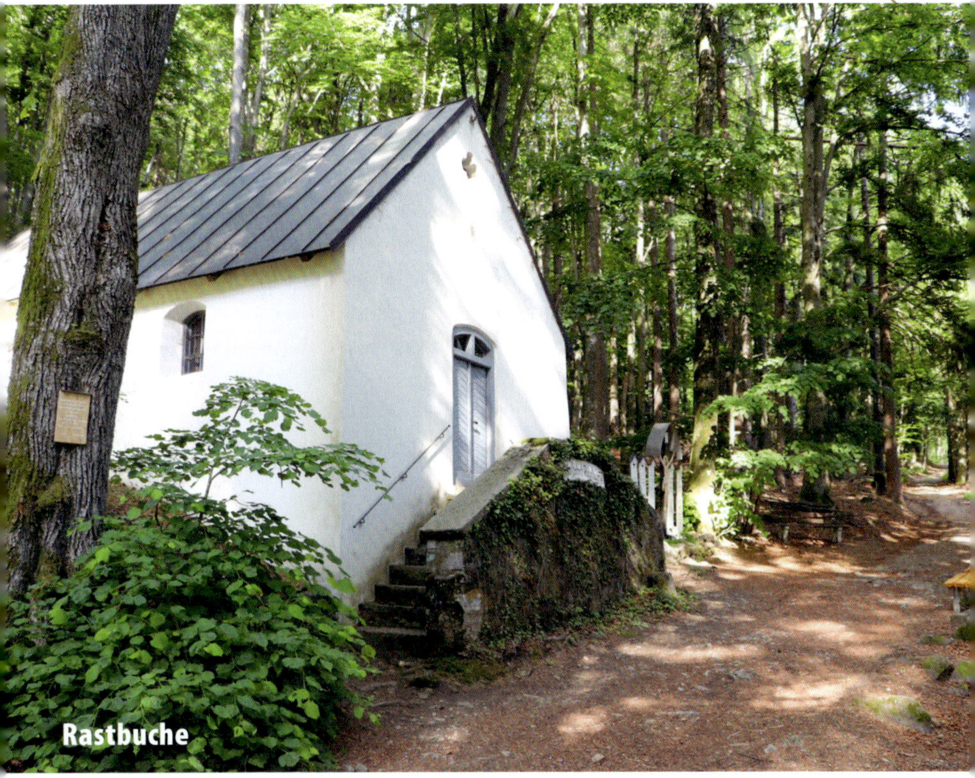

Der weiche Waldsteig bringt uns bald zu einer Abzweigung, wo ein Schild uns vorschlägt, zum Aussichtspunkt am **Kleinen Büchelstein** 4 links abzubiegen. Wir folgen gerne. Als Belohnung gelangen wir in Windeseile zu einem versteckt liegenden Felsvorsprung. Auch hier warten wieder eine Bank, ein kleines Gipfelkreuz und eine phänomenale Aussicht auf uns – die perfekte Kombination für das Runterkommen vom stressigen Alltag. Auch die vielen moosüberwucherten Felsbrocken unter dem Kronendach sind eine wahre Schau. Direkt vor uns im Tal liegt übrigens der Sonnenwald-Ort Grattersdorf mit seinem markanten weißen Kirchturm.

Nach einer ausgiebigen Rast gehen wir den Stichweg zurück. An dessen Ende biegen wir links ab –

*Das leckere **„Pichelsteiner“** kennt man auch außerhalb Bayerns. Der Eintopf, bestehend aus verschiedenen Fleisch- und Gemüsesorten, ist wahrscheinlich nahe dem Büchelstein entstanden. Hier kochte Wirtin Augusta Winkler das Gericht schon Mitte des 19. Jahrhunderts.*

abermals der roten 54 folgend. Dabei steht zunächst ein recht flotter Abschnitt gen Tal auf dem Programm. Über wurzeligen und steinigen Untergrund müssen wir rund 100 Höhenmeter abwärts bewältigen. Kurz vor dem Ende dieser Etappe schreiten wir an einem großen Anwesen vorbei, um dahinter linker Hand in dessen gekieste Zufahrt einzubiegen. Vor einem weiteren Hofkomplex halten wir uns rechts. So gelangen wir auf eine sonnige Wiese. An der nächsten Gabelung, an der wir uns später links halten müssen, nehmen wir erst mal Platz. Nach dem Abstieg kommt die einladende **Sitzgarnitur** einfach zur rechten Zeit.

Vom tiefsten Punkt der heutigen Tour aus gilt es ab jetzt wieder sanft Höhe gutzumachen. Dafür geht es bald wieder hinein in den Wald. Der breite Weg, dem wir von nun an stets geradeaus folgen, bekommt nach einigen Hundert Metern eine religiöse Kompo-

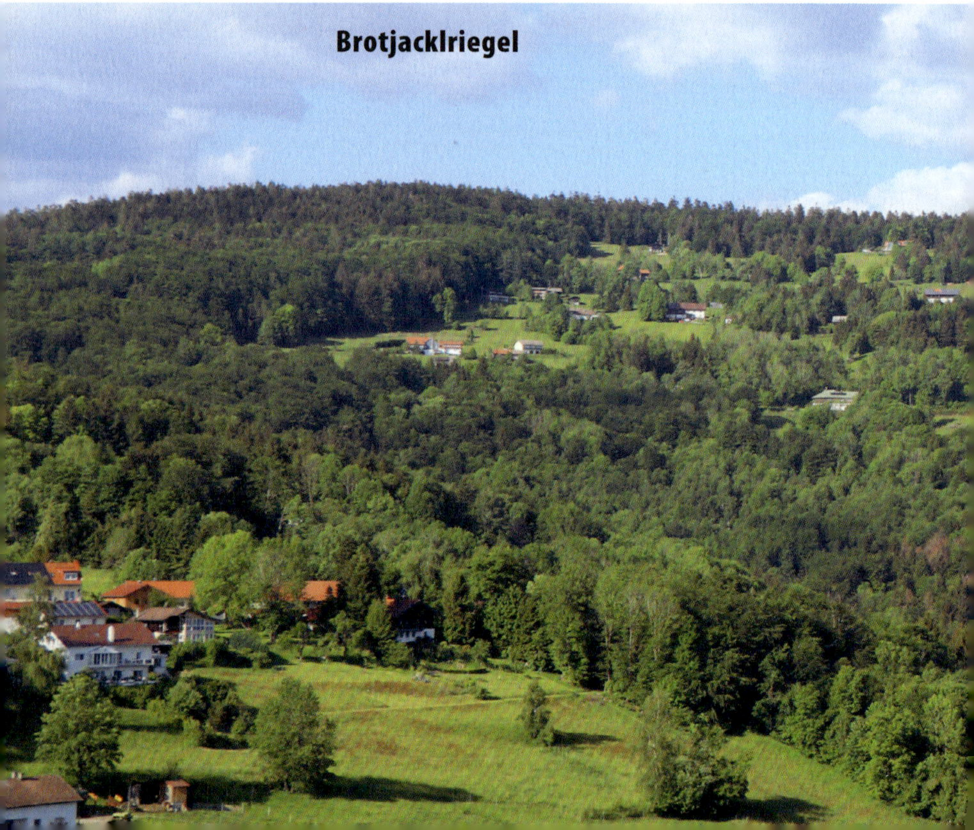

Brotjacklriegel

nente. Das liegt an bunten Gemälden am Wegesrand, die den Leidensweg Christi nachstellen. Der **Kreuzweg 5** führt uns direkt zur **Wallfahrtskapelle Rastbuche 6**. Das von außen recht schlichte Gotteshaus ist der vorletzte Rastplatz unserer Wanderung, schließlich trägt es die „Rast" sogar im Namen. Wir lassen uns im Innenraum nieder, mit Blick auf den vergitterten Altar, oder im Außenbereich mit Blick auf die Totenbretter, typische Bayerwald-Gedenktafeln für Verstorbene.

Wieder auf den Beinen, folgen wir abermals dem breiten Waldweg. Das dichte Kronendach wird nur an zwei Stellen licht. Einmal passieren wir eine saftige **Waldwiese** und einmal einen stattlichen Hof. Hinter diesem wird der Weg fester; teils geteert, teils geschottert nehmen wir das finale Stück zurück nach Kerschbaum in Angriff. Wir münden am Dorfrand auf die

*Um 1700 entstand die Wallfahrtskapelle **Rastbuche.** Eine Sage erzählt, dass Christus hier einst auf dem Weg hinauf zum Büchelstein Rast gemacht haben soll. Zwei vermeintliche Knieabdrücke in einem Stein sollen Zeugnis davon ablegen.*

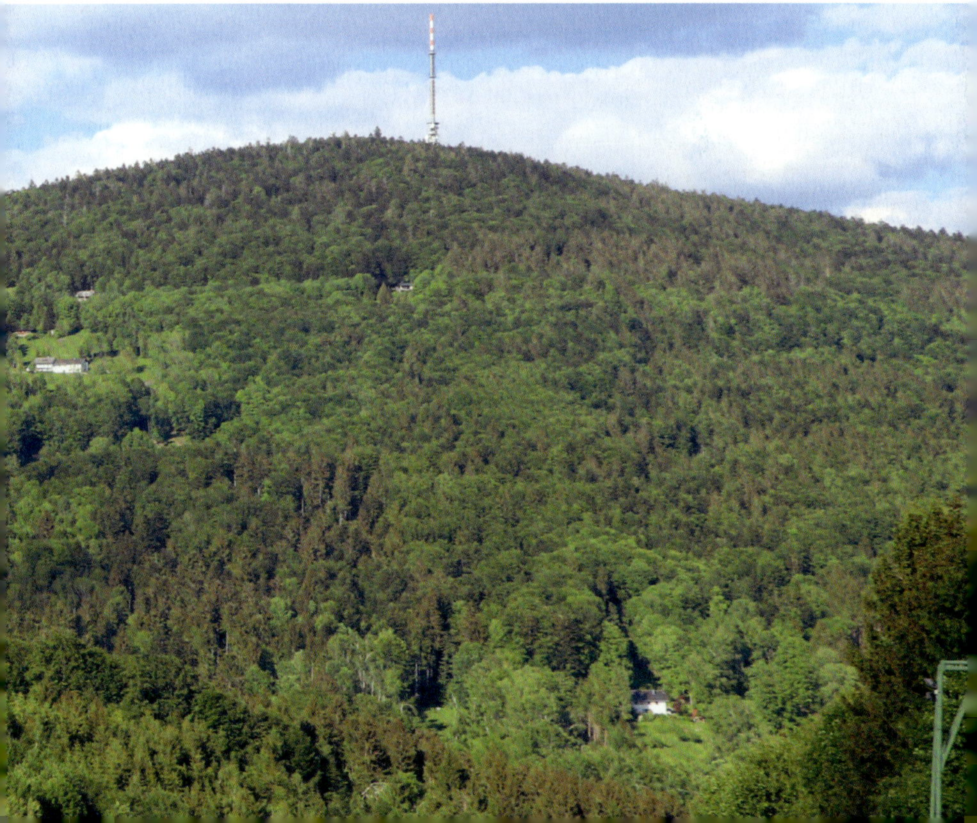

*Der markante **Brotjacklriegel** ist mit 1011 Metern eine der höchsten Erhebungen im Vorderen Bayerischen Wald. Auf seinem Gipfel thront nicht nur eine Sendeanlage des Bayerischen Rundfunks, sondern auch ein hölzerner Aussichtsturm.*

Route, die wir anfangs genommen haben, und halten uns zweimal rechts, um wieder vorm Gasthof zum Büchelstein zu stehen. Diesmal lassen wir das Wirtshaus nicht links liegen, sondern gönnen uns als Abschluss der Wanderung eine zünftige Stärkung, vielleicht einen Büchelsteiner Eintopf?

Nach dem Begleichen der Zeche schlendern wir zum zweiten Mal an der Leonhardi-Kapelle vorbei. Unsere Augen schweifen aber vor allem in die Ferne. Schließlich liegt jetzt der Brotjacklriegel, der höchste Berg des Sonnenwaldes, direkt vor uns. Mit diesem finalen Panorama vor Augen überschreiten wir noch einmal die Kreisstraße, um zum Parkplatz zu kommen. Gänzlich entschleunigt treten wir den Heimweg an.

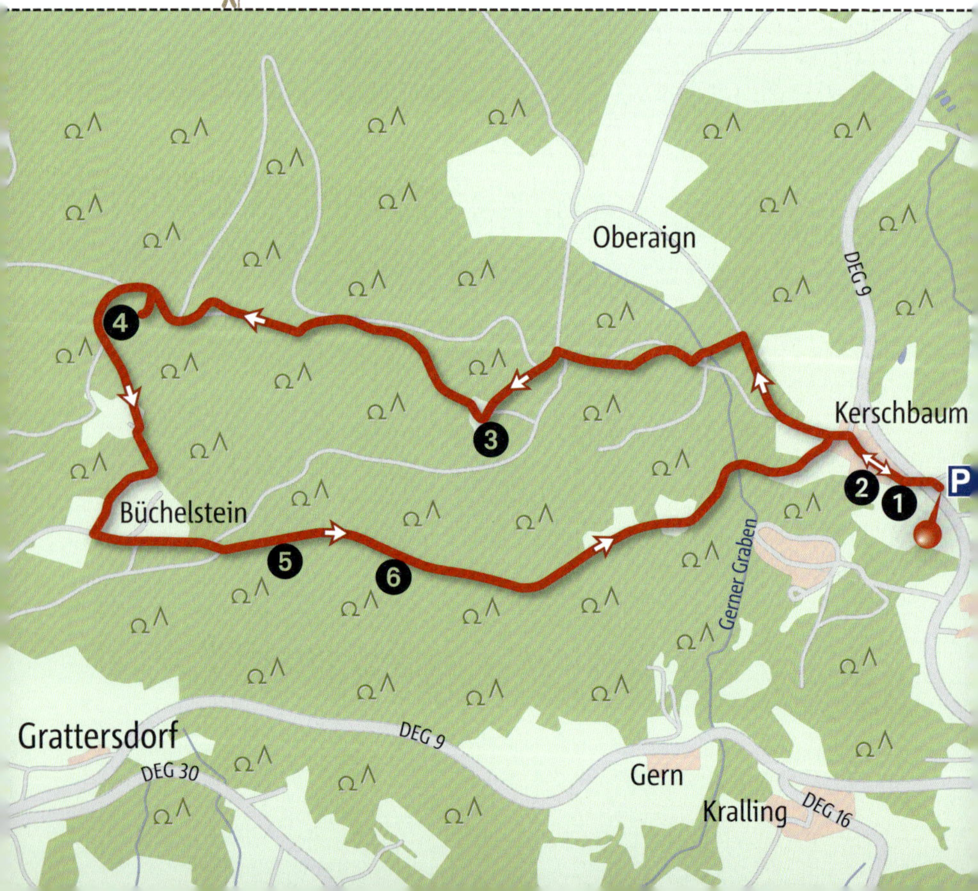

Alles auf einen Blick

WIE & WANN:
Nebenstraßen, Waldwege und Forststraßen; ganzjährig begehbar, beste Zeit: April bis November

HIN & WEG:
Auto: Parkplatz an der Kreisstraße DEG 9 am Ortsrand von Kerschbaum, 94541 Grattersdorf (GPS: 48.806809, 13.190509)
ÖPNV: Keine direkte Anbindung an die Strecke

ESSEN & ENTSPANNEN:
Gasthof zum Büchelstein ❷
Kerschbaum 29, 94541 Grattersdorf, Tel. (0 99 08) 2 24

ENTDECKEN & ERLEBEN:
Leonhardi-Kapelle in Kerschbaum ❶
Großer Büchelstein ❸
Kleiner Büchelstein ❹
Kreuzweg ❺
Wallfahrtskapelle Rastbuche ❻

Entspannung ★★★★★
Genuss ★★★☆☆
Romantik ★★★☆☆

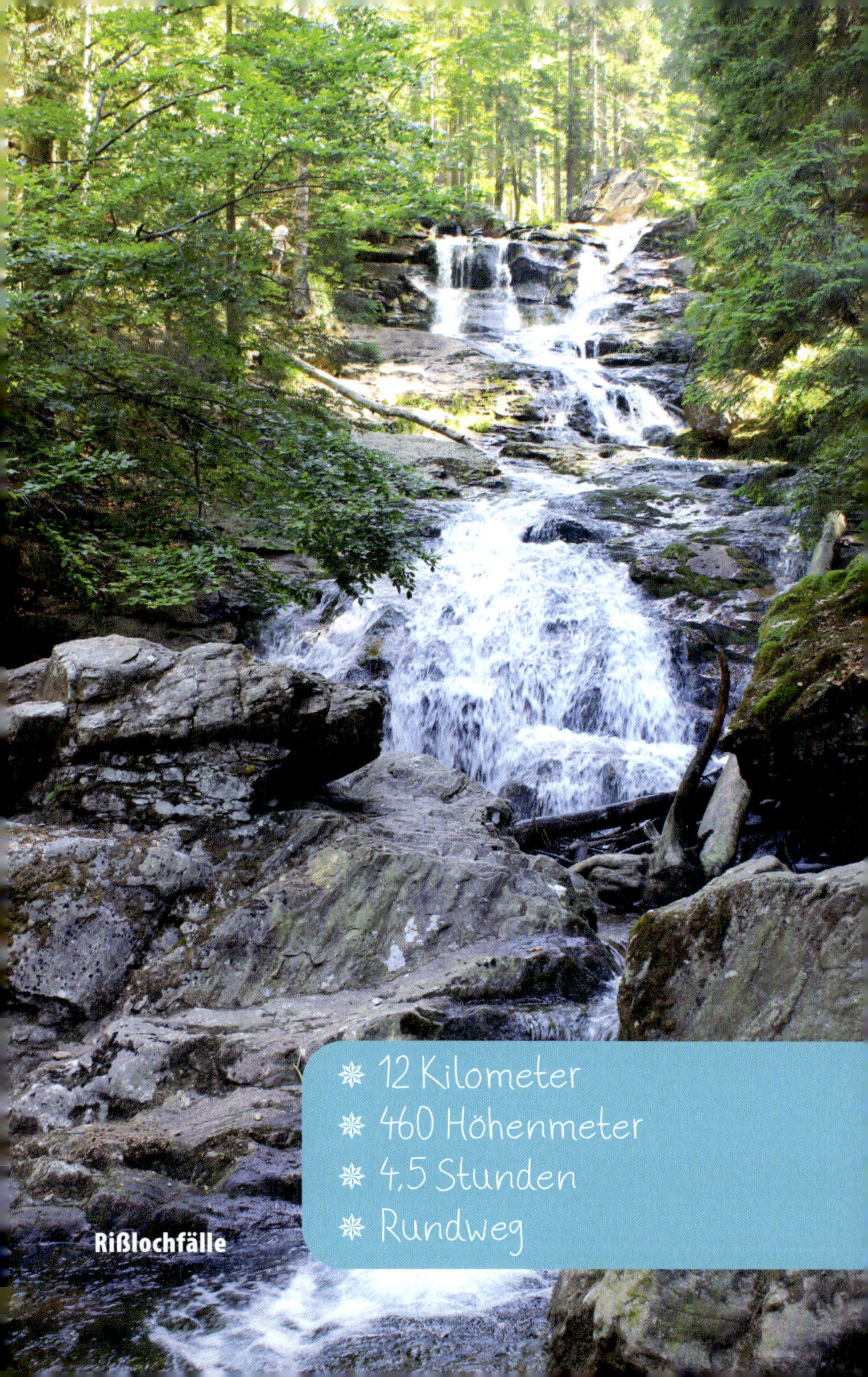

Rißlochfälle

Unsere tosende Wasserfallerkundung startet am **Bahnhof** in Bodenmais. Den Bahnsteig verlassen wir in die Richtung, in die die Waldbahn nicht weiterfährt, und betreten den grünen **Kurpark 1.** Dafür gehen wir zunächst leicht links über einen Wasserlauf, um gleich wieder rechts abzubiegen. Wir schlendern an einem überdimensionierten Schachbrett, Spieltischen, den stillgelegten Gleisen und allerlei bunten Pflanzen vorbei. Am Ende des Kurparks weist uns ein schmaler Turm mit auffälliger Bemalung den Weg. Dargestellt ist eine winterliche Gipfel-Szenerie mit Skiläufern und Rodlern.

Dahinter stoßen wir auf eine Straße, den **Finkenweg,** den wir halb links überqueren, um sogleich nach rechts in die **Scharebenstraße** einzubiegen. Ab hier folgen wir den Wegweisern zum Hochfall beziehungsweise der **roten 3.** Wir halten uns mehrfach geradeaus, immer dem Straßenverlauf folgend, und steigen dabei immer höher auf. Wenn wir bei den letzten Wohnhäusern angekommen sind, lohnt es sich, kurz innezuhalten und sich umzudrehen. Nun genießen wir den Blick auf den ganzen Ort und die umliegenden Hügel. Danach tauchen wir in den Wald ein. Ein paar Meter folgen wir noch der Teerstraße, ehe wir nach rechts in den Wanderweg abbiegen.

Es dauert nicht lange, bis sich die nächste Fahrstraße vor unseren Augen auftut. Wir halten uns der Beschilderung folgend halb links und bleiben für ein paar Meter auf einem geschotterten Forstweg. Kurz

Wasser marsch!

Zu Hochfall und Rißlochfällen

darauf biegen wir abermals links in einen wenige Meter langen Trampelpfad ein, überqueren die Arberhochstraße und verschwinden der 3 folgend im Wald.

Hier beginnt ein **Meditationsweg** der Pfarrei Bodenmais, der durch runde Infotafeln erklärt wird. Unter dem Motto Perspektivwechsel werden Wanderer dazu aufgerufen, die Natur aus neuen Blickwinkeln zu entdecken. Teil des Konzepts ist es, künstlerische Gebilde aus Naturmaterialien zu formen und am Wegesrand abzulegen. So begegnen uns im Laufe des Weges immer wieder Steintürmchen, Holzskulpturen oder Figuren aus Fichtenzapfen.

Der Weg selbst verläuft zunächst recht breit und mäßig steil, wird nach einer ausgeschilderten Abzweigung nach links langsam aber immer schmaler. Kurz nach der Gabelung erreichen wir einen der wenigen **Aussichtspunkte** 2 des Tages. Auf einem Felsvorsprung steht eine Bank, die nicht nur zur Rast, sondern auch zur Erkundung der Landschaft einlädt. Wer ruhig dasitzt, kann spätestens hier schon das tosende Rauschen des **Moosbachs** wahrnehmen. Das Geräusch wird später immer lauter, bis der klare Gebirgsbach direkt neben dem Wanderweg auftaucht. Er begleitet uns im immer enger

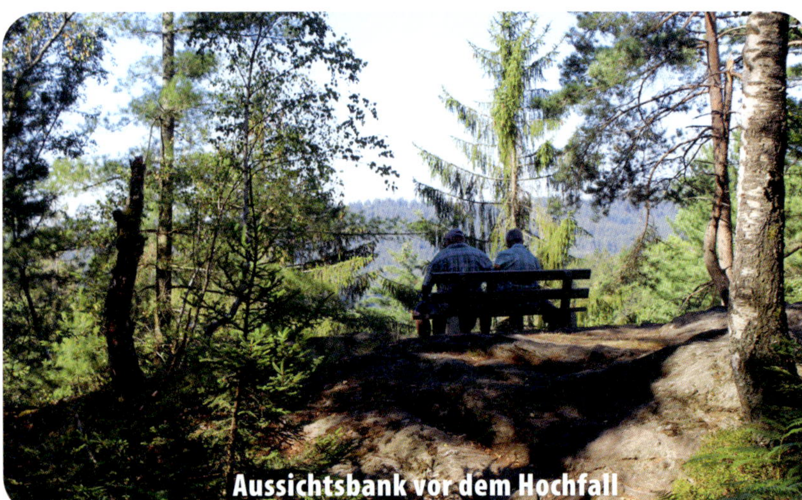

Aussichtsbank vor dem Hochfall

werdenden Tal bis zum ersten Wasserfall des Tages, dem **Hochfall** ③. Er ist der zweithöchste in der Region.

Wir betreten die **Holzbrücke,** von der aus wir die fast zehn Meter in die Tiefe fallenden Wassermassen perfekt beobachten können. Wo das kühle Nass wieder auf die Wasseroberfläche trifft, haben sich ausgeschwemmte Pools und Strudel gebildet. Ein paar Meter entfernt können wir dieses Spektakel auch im Sitzen auf einer Bank genießen und vielleicht den ersten Teil der Rucksackverpflegung auspacken.

Nach der Ruhepause folgen wir weiterhin der roten 3 in Richtung **Scharebenstraße.** Etwa 500 Meter lang bleiben wir aufsteigend auf dem schmalen Steig, ehe wir den geteerten Untergrund erreichen. Wir biegen rechts in die Straße ein und gönnen unseren Füßen eine entspannende Flachetappe. Bei der Straßengabelung in **Oberlohwies** halten wir uns links und schreiten am **Stützpunkt der Bayerischen Staatsforsten** vorbei. 500 Meter später biegen wir scharf rechts ab, wie es die Markierung **rote 2** in Richtung Bodenmais vorschlägt. Ein Wegkreuz passierend geht es gut bergab, bis sich an einem Ausblick wieder der Ort und der gegenüberliegende Silberberg nebst Lift- und Skipisten-Schneise zeigen.

Wir erreichen ein paar Häuser, einen Brunnen sowie eine Übersichtstafel an einer Bank. An diesem Ensemble verlassen wir aber schon wieder die Siedlung und biegen linker Hand in den Wald ein, weiter der roten 2 folgend. Der Schotterweg bleibt breit, wird erst nach dem Passieren einer **Schutzhütte** enger und weicher. Von nun an wandern wir abermals in ein eng

Schon 1965 wurde eine rund einen Kilometer lange Fließstrecke des ***Moosbachs*** *zum Naturdenkmal erklärt. Das Gewässer, welches zwischen den Bergen Enzian und Kleiner Arber entspringt, stürzt in diesem Bereich über mehrere imposante Wasserfälle gen Tal.*

Für die Seele

Jacke überwerfen, an die Brüstung lehnen und die kühle Luft einsaugen: So tanken wir an erfrischenden Wasserfällen neue Kraft!

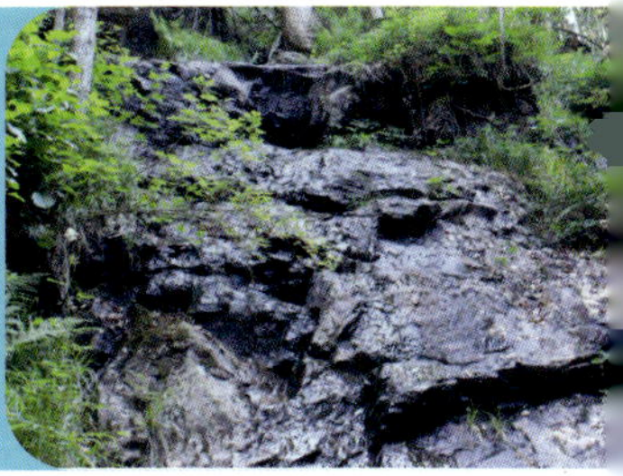

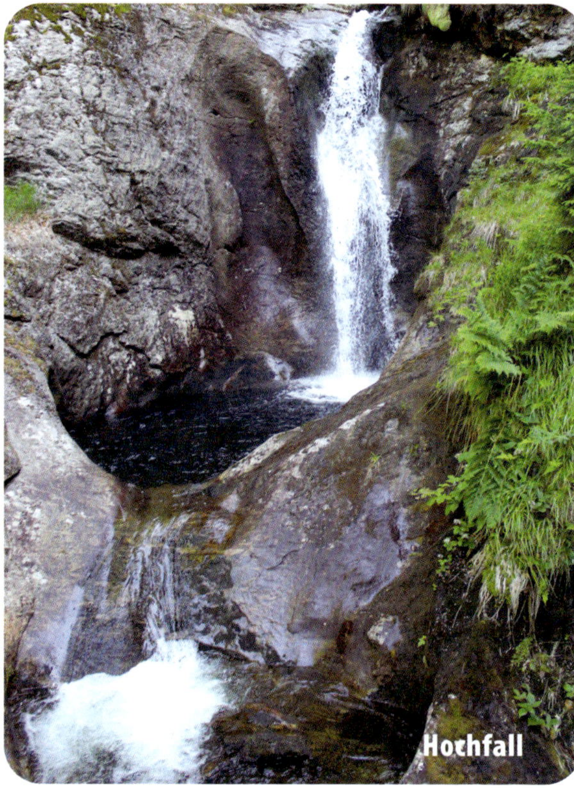

eingeschnittenes Tal hinein, ab und zu säumen riesige Blöcke aus Gneisgestein den Weg. Nachdem wir den wasserarmen **Rechersöldenbach** über eine Holzbrücke überquert haben, wird die Geräuschkulisse immer lauter. Spätestens das Naturschutzgebiet-Schild sagt uns, dass der zweite Höhepunkt des Tages nicht mehr weit entfernt liegt.

An den **Rißlochfällen** (4) angelangt, ist erst mal Staunen angesagt. Das Wasser saust hier noch imposanter als am Hochfall zu Tal. Über mehrere Stufen sucht sich der wilde Bergbach seinen Weg über die abgeschliffenen Gneisfelsen.

Wir steigen den Markierungen hinterher am linken Ufer über Stock und Stein auf, um den größten

Bayerwald-Wasserfall komplett zu erleben. An einem ruhigen Plätzchen lassen wir uns nieder und genießen das erquickende Rauschen. Fast am Ende der Kraxelei erreichen wir die Stelle, an der sich **Wildauerbach** und **Schwellbach** zum **Riesbach** vereinen. Kurz dahinter biegen wir zweimal rechts ab, überqueren dabei eine schmale Brücke und gehen wieder bergab, der **grünen 2** folgend. Dabei überqueren wir eine zweite Brücke, an der noch mal ein hoher Wasserfall gen Tal stürzt.

Der Pfad durch den naturbelassenen Wald bleibt zunächst steinig, rechter Hand saust der Riesbach, in dessen Schlucht wir immer wieder tiefe Einblicke genießen. So erspähen wir auch im weiteren Verlauf noch tosende Wasserfälle, ruhige Becken und rasante Stromschnellen. Sobald das Wasser sanfter wird, verabschiedet sich der romantische Waldweg. Er mündet in einen breiten Forstweg, in den wir links einbiegen. Direkt an der Gabelung lesen wir noch die Infotafel und lassen uns kurz auf der oft sonnigen Bank nieder, eher wir die letzte Etappe in Angriff nehmen.

Von nun an geht's immer bergab. Wir passieren einen großen **Wanderparkplatz** und eine **Holzbrücke,** die auf die andere Seite des Bachs führt, bleiben aber selbst stets am linken Ufer. Ein paar Meter hinter dem Parkplatz verlassen wir den Wald und betreten wieder die Ortschaft. Vorbei an schmucken Einfamilienhäusern, Hotels und Pensionen nähern wir uns dem Ortszentrum

*Gut zwei Wanderstunden und 500 Höhenmeter von den Rißlochfällen entfernt erhebt sich der König des Bayerischen Waldes, der **Große Arber.** Sportliche Wanderer können den Gipfelsturm in diese Tour einbauen, normale Wanderfans verschieben das auf einen anderen Tag.*

Blick auf Bodenmais

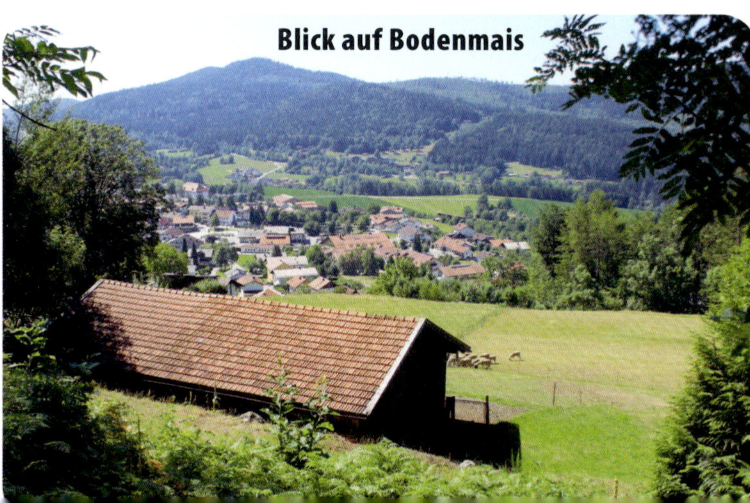

*Der Kurort **Bodenmais** ist das Tourismuszentrum im Bayerischen Wald mit den meisten Übernachtungen im Jahr. Vor allem an schönen Wochenendtagen im Sommer und Herbst ist hier viel los. Daher: Lieber unter der Woche zur Tour aufbrechen.*

von Bodenmais. Dafür bleiben wir stets auf dem **Rißlochweg.** Nach dem Bahngleis halten wir uns noch kurz geradeaus, ehe wir nach rechts in die **Bahnhofstraße** einbiegen. Dabei haben wir schon das letzte Ziel des Tages im Blick, den **Brauerei Gasthof Adam Bräu** 5. Je nach Witterung lassen wir uns im Inneren oder im Biergarten nieder und bestellen uns ein kühles Getränk und eine leckere Stärkung. Nach der finalen Rast des Tages überqueren wir abermals die Bahnhofstraße und gehen auf das Gebäude der **Touristinformation** zu. Daran schlendern wir rechts vorbei und sind wenige Meter später wieder am **Bahnsteig,** an dem unsere Tour am Anfang des Tages begonnen hatte. Egal ob mit Auto oder Zug: Bei der Rückfahrt werden wir noch oft an die tosenden Wasserfälle von Bodenmais denken.

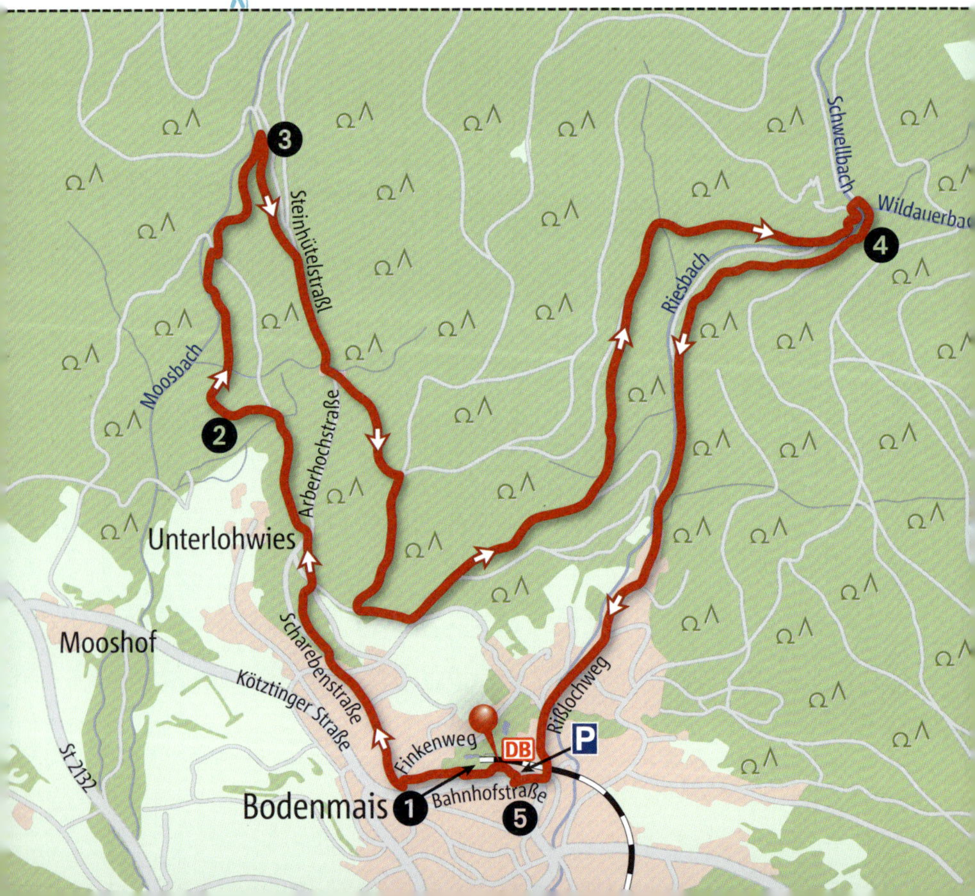

Alles auf einen Blick

WIE & WANN:

Mischung aus einfachen und wurzeligen Waldwegen;
beste Zeit: April bis Oktober (nach der Schneeschmelze rauscht besonders viel Wasser über die Wasserfälle, bei Nässe und Frost herrscht Rutschgefahr)

HIN & WEG:

Auto: Parkhaus am Bahnhof, Bahnhofstraße, 94249 Bodenmais (GPS: 49.070068, 13.102901)
ÖPNV: Waldbahn-Linie 2, Bahnhof Bodenmais

ESSEN & ENTSPANNEN:

Adam Bräu ❺ Bahnhofstraße 49, 94249 Bodenmais,
Tel. (0 99 24) 9 40 00, www.adam-braeu.de

ENTDECKEN & ERLEBEN:

Kurpark ❶
Dorfblick ❷
Hochfall ❸
Rißlochfälle ❹

Entspannung ✱✱✱✱✱
Genuss ✱✱✱✱✱
Romantik ✱✱✱✱✱

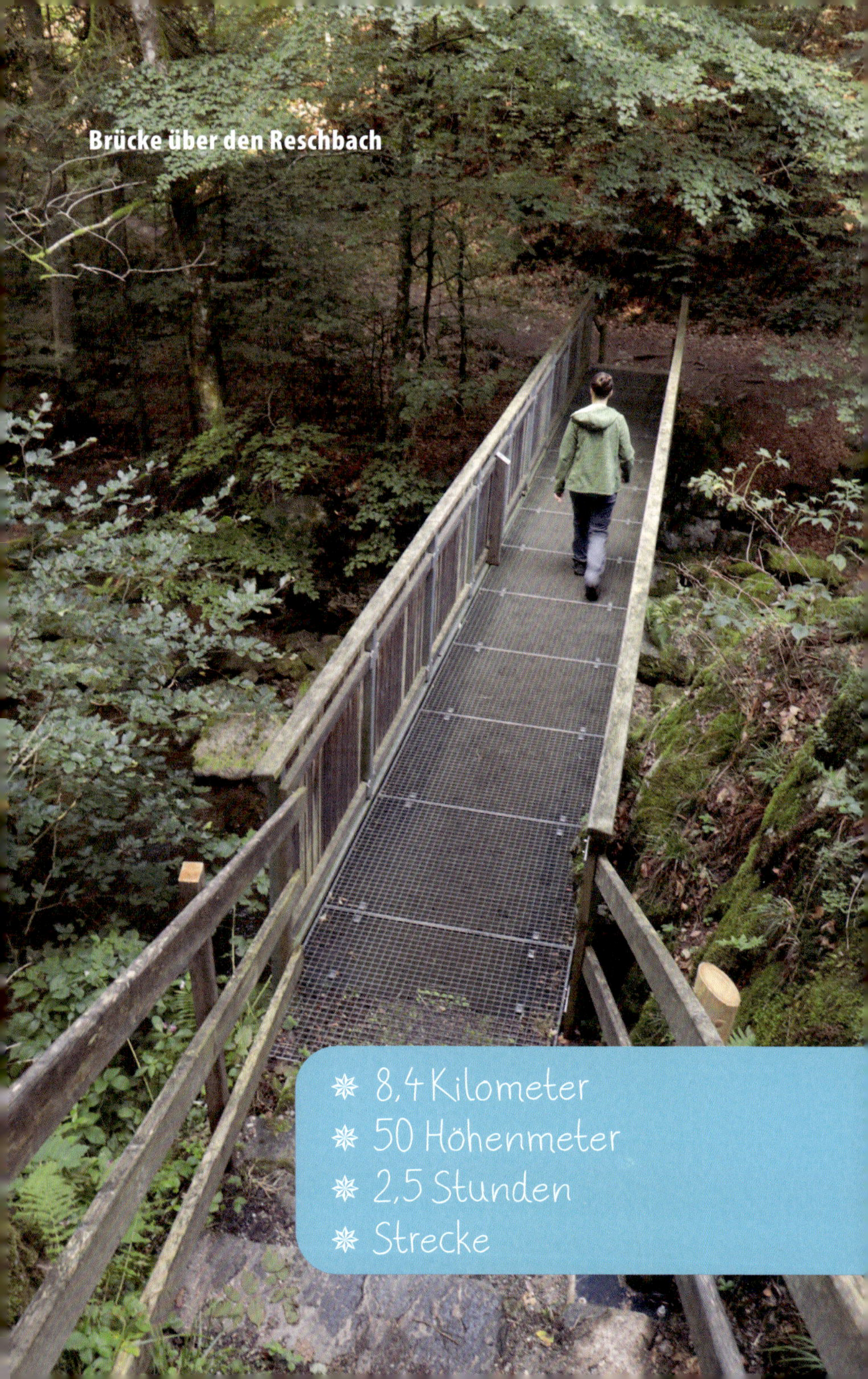
Brücke über den Reschbach

- 8,4 Kilometer
- 50 Höhenmeter
- 2,5 Stunden
- Strecke

Auf dieser Tour wandeln wir sanft durch eine der schönsten Schluchten Bayerns. Ganz entspannt genießen wir die erfrischende Aura der Buchberger Leite. Diese Klamm muss man gesehen haben. Da nur ein Weg durch das enge Tal führt, stehen Wanderer vor der Frage, nur einen Teil der Strecke in einen Rundweg einzubauen oder aber die komplette Route doppelt zu absolvieren, bergauf und bergab. Wir lösen diese Zwickmühle durch einen Trick: Wir steigen in den Bus! Dazu lassen wir das Auto am Ortsrand von Ringelai stehen, direkt an der **Bushaltestelle Ringelai/Brücke.** Von dort bringt uns die **Buslinie 101** binnen zehn Minuten zur **Haltestelle Freyung/Freibad.** 200 Höhenmeter überwinden wir ohne Schweißausbrüche.

In der Kreisstadt angekommen, überqueren wir die **Passauer Straße** und gehen auf der linken Seite der **Zuppinger Straße** bergab. Wir kommen am **Freibad** und dem **Festplatz** vorbei und halten uns vor dem **TÜV** links, um auf der Zuppinger Straße zu bleiben. Gegenüber der **Wolfsteiner Werkstätten** biegen wir an einem Wegweiser in Richtung Buchberger Leite rechts ab. Es folgen eine Infotafel und das erste Wasserrauschen des Tages, das uns nun nicht mehr loslassen wird. Auf einer **Fußgängerbrücke** über den **Saußbach** genießen wir den Blick auf das Wasser. Dahinter schwenken wir links in die Straße ein. Nach wenigen Hundert Metern und dem Passieren der **Kläranlage** verlassen wir den geteerten Untergrund und erreichen einen der Höhepunkte des Tages, den **Stausee 1.**

Klamm-Romantik

Die Buchberger Leite durchschreiten

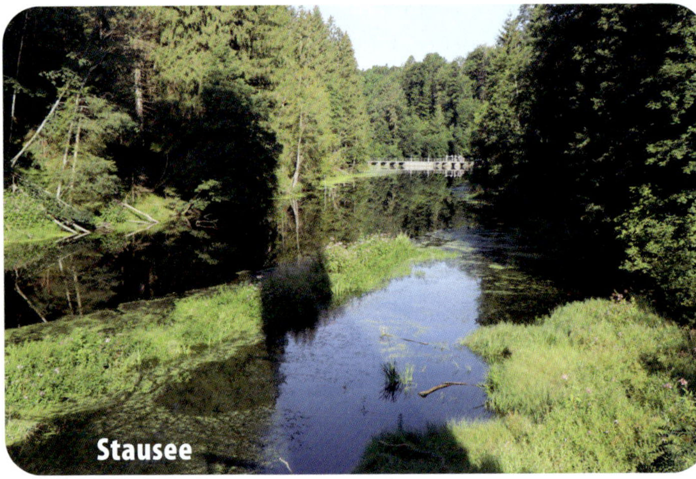

Das künstliche Gewässer liegt direkt unterhalb einer mächtigen **Brücke,** die sich weit oben über das Tal spannt. Darauf verläuft die Bundesstraße 12. Und an einem der Brückenpfeiler ist eine **Plattform** installiert, zu der wir linker Hand einschwenken. Dort lassen wir uns auf einer geschwungenen Holzbank nieder und genießen das vor uns schimmernde Wasser. So ruhig erleben wir das kühle Nass heute nicht mehr. Nach der Rast gehen wir die wenigen Meter zurück zum Weg und folgen dem weichen Pfad hinein in die Klamm. Kurz darauf erreichen wir die **Staumauer,** wenig später eine Brücke. Die lassen wir jedoch links liegen und bleiben am rechten Ufer des Saußbachs. Wir folgen nun fast bis zum Ende der Tour der **Via-Nova-Markierung.** Der Europäische Fernwanderweg verbindet das Donautal mit Tschechien.

Der talwärts führende Pfad wird steiniger. Jeder Meter, den wir tiefer in die Schlucht eintauchen, lässt den Wald ringsherum mehr zur Märchenkulisse werden. Moose, Flechten und Pilze wuchern überall, auf gigantischen Steinbrocken, auf meterdicken Bäumen oder auf morschem Totholz. An der über dem Saußbach aufragenden **Augustin Kanzel** halten wir inne und lassen diese Urwaldszenen richtig auf uns wirken.

Auch ein Blick nach unten lohnt, direkt auf die rauschenden Fluten, die sich ihren Weg durch grün bewachsene Felsen bahnen – von Stromschnelle zu Stromschnelle, von Wasserfall zu Wasserfall. Wir kommen uns vor wie eine Drohne, die über dem Bach schwebt und die Landschaft genießt. Kurz darauf erreichen wir Passagen, die uns direkt ans Bachufer führen. Hier können wir gefahrlos testen, wie erfrischend kühl das Bergwasser selbst an heißen Sommertagen ist. Schließlich herrscht in der schattigen Klamm stets ein kühles Klima.

Das wilde Bergwasser wird seit über hundert Jahren zur Stromerzeugung genutzt. Dazu hat man ein ausgeklügeltes System aus Stauseen, Kanälen, unterirdischen Stollen und kleinen Elektrizitätswerken angelegt.

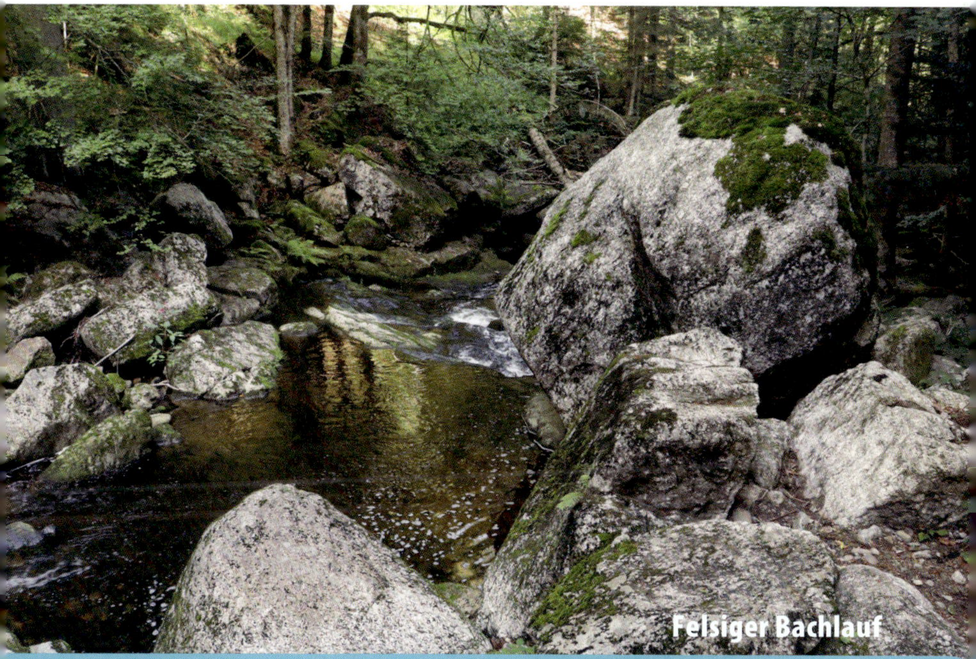

Felsiger Bachlauf

Für die Seele

Wir lassen uns am Flussufer inmitten geschliffener Steine nieder. Das beruhigende Plätschern des Wassers ist Entspannung par excellence.

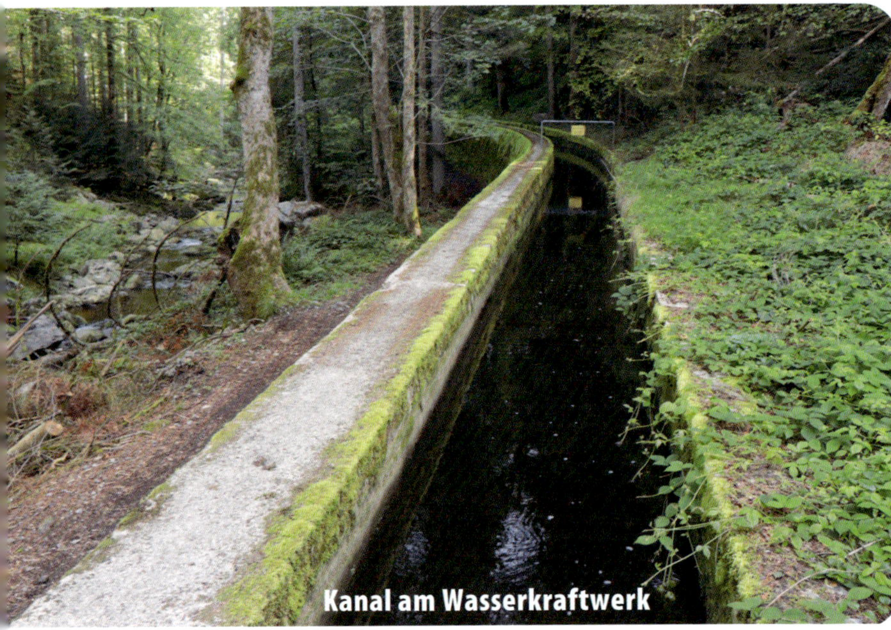

Kanal am Wasserkraftwerk

Auf dem weiteren Steig bergab passieren wir ein **Wasserkraftwerk.** Hinter dem Gebäude überqueren wir einen **Kanal.** Wenige Meter folgen wir dessen Stützmauer, ehe die Via Nova wieder in Richtung Bach schwenkt. Nur kurze Zeit später erreichen wir den **Reschbach,** der wie der Saußbach in den Hochlagen an der tschechischen Grenze bei Finsterau entspringt. An der Weggabelung halten wir uns links, um die **Brücke** über den Bach zu nehmen. Gleich dahinter lassen wir uns auf einer der Bänke oder einem Felsen nieder und schauen zu, wie sich der Sauß- mit dem Reschbach vereint. Von nun an heißt das Gewässer **Wolfsteiner Ohe.**

*Nach der Buchberger Leite fließt die **Wolfsteiner Ohe** etwa 20 Kilometer weiter durch die Bayerwaldlandschaft, ehe sie bei Fürsteneck in die Ilz mündet. Von dort landet ihr Wasser bei Passau in der Donau – und viele Hundert Kilometer später im Schwarzen Meer.*

Nach der Pause zeigt sich der Bach phasenweise von seiner ruhigen Seite. Breiter und weniger schnell fließt er in seinem steinigen Bett. Dafür ragen beiderseits des Ufers bizarre Quarz- und Schieferfelsen in die Höhe. Der Pfad ist an einigen Stellen mit Brüstungen gesichert, verläuft teils über Gitter, da das steile

Tal keine andere Wegführung zulässt. Nach etwa zwei Dritteln der gesamten Strecke erreichen wir einen monströsen Felsen, an dem wir nicht vorbeikönnen. Deswegen führt ein etwa 50 Meter langer **Tunnel** ② durch den Berg. Schon beim Eintreten können wir das helle Ende erblicken. Wem beim Gang durch den Felsen mulmig ist, leuchtet mit dem Handy den Boden aus. Wieder im Tageslicht kommen wir auf eine Straße, in die wir links einbiegen. Wir gehen auf das große Gebäude zu, überqueren die Ohe und biegen am Ende des **Carbidwerks** ③ rechts in den Wanderweg ein.

Der Pfad zeigt sich – ebenso wie der Bach – noch einmal von seiner besonders wilden Seite. Gut einen Kilometer nach dem Werk erreichen wir den letzten großen Höhepunkt des Tages, die schmale **Hängebrücke** ④. Grün schimmert das flexibel gelagerte Bauwerk über dem Wasser. Bei jedem Schritt, den wir auf der Brücke tun, schwingt der Boden mit. Nach der Überschreitung werfen wir noch mal einen Blick zurück. Schließlich ist der einst als Arbeitswegverkürzung für Carbidwerk-Beschäftigte angelegte Bau

*Das monströs wirkende **Carbidwerk** wurde 1904 in Betrieb genommen. Die namensgebende Herstellung von Carbid als Brennstoff für Gaslampen ist jedoch seit 1974 eingestellt. Inzwischen werden dort künstliche Edelsteine für die ganze Welt produziert.*

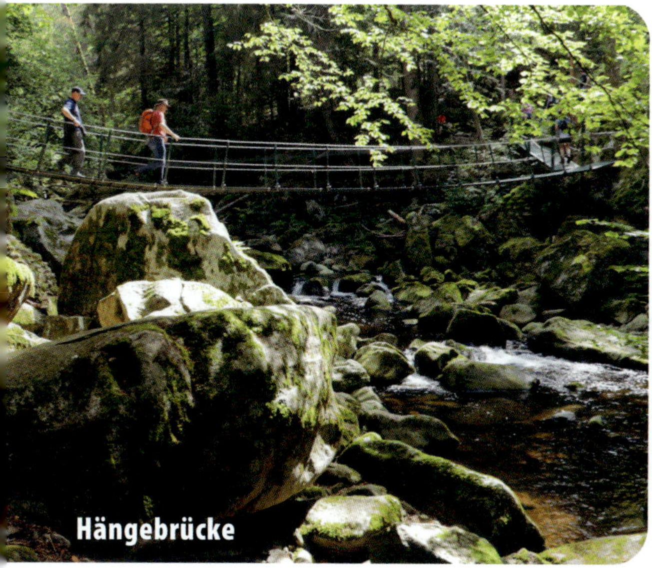

Hängebrücke

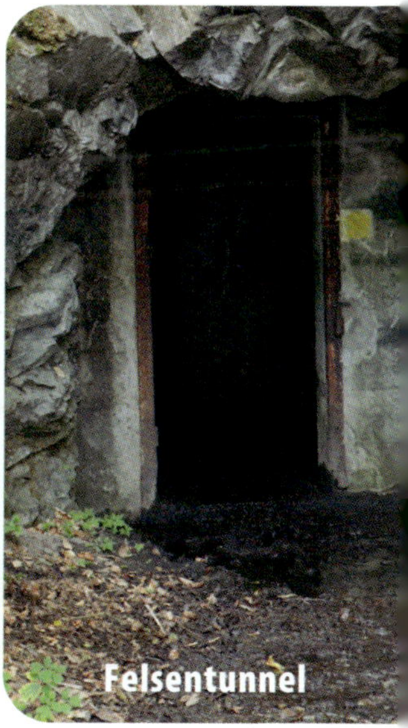

Felsentunnel

nicht nur etwas Praktisches, sondern auch etwas Filigranes. Ein Erinnerungs-Selfie ist ein absolutes Muss.

Von nun an weitet sich das Tal immer mehr. Wir lassen einen **Parkplatz** links liegen, gehen einige Meter auf einer Straße und biegen dann noch mal links ab, um die Via Nova zu verlassen und ein letztes Mal über die Ohe zu gehen – dank einer metallenen **Fußgängerbrücke.** An deren Ende halten wir uns rechts, gleich danach links, und sogleich haben wir die **Staatsstraße 2127** im Blick. Kurz darauf sind wir beim Auto. Die erfrischenden Eindrücke der Tour können wir bei einer stärkenden Brotzeit gedanklich verdauen. Dafür fahren wir nur ein paar Meter ins Ortszentrum von Ringelai und kehren beim **Landhotel Gross** 5 oder **Koller** 6 ein. Wohl bekomm's!

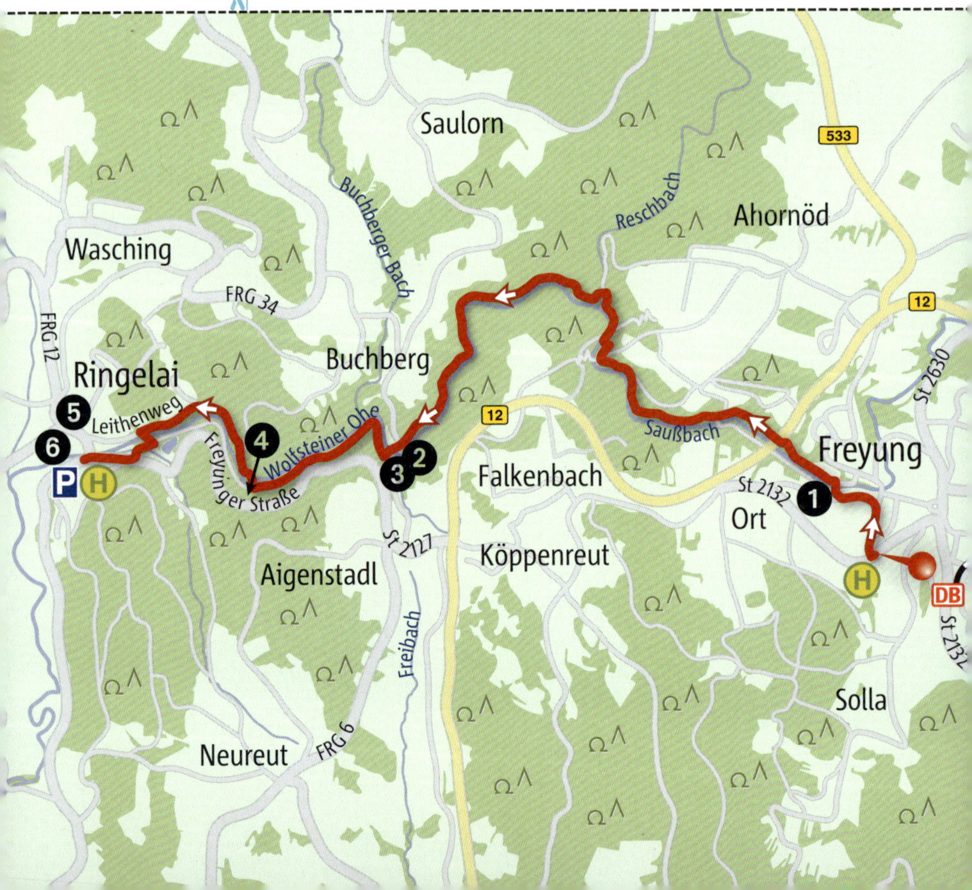

Alles auf einen Blick

WIE & WANN:

Meist schmale Wanderwege inklusive dunkler Tunnelpassage und wackeliger Brückenüberquerung (bei Nässe Rutschgefahr); beste Zeit: April bis Oktober

HIN & WEG:

Auto: Parkplatz an der Staatsstraße 2127,
Ohetal, 94160 Ringelai (GPS: 48.810716, 13.473365)
ÖPNV: Ab Haltestelle Ringelai/Brücke Linie 101 bis Haltestelle Freyung/Freibad (Achtung: Bus verkehrt teilweise nur als Rufbus, Info und Anmeldung unter Tel. (0 85 51) 5 73 20 und www.freyung-grafenau.de)

ESSEN & ENTSPANNEN:

Landhotel Gross ❺ Dorfstraße 22, 94160 Ringelai,
Tel. (0 85 55) 2 58, www.hotel-gross.de
Landhotel Koller ❻ Perlesreuter Straße 5,
94160 Ringelai, Tel. (0 85 55) 9 70 00, www.landhotel-koller.de

ENTDECKEN & ERLEBEN:

Stausee Freyung ❶
Felstunnel ❷
Carbidwerk ❸
Hängebrücke ❹

Entspannung ✱✱✱✱✱
Genuss ✱✱✱✱✱
Romantik ✱✱✱✱✱

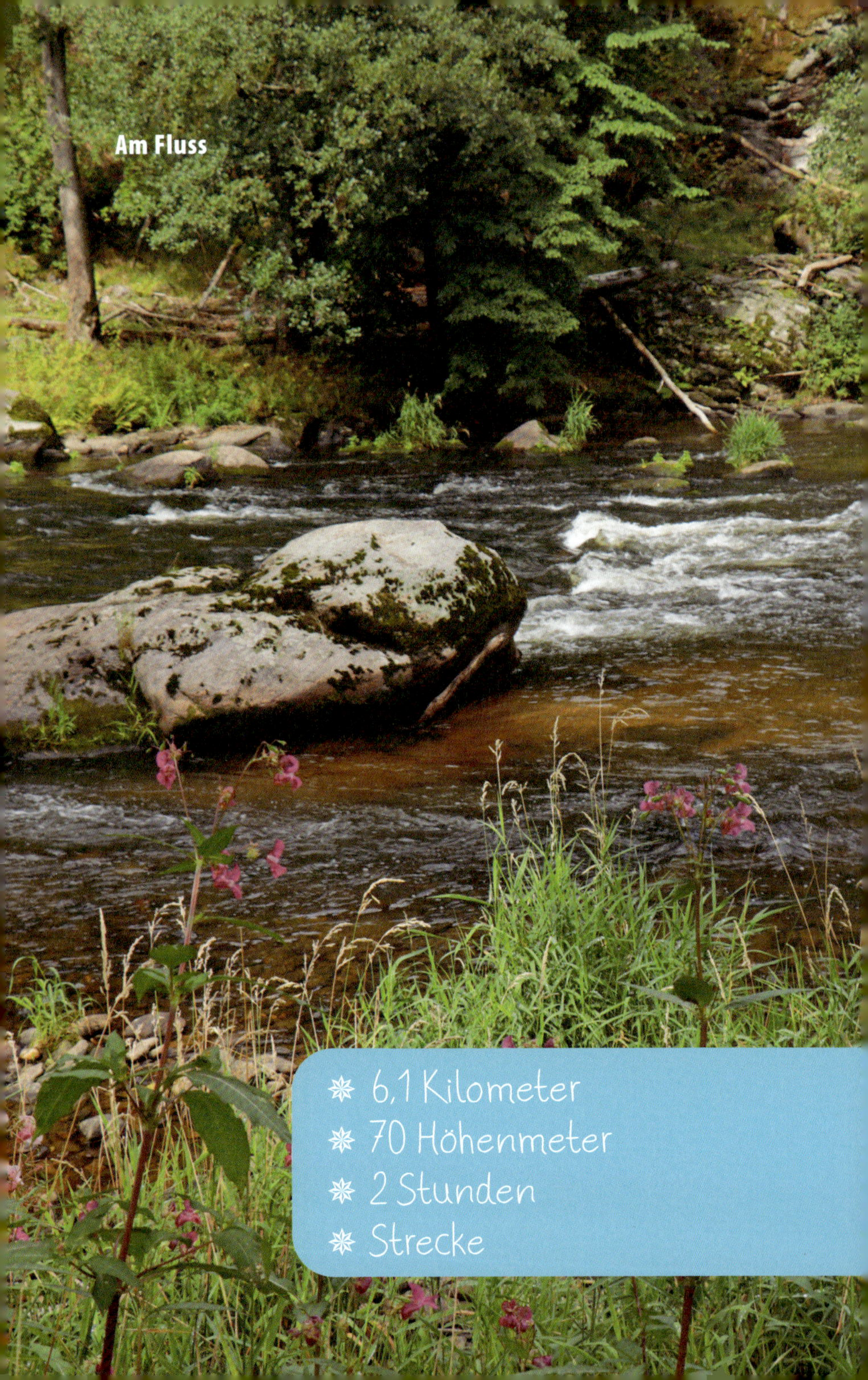
Am Fluss
6,1 Kilometer
70 Höhenmeter
2 Stunden
Strecke

Wir fahren mit dem Zug! Der bringt uns bequem zum Startpunkt der Erfrischungstour ins Tal des Schwarzen Regens. Das ist über die Grenzen des Landkreises Regen hinaus als Bayerisch Kanada bekannt. Warum? Weil es hier noch so ursprünglich ist wie in den Weiten der Neuen Welt. Im Windschatten der sanften Hügel schreiten wir stets am Bergwasser entlang und kommen der Natur dabei gehörig nah.

Auf der Waldbahn-Linie 4 steigen wir am **Haltepunkt Gumpenried-Asbach** (1) aus. Dort marschieren wir auf die nahe Straße zu und biegen rechter Hand in sie ein. So erreichen wir die Brücke über den **Schwarzen Regen,** hinter der wir erneut rechts abbiegen. Auf dem dortigen **Parkplatz** gibt's Infotafeln zur Flusslandschaft, die wir erst mal ausgiebig studieren, ehe wir ins Abenteuer starten. Wir folgen der roten **10er-Markierung** und dem **Flusswanderweg-Piktogramm,** auf dem ein schwarzer Flusslauf auf weißem Grund dargestellt ist.

Nach wenigen Metern passieren wir das **Wehr Gumpenried** (2). Dahinter zeigt sich das Wasser fast schläfrig. Ein Anblick, den wir auf einer hölzernen Bank ein paar Minuten lang bewundern. Später offenbart der Schwarze Regen schließlich nahezu nur noch seinen ungebändigten Charakter. Wir spazieren gemütlich auf einem breiten Waldweg. Dabei passieren wir bunte Blumen, die die Ufersonne genießen, und skurrile Felsformationen, die von Moosen überwuchert sind. In ihren Bann ziehen uns besonders die abgeschliffenen Steine, die im Fluss vom kühlen Nass umspült

*Die Quellflüsse des **Schwarzen Regens** entspringen im tschechischen Böhmerwald. Nach deren Rendezvous in Zwiesel trifft sich der Schwarze Regen bei Bad Kötzting mit dem Weißen Regen. Fortan nur noch als Regen bezeichnet, mündet das Gewässer in Regensburg in die Donau.*

Bayerisch Kanada

Im Tal des Schwarzen Regens

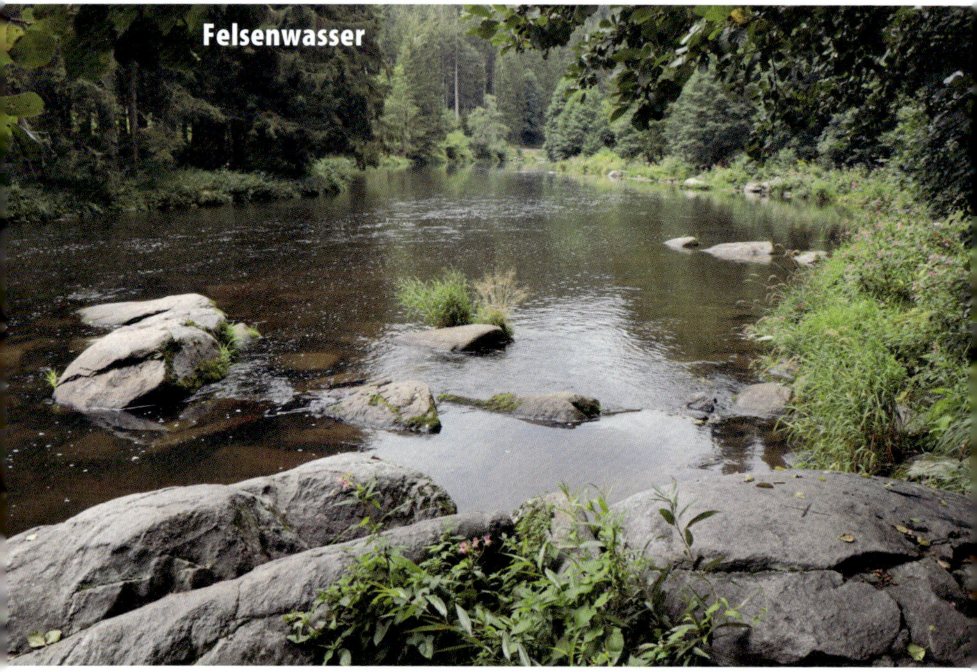

Felsenwasser

Weil der Schwarze Regen einen ursprünglichen, wilden Charakter hat, ist er Heimat für viele selten gewordene Arten wie den ***Flussuferläufer.*** *Dieser und andere Vögel brüten vor allem in Kiesbänken und Uferbereichen. Daher bitte auf den Pfaden bleiben!*

werden. Wir halten unsere Augen generell mehr nach rechts gerichtet. Mit etwas Glück lässt sich einer der quirligen Flussbewohner blicken.

Nachdem der Regen eine erste Schleife gezogen hat, biegt der Pfad kurz ein paar Meter nach links ab, um sogleich rechter Hand über ein kleines Bächlein zu führen. Das überqueren wir mithilfe einer schmucken **Holz-Gitter-Brücke.** Dahinter wird's besonders wild. Nun verlassen wir nämlich den ausgeschilderten Forstweg und biegen nach rechts in einen anfangs ebenfalls noch relativ breiten, gut erkennbaren Pfad ein. So wandeln wir weiter in direkter Wassernähe.

Streckenweise hängen uns die Fichtenäste direkt über dem Kopf, da sie auf der Uferseite die volle Breitseite an Sonnenstrahlen nutzen können. Auf der Waldseite des Pfads fangen Äste erst viel weiter oben an, aus dem Stamm zu sprießen. Noch während wir diese Besonderheit begutachten, nehmen wir eine Bewegung wahr. Es ist ein Fischotter im Wasser! Genussvoll verspeist er gerade seine schuppige Beute. Die Sichtung ist ein echter Glücksfall!

Mit der Zeit wird der Steig nun enger und wurzeliger, sodass es bei entsprechender Feuchtigkeit recht rutschig sein kann. An einem großen Felsbrocken hilft uns ein Seil, den steinigen Gesellen zu umschiffen. Gleich dahinter entdecken wir Himbeeren, die uns zu einem kurzen Stopp einladen. Während wir uns die Leckereien schmecken lassen, treibt eine Entenfamilie vorbei. Und plötzlich hören wir in der Ferne ein ratterndes Geräusch, das immer lauter wird. Auf der anderen Uferseite erscheint eines der grünen Shuttles der **Waldbahn,** in dem wir zuvor selbst gesessen haben. Nun gelingt uns ein Erinnerungsfoto, bei dem sich der Zug im Wasser spiegelt.

Nach insgesamt 2,7 Kilometern erreichen wir einen Graben, in dessen Bett sich ein weiterer kleiner Bach gen Regen schlängelt. Direkt davor hängt an einem Baum noch eine 10er-Markierung, die uns zeigt, dass auch der markierte Weg einst auf dieser Trasse verlief. An diesem Ort lohnt es sich, etwas zu verweilen und die vor uns liegende **Insel 3** genauer unter die Lupe zu nehmen. Vielleicht beobachten wir hier noch mal einen tierischen Flussbewohner? Wenn wir genug in die Flussmitte

Gerade im Landkreis Regen lässt es sich prima mit der ***Waldbahn*** *von A nach B kommen. Vier Linien verbinden die wichtigsten Orte miteinander. Am landschaftlich reizvollsten gilt die Strecke zwischen Gotteszell und Viechtach, die zum Großteil direkt am Wasser verläuft.*

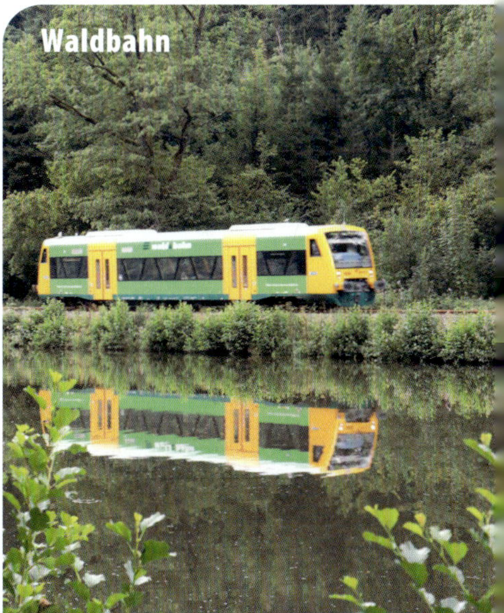

Waldbahn

Für die Seele

Fernab jeglicher Zivilisation lassen wir die Seele am ungezähmten Fluss baumeln. Dabei fühlen wir uns in die unendlichen Weiten Nordamerikas versetzt.

gespäht haben, geht's am Graben hinauf auf die darüber liegende Forststraße. In die biegen wir rechts ein, um kurz darauf nach rechts in einen schmaleren Waldweg einzuschwenken, in den die Flusswanderwegs-Markierung weist.

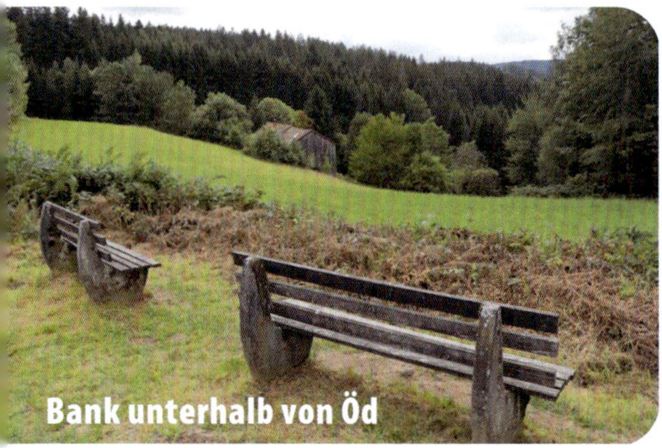

Bank unterhalb von Öd

Etwa 300 Meter gehen wir einige Höhenmeter oberhalb des Wassers durch einen lichten Wald, ehe wir eine Wiese erreichen, die unterhalb des **Weilers Öd** liegt. Hier, ziemlich genau auf der Hälfte der Gesamtstrecke, lassen wir uns auf einer der beiden **Bänke** 4 nieder und machen eine längere Pause. Fernab des Wassers ist es komplett ruhig, trotzdem lässt sich das hinter Hunderten Bäumen verstecke Regental erahnen.

Wir folgen dem Fluss-Piktogramm am Wiesenrand entlang in den Wald hinein. An einer Forststraße biegen wir mit der Markierung rechts ab und gehen langsam die wenigen Höhenmeter, die wir zuvor bergauf überwunden haben, wieder talwärts. Auf dem breiten Weg bleiben wir jedoch nur gut 400 Meter. Sobald wir abermals nah am Fluss sind, nutzen wir einen gut sichtbaren, nicht markierten Pfad, um wieder direkt zum Regen zu gelangen. Das Gewässer begeistert uns zum wiederholten Mal mit tollen Einblicken in wilde Abschnitte. Auf der anderen Seite des Pfads ragen vermehrt steile Felsen in die Höhe, und schon bald passieren wir das **Stauwehr Marienthal** 5. Von hier ist das Tagesziel nicht mehr weit.

Wir folgen dem Steig am Regen entlang über den Rand einer ufernahen Wiesenfläche. Dieser Pfad bringt uns direkt zum **Klärwerk** des Ortes **Teisnach.** Die Zivilisation hat uns wieder. Wir biegen rechts in die **Adolf-Pfleiderer-Straße** ein, die uns auf eine Brücke über den Schwarzen Regen führt. Hier verabschieden wir uns vom wilden Fluss und überqueren den

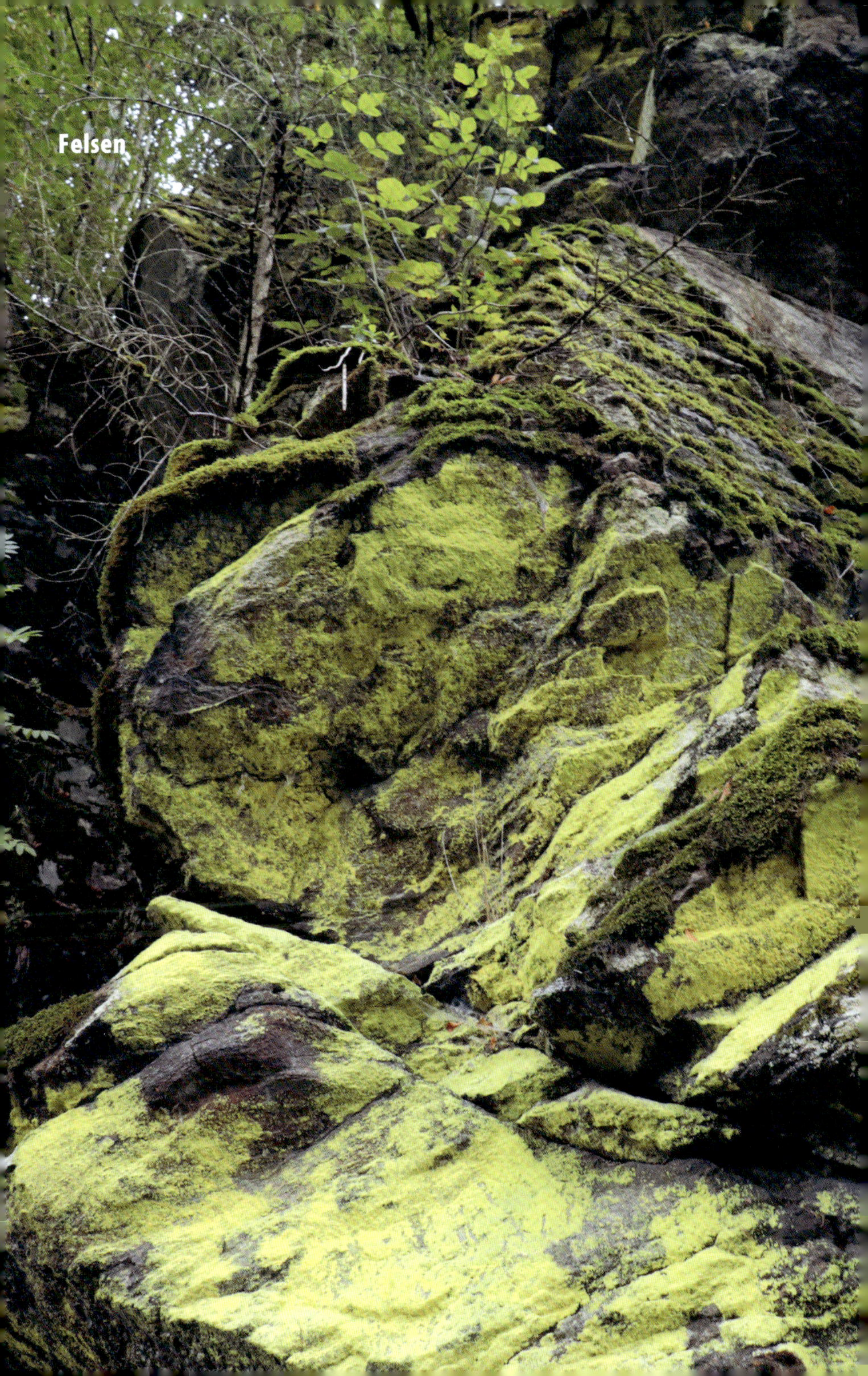
Felsen

Kreisverkehr an der rechten Seite geradeaus. Vor dem **Bach Teisnach,** der namensgebend für die Ortschaft ist, überqueren wir die **Regenmühlstraße,** um auf der anderen Seite in einen Fußgängerweg in Richtung **Bahnhof** 6 zu gelangen. Kurz vor dem Gleis hilft uns die letzte Brücke des Tages dabei, die Teisnach trockenen Fußes zu überqueren.

Die Waldbahn bringt uns zurück zum Ausgangspunkt. Wer sich noch stärken will, kann eine der Einkehrmöglichkeiten in Teisnach aufsuchen oder mit dem Zug zur **Haltestelle Schnitzmühle** düsen. 17 Fahrminuten entfernt lockt dort das **Adventure Camp** 7 mit einem fulminanten Restaurant, das thailändische und bayrische Küche vereint. Es ist der perfekte Abschluss eines wilden Ausflugs.

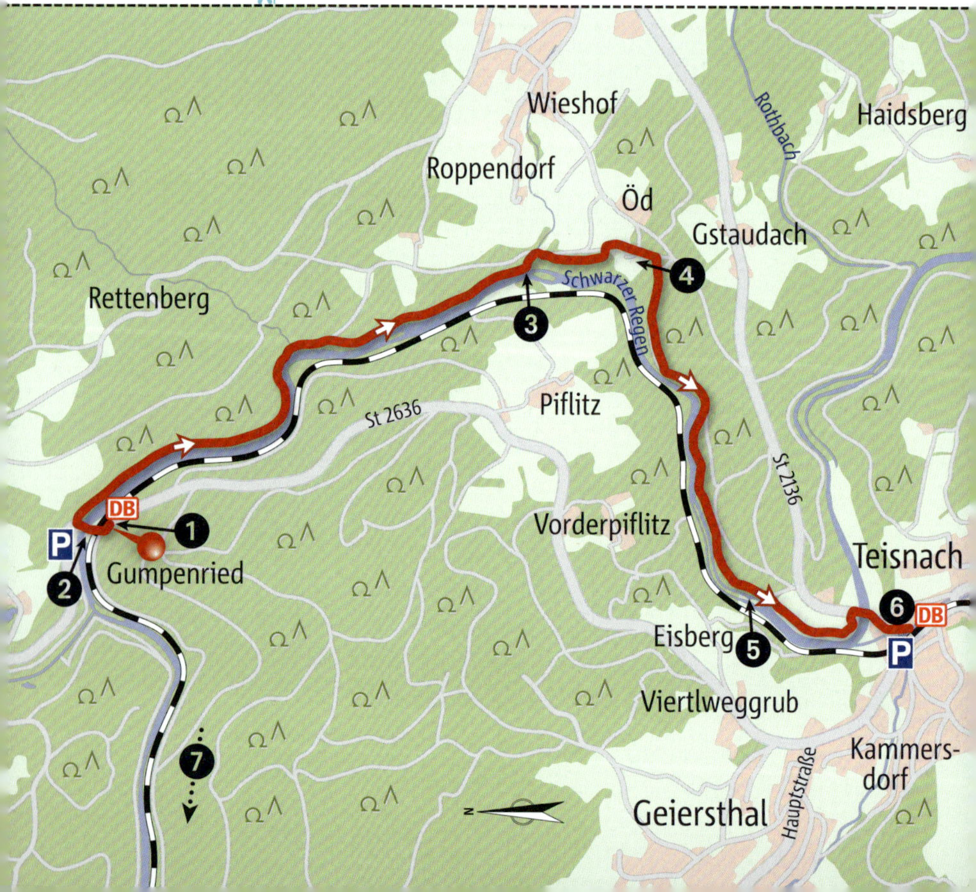

Alles auf einen Blick

WIE & WANN:

**Wechsel aus breiten Forstwegen und abenteuerlichen, nicht markierten Pfaden.
Alternative für gemächliche Wanderer: Dauerhaft der Markierung Flusswanderweg folgen.
Beste Zeit: März und April sowie August bis Oktober (im Herbst besonders farbenfroh).
Von Mai bis Juli nehmen wir freiwillig die naturschonende Variante und bleiben durchgängig auf dem markierten Flusswanderweg, um die sensible Vogelwelt zu schonen.**

HIN & WEG:

Auto: Wanderparkplatz an der Staatsstraße 2636,
direkt am Schwarzen Regen, 94256 Geiersthal (GPS: 49.073313, 13.000305)
ÖPNV: Waldbahn-Linie 4, Haltestelle Gumpenried-Asbach;
Rückkehr zum Ausgangspunkt: Ab Bahnhof Teisnach Waldbahn-Linie 4

ESSEN & ENTSPANNEN:

Adventure Camp Schnitzmühle ❼ Schnitzmühle 1, 94234 Viechtach,
Waldbahn-Haltepunkt Schnitzmühle, Tel. (0 99 42) 9 48 10, www.schnitzmuehle.de

ENTDECKEN & ERLEBEN:

Waldbahn-Haltepunkt Gumpenried-Asbach ❶
Wehr Gumpenried ❷
Inselblick ❸
Rastbänke am Weiler Öd ❹
Wehr Marienthal ❺
Waldbahn-Bahnhof Teisnach ❻

Entspannung ✱✱✱✱✱
Genuss ✱✱✱✱✱
Romantik ✱✱✱✱✱

Dreiburgensee

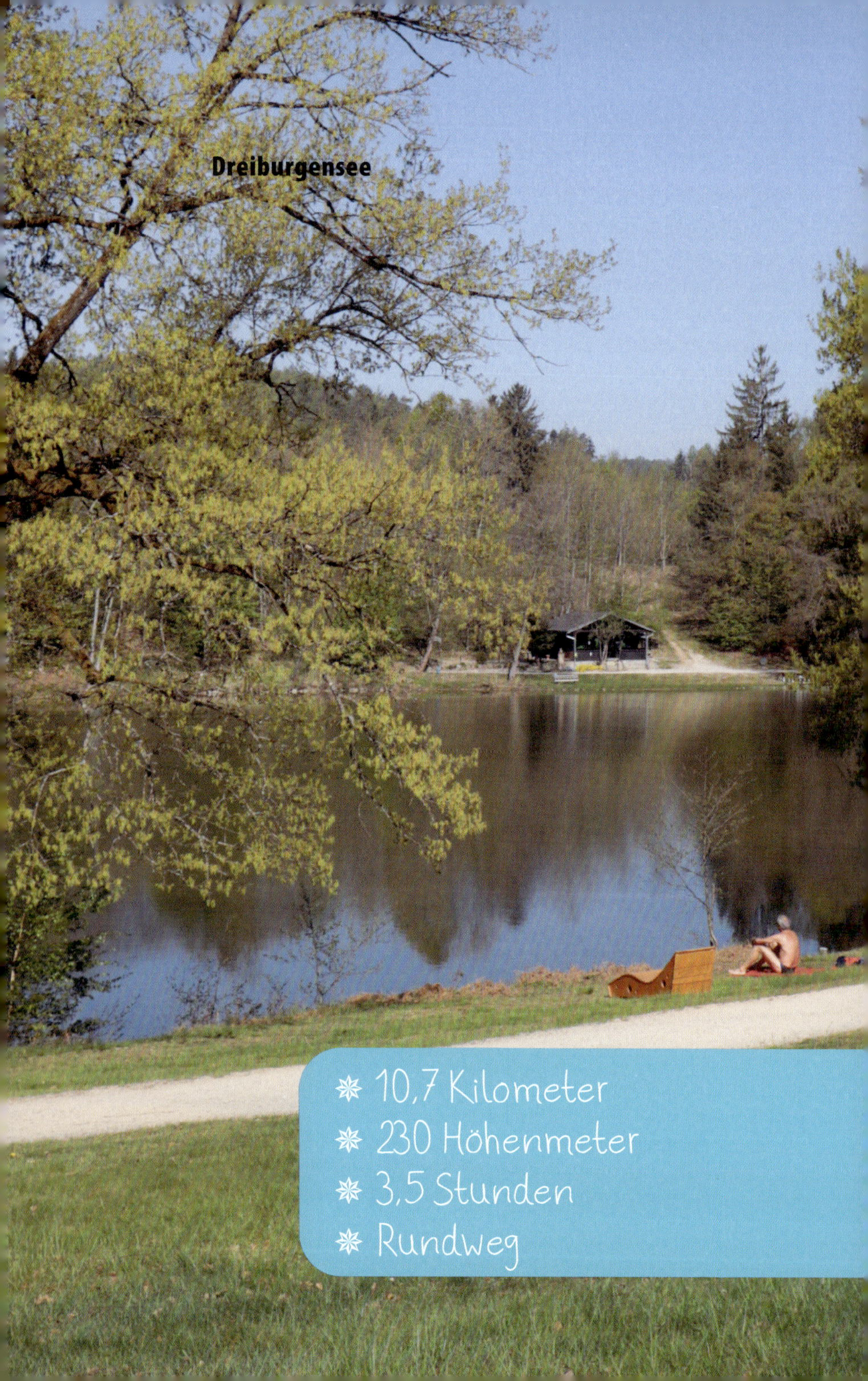

* 10,7 Kilometer
* 230 Höhenmeter
* 3,5 Stunden
* Rundweg

Bei dieser Tour dürfen wir im Sommer auf keinen Fall die Badesachen vergessen, denn wir kommen gleich an zwei einladenden Seen vorbei. Dafür starten wir am Ostufer des Dreiburgensees. Vom dortigen **Parkplatz** aus gehen wir auf der Teerstraße bergab. Spätestens auf Höhe des **Seehotels** erblicken wir das Wasser und die grüne Liegewiese. Wir aber folgen erst mal dem Rechtsknick der Teerstraße zum **Kiosk** ①. Wer unbedingt sofort einen Blick auf den **Dreiburgensee** ② werfen will, springt schnell auf den gegenüberliegenden **Holzsteg.**

Danach geht's hinter dem Kiosk in den Wald hinein – auf einem breiten Forstweg, in den die Teerstraße gemündet ist. 100 Meter später ziehen wir die Schuhe aus, denn hier ermöglicht uns ein **Wald-Barfußpfad** ③ ein intensives Naturerleben. Einige Meter schreiten wir über sanften Waldboden, runde Äste, kitzelnde Fichtenzapfen sowie hinein in ein kühles Rinnsal. Von diesem Erlebnis beflügelt wandern wir dem Ostufer des Sees weiter folgend gen Norden. Linker Hand blicken wir dabei stets aufs Wasser. Am Ende des Dreiburgensees folgt eine Gabelung, bei der wir den rechten Zweig einschlagen, dem **Wegweiser „Großer Seerundweg"** folgend.

Wir tauchen in einen schattigen Wald ab, können links aber noch einen faszinierenden Mix aus Tümpeln, Bachläufen und Feuchtwiesen beobachten. Wer genauer hinblickt, entdeckt, dass hier der Biber als Landschaftsgestalter aktiv ist. Nach insgesamt rund

Wanderbaden

Dreiburgensee und Buchwiesweiher

1,7 Kilometern erreichen wir die nächste Gabelung. An einer Sitzgruppe halten wir uns links, um dank einer **Brücke** ein Bächlein zu überqueren. Dahinter biegen wir abermals links in eine Teerstraße ab und folgen zunächst der roten **81er-Markierung.** Deswegen halten wir uns an der nächsten Gabelung rechts und gehen weiter auf hartem Untergrund an ein paar Häusern vorbei. Dahinter stoßen wir auf eine etwas größere Straße, die wir halb rechts überschreiten, um auf einer schmalen Teerstraße den ersten Anstieg des Tages in Angriff zu nehmen. Abermals kommen wir an ein paar Häusern vorbei, später mündet unser Weg in die größere Straße von vorher, in die wir rechts einschwenken, um ihr 300 Meter zu folgen.

So erreichen wir das Dorf **Goben.** Bei der ersten Möglichkeit zum Abbiegen wandern wir rechts in Richtung Diebstein. Ein paar Meter lang begleiten uns noch die Häuser des Dorfes, ehe wir dem Weg über eine Lichtung in dichten Wald hinein folgen. Ab hier geht's nun beständig bergauf. Bald schon er-

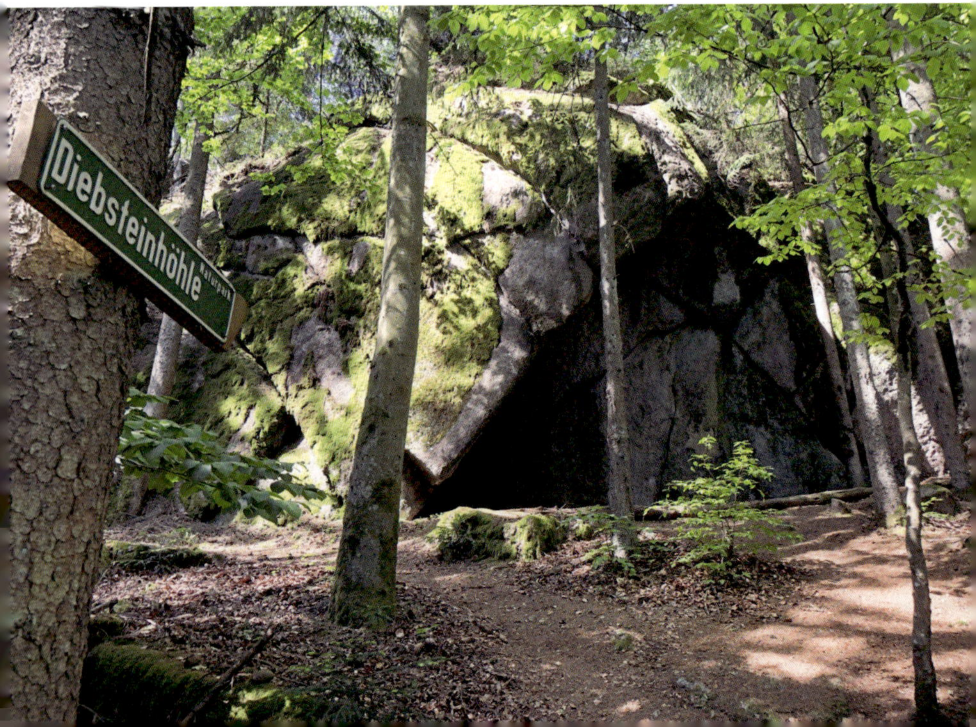

reichen wir eine weitere Lichtung, an der mehrere Wege abzweigen. Wir bleiben ganz rechts, die etwas versteckt liegenden Markierungszeichen geben uns Orientierung. Nach 150 weiteren Metern kommt eine zweite, etwas unklar beschilderte Stelle. Drei Pfade zweigen vom Weg ab, wir gehen nicht, wie die 81 vorschlägt, geradeaus, sondern halten uns der **roten 67** folgend rechts. So kommen wir nach wenigen Metern zu zwei Wegweisern in Richtung Diebstein und Diebsteinhöhle, die uns wissen lassen, richtig abgebogen zu sein. Nur wenige Minuten stetes Aufwärtsschreiten im Wald später erblicken wir linker Hand einige monströse Felsen. Wir haben die **Diebsteinhöhle 4** erreicht. Wir legen die wenigen Schritte bis zum Fuß der Gesteinsformation zurück und wagen einen Blick in die dunkle Höhle. Nach deren Erkundung folgen wir dem markierten Weg zum **Diebstein 5.** Einmal Rechtsabbiegen später stehen wir schon auf dem Gipfel des bewaldeten Plateaus. Dort ragen einige imposante Steine aus dem Waldboden hervor. Zudem gönnen wir uns hier, auf der höchsten Stelle der Tour, eine kleine Auszeit. Holzbänke laden dazu ein.

Ausgeruht folgen wir dem Weg weiter, nun zunächst sanft bergab. Wir halten uns dabei an die beiden **roten Markierungen, 65 und 67.** Erst über sanfte Waldwege, dann kurz über eine breite Forststraße, bringen die uns direkt zum **Buchwiesweiher 6.** Hier können wir entweder den ersten Badestopp des Tages einlegen, unsere Füße ins Wasser hängen oder einfach nur ein paar Minuten auf der sonnigen Wiese relaxen.

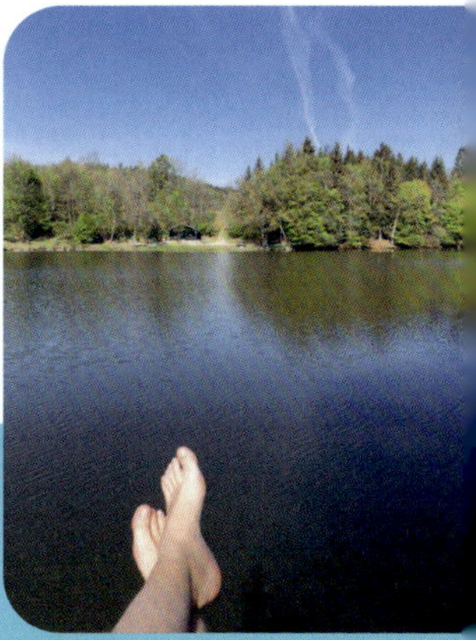

Für die Seele

Wir lassen unsere Füße bei einer großartigen Wanderung gleich zweimal im kühlen Nass baumeln. Im Sommer wagen wir sogar eine Ganzkörper-Erfrischung.

Die **Bründlkapelle** ist bereits im 15. Jahrhundert entstanden. Der hier entspringenden Quelle wird eine heilende Wirkung nachgesagt. Gerade Augenleiden sollen mit dem Wasser kuriert werden können, weshalb seit Jahrhunderten viele Gläubige hierher pilgern.

Danach folgen wir der **Dammkrone** des angestauten Sees zu einem breiten Forstweg, in den wir links einschwenken, immer noch der 65 und 67 hinterher. Wieder durch dichten Wald geht's an einem Parkplatz vorbei zu einer Gabelung am Waldrand, bei der wir uns links Richtung **Bründlkapelle** halten. Vorbei an saftigen Wiesen und Feldern gelangen wir zum Rand der Ortschaft **Eggenreuth,** wo wir links in eine Straße einbiegen. Nach zwei Gabelungen, an denen wir uns rechts halten, erblicken wir schon das **Wallfahrtskirchlein** ⑦.

Hier können wir uns am Brunnen einen Schluck klares Wasser schmecken lassen und einen Blick in den Altarraum werfen. Danach gehen wir ein paar Meter zurück, um rechter Hand an einem **Einsiedler-Bauernhof** vorbei über die Felder zum wiederholten Mal der **roten 81** zu folgen – jedoch nur für kurze Zeit. Gut 600 Meter später erreichen wir abermals das Dorf **Goben,** wo wir rechts in die Hauptstraße einbiegen.

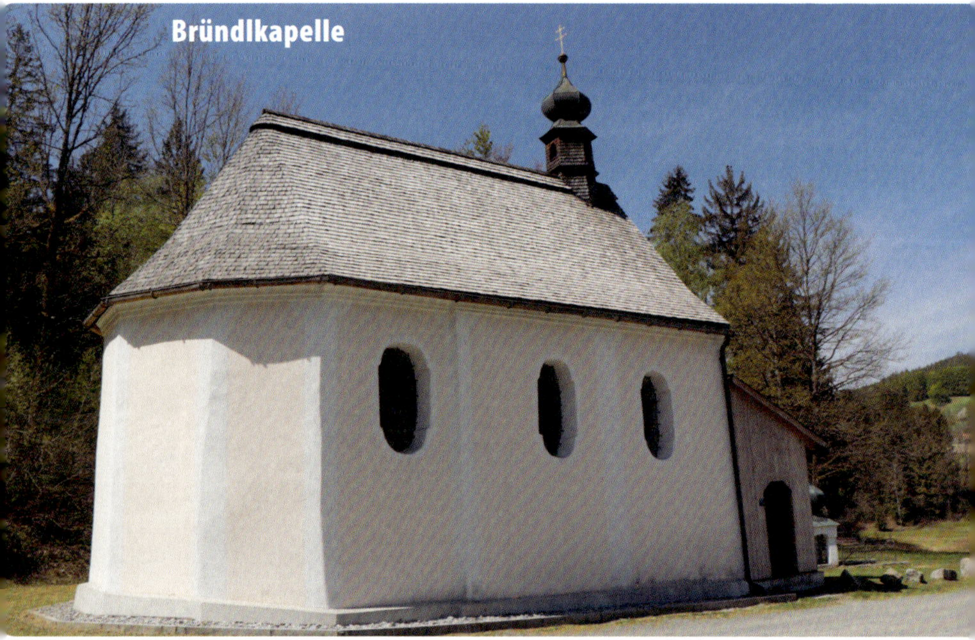
Bründlkapelle

Kurz darauf zweigt links unser Wanderweg in Richtung Dreiburgensee ab. Ab jetzt geben uns die **rote 65 und 66** Orientierung.

Über Wiesen gehen wir auf einen Waldrand zu, an dessen Rand eine Bank zur Rast einlädt. Wir setzen uns kurz hin, um den Blick entgegen unserer Gehrichtung zu genießen. Dabei erblicken wir in der Ferne nämlich den Berg **Brotjacklriegel,** der sich aufgrund des hohen Sendemasts leicht zu erkennen gibt. Danach geht's im schattigen Wald stets bergab. Die erste Forststraße überqueren wir, um uns danach an einer Bank den Markierungen folgend links zu halten. Nun müssen wir nur noch einmal rechts abbiegen, um uns wieder dem Wasser zu nähern. Linker Hand zeigen sich noch mal ein paar wilde Biberspuren, ehe wir direkt zum Westufer des **Dreiburgensees** kommen.

Wir folgen der Uferlinie, vorbei an einem etwas höher gelegenen Weiher und dem **Kiosk „Oischinger Hüttn" 8.** Einen kleinen Nebenarm des Sees überqueren wir dank einer hölzernen Brücke, hinter der wir uns links halten, um weiter am Ufer zu bleiben. An dessen Ende erreichen wir die **Staatsstraße 2128,** auf deren andere Seite wir wechseln. Dort halten wir uns rechts, kurz dahinter links. So kommen wir zum Haupteingang des **Museumsdorfs Bayerischer Wald 9.** Das Open-Air-Museum ist immer einen Besuch wert, wir aber marschieren erst mal direkt ins frei zugängliche **Gasthaus Mühlhiasl 10,** wo wir uns eine deftige Stärkung gönnen.

Verdiente Rast

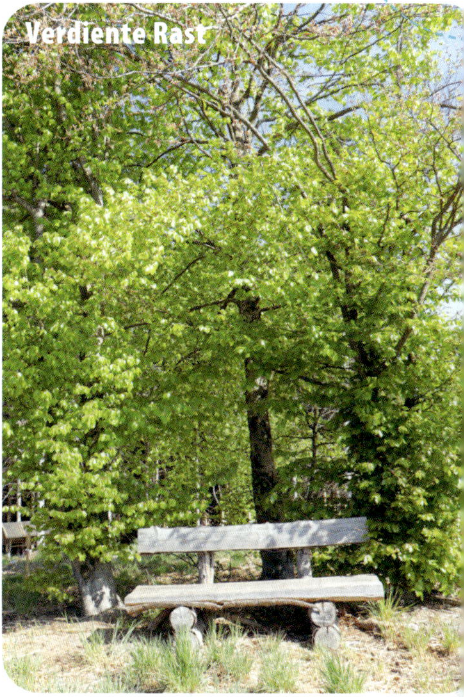

Dreiburgensee

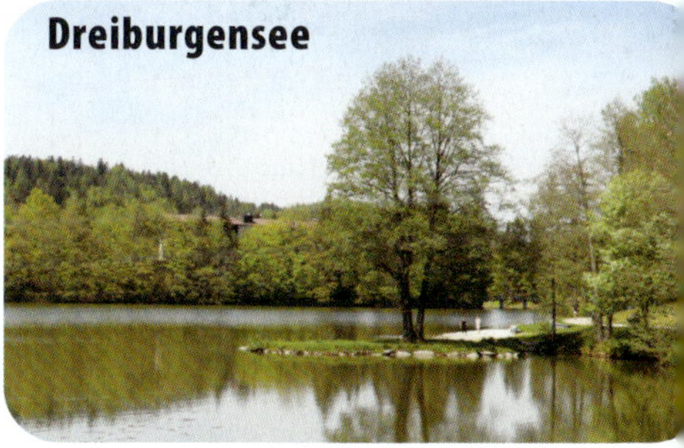

*Der **Dreiburgensee** ist gut 640 Meter lang und im Mittel 125 Meter breit. Benannt ist er nach der Saldenburg, der Englburg und Schloss Fürstenstein. Mittlerweile gehört der See komplett zum Markt Tittling, am Westufer reicht die Gemeinde Thurmansbang jedoch fast bis zum Ufer.*

Erfrischungstour 20

*Im **Museumsdorf Bayerischer Wald** erleben über 100 historische Gebäude ihren zweiten Frühling. In vielen der prächtigen Bauernhöfe, mächtigen Mühlen und kunstvollen Kapellen kann man sogar einen Blick ins Innere werfen.*

Gesättigt gehen wir zurück zum See, um dort rechts in den **Uferrundweg** einzuschwenken. Nach wenigen Minuten erreichen wir eine winzige **Insel,** hinter der ein sandiger Strandabschnitt und eine große Liegewiese schon auf uns warten. Wir suchen uns einen Platz zum Seelebaumelnlassen, werfen uns in die Badesachen und springen ins Wasser. Erfrischung muss sein! Wenn's zu kalt ist, dürfen zumindest die Füße ins kühle Nass. Nach der Erfrischung müssen wir nur noch die wenigen fehlenden Meter des Seerundwegs komplettieren und an dessen Ende rechts in Richtung **Parkplatz** abbiegen. Vorbei am **Seehotel** erreichen wir das Auto. Dank der Erfrischungsstopps schmieden wir auf dem Rückweg schon die nächsten Bayerwald-Wanderpläne.

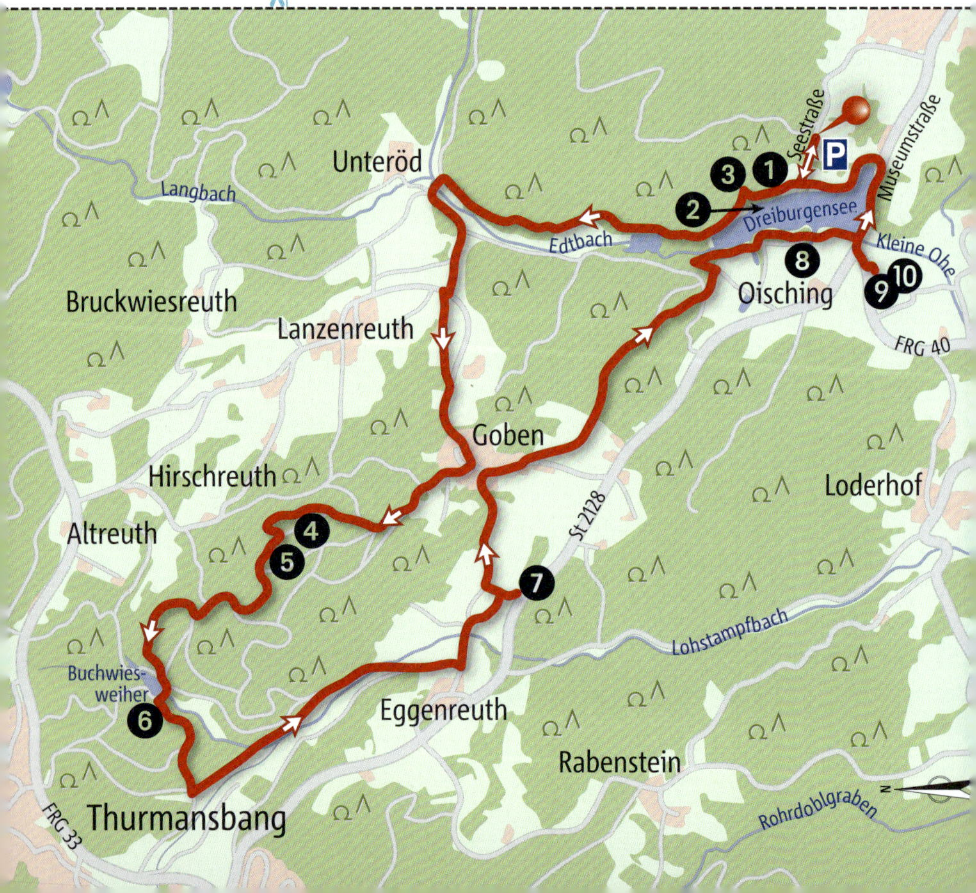

Alles auf einen Blick

WIE & WANN:
Breite Wald- und Wiesenwege sowie Nebenstraßen, rund um den Diebstein auch schmale Wanderwege; ganzjährig begehbar, beste Zeit: April bis November

HIN & WEG:
Auto: Wanderparkplatz am Dreiburgensee-Ostufer, Seestraße, 94104 Tittling (GPS: 48.743246, 13.356220)
ÖPNV: Keine direkte Anbindung an die Strecke

ESSEN & ENTSPANNEN:
Kiosk am Seehotel ❶ Seestraße 20, 94104 Tittling, Tel. (0 85 04) 7 60
Oischinger Hüttn ❽ Oisching 3, 94169 Thurmansbang, Tel. (01 76) 99 09 92 44
Gasthaus Mühlhiasl ❿ Rothaumühle 1, 94104 Tittling, Tel. (0 85 04) 83 34, www.museumsdorf.com

ENTDECKEN & ERLEBEN:
Dreiburgensee ❷
Wald-Barfußpfad ❸
Diebsteinhöhle ❹
Diebstein ❺
Buchwiesweiher ❻
Bründlkapelle ❼
Museumsdorf Bayerischer Wald ❾

Entspannung ✱✱✱✱✱
Genuss ✱✱✱✱
Romantik ✱✱✱

Die GPS-Daten zu jeder Tour gibt es auf
www.drosteverlag.de

Konzeption/Satz: Droste Verlag, Düsseldorf
Einbandgestaltung: Britta Rungwerth, Düsseldorf, unter Verwendung von Bildern von © Fotolia.com: Andrey Kuzmin, undrey, dabost, niroworld; © stock.adobe.com: Colby
Fotos: Gregor Wolf
Karten: Thorsten David, Bochum
Druck und Bindung: LUC GmbH, Greven

MIX
Papier aus verantwortungsvollen Quellen
FSC® C011279
www.fsc.org

ISBN 978-3-7700-2188-8
www.drosteverlag.de